La invención del pasado

La invención del pasado

Verdad y ficción en la historia de España

MIGUEL-ANXO MURADO

DEBATE

Cuarta edición: septiembre de 2014

Printed in Spain – Impreso en España

ISBN: 978-84-8306-853-3
Depósito legal: B-19.321-2013

Compuesto en Fotocomposición 2000, S. A.
Impreso en Limpergraf
Barberà del Vallès (Barcelona)

C 8 4 8 5 3 3

A mi padre,
creo que hubiese disfrutado
leyendo este libro

Índice

1

La espada de Pidal

Es una foto que siempre me hace sonreír. Se tomó en el rodaje de *El Cid*, de Anthony Mann, en 1960. En ella vemos a Charlton Heston, vestido como el personaje de Rodrigo Díaz de Vivar que encarna en la película, entregándole ceremoniosamente una espada a un anciano de aspecto venerable que la contempla mientras parece perdido en sus ensoñaciones. Ese anciano no es otro que don Ramón Menéndez Pidal. Erudito, sabio, presidente de dos academias... Pidal era el patriarca indiscutible de la historia y la filología españolas de aquellos tiempos, y en buena medida todavía de estos. La encarnación, en definitiva, del estudio del pasado en España.

Pidal contaba en esa época más de noventa años de edad, de los que había dedicado una buena parte a estudiar precisamente esa figura del Cid que tiene al lado. Fue su gran pasión. Décadas atrás incluso había empleado su viaje de novios en recorrer la ruta del héroe castellano (es lo que se llama poner un matrimonio a prueba). Por eso su encuentro con este Rodrigo Díaz de Vivar al final de su vida, aunque sea en esta forma de un actor de Hollywood disfrazado, tiene mucho de conmovedor y a la vez de metafórico. Para mí, resume, sin pretenderlo, algo muy profundo acerca de la naturaleza del conocimiento histórico: su carácter de fantasía, de territorio borroso entre la ficción y la realidad.

Digamos que la espada que empuña Pidal es como la propia historia. El historiador recibe un vestigio del pasado de manos de alguien que ya no existe pero que se hace presente mediante una especie de encantamiento. La ilusión a veces es tan perfecta que nos da la impresión de que realmente podemos recuperar ese pasado, crear un vínculo con él, incluso revivirlo. Efectivamente, se diría que Pidal trata a esa espada de guardarropía con solemnidad, como si por el mero hecho de ser una copia y presentarse con una puesta en escena determinada, adquiriese, de repente, por arte de magia, la esencia de aquella otra que empuñó un día el Cid.

Pero es un espejismo. Esa espada no es la auténtica, ni siquiera una copia de la auténtica (de la que por cierto hablaremos más adelante). Y por supuesto ese Cid no es el Cid histórico (también hablaremos de él), sino un actor famoso que acabaría presidiendo una asociación de defensores de las armas de fuego en Estados Unidos. Su nombre ni siquiera era Charlton Heston sino John Charles Carter, igual que el Cid no se llamó «Cid» (ese mote es una castellanización del árabe *sidi*, «mi señor»). Curiosamente, no se sabe tampoco dónde nacieron ni el Cid ni Heston; de uno se dice que en Vivar de Burgos, del otro que en algún lugar de Illinois; pero ninguna de las dos cosas está clara. Tan pronto escarbamos en la superficie de lo evidente, surgen dudas como piedras. El pasado es inaprensible. La historia es como la ceniza de un incendio. No es el incendio, ni siquiera un resto del fuego sino tan solo un vestigio de los efectos del incendio. El viento sopla constantemente, dispersándola.

Y sin embargo, si uno tuviese que juzgar por el uso que se hace de ella en el discurso público, se llevaría la impresión de que la historia es cualquier cosa menos una fantasía. Por el contrario, la mayor parte de la gente la tiene por un hecho objetivo, definitivo y demostrable. Sobre todo, se la considera muy importante. Esto es algo en lo que parece estar de acuerdo todo el mundo, hasta quienes reconocen no saber historia. Incluso ellos la ven como algo imprescindible y no lamentan de la misma manera el no saber matemáticas, o economía, o no conocer mejor las leyes, o saber más de medicina. Y esto a pesar de que, en principio, todos esos otros conocimientos parecen más útiles para la vida cotidiana. La historia goza de un estatus especial, que se refleja incluso en el lenguaje diario por medio de una serie de clichés y frases hechas, como que «conocer el pasado es imprescindible para conocer el presente»; o cuando se invoca «el juicio de la historia», o se repite que «la historia es la maestra de la vida», o que «necesitamos conocer la historia para saber quiénes somos». Sobre todo, se cita hasta la saciedad la supuesta frase de Santayana: «Los pueblos que olvidan su historia están condenados a repetirla».[1]

En el caso de España hay un elemento añadido. La importancia que se le confiere a la historia no nace de un noble amor al conocimiento; es un arma, en el mejor de los casos un argumento acalorado, a veces el principal, en el debate político de hoy en día. Muchas discusiones ideológicas, en particular las que se refieren a la forma administrativa del Estado o la naturaleza de la nación, o las naciones, reclaman a la historia como testigo. Son muchos los que están convencidos, en uno y otro lado de esos desacuerdos, de que la clave del presente está en el pasado. En particular, suelen centrarse en la historia medieval, que resulta ser precisamente una de las peor conocidas, incluso para los expertos. Esto no lo saben, necesariamente, la mayor parte de los que recurren a ella, que están convencidos de que basta con encontrar el dato, el detalle del pasado que permite rebatir los argumentos del contrario en el presente. Al fin y al cabo, piensan, la verdad está en los libros de historia, donde lo que ha ocurrido ha quedado escrito de manera definitiva.

Desde este punto de vista, el pasado no es la explicación del presente, es su justificación. Porque el pasado fue como fue, el presente es como es, y *debe ser* como es o *debería ser* de otra forma. Según esta manera de pensar, existe un juicio definitivo acerca de todos los hechos del pasado que uno puede y debe conocer. Una vez que se ha leído en algún sitio, o que un historiador reconocido lo ha explicado, no cabe ponerlo en duda, porque el pasado solo tiene una interpretación posible. En esta discusión todos acusan a los otros de «tergiversar la historia», de «mentir», de «falsificar el pasado». Puesto que la historia se entiende como algo objetivo, algo que «o es o no es», que «se sabe o no se sabe», las divergencias solo pueden explicarse como producto de la ignorancia o de la mala fe, o de ambas cosas.

Este libro es un intento de mostrar que esa manera tan extendida de entender la historia es equivocada y que usar el pasado como argumento en los debates políticos de nuestro tiempo no tiene sentido. No lo tiene porque, como veremos, la historia no puede proporcionarnos esa clase de certezas. Sus bases son, simplemente, demasiado débiles e inestables. Sus conclusiones están sometidas a revisión constante y casi siempre hay, y habrá, argumentos para una idea y su contrario. No se trata, como se dice tan a menudo, de que la historia esté manipulada o la «escriban siempre los vencedores» (otro tópico que no es del todo cierto). Esto es evidentemente así en muchos casos, pero, curiosamente, la ideología es el elemento de distorsión más fácil de detectar y por tanto de corregir. Nosotros no le prestaremos demasiada atención aquí. Nuestro objetivo es hacer ver, más bien, que hay muchos otros factores, menos obvios pero mucho más decisivos a la hora de deformar nuestra conciencia histórica. Porque nuestra conciencia histórica, eso sí, está siempre necesariamente deformada.

Existe, por ejemplo, una confianza excesiva en lo que los textos antiguos pueden confirmar o desmentir acerca del pasado. En realidad, como veremos, estos son mucho más escasos y dudosos de lo que se cree. Casi todos han sido manipulados o retocados. Muchos otros han desaparecido y a esto se añade que no es fácil determinar cómo son de significativos los que han sobrevivido. Hay que contar, además, con nuestra manera de leerlos. Existen una serie de rutinas mentales que hacen que procesemos la información, toda información, de determinada manera, que nos centremos en un tipo de detalles y no en otros, que recordemos u olvidemos ciertas cosas. Este mecanismo afecta gravemente a la manera en la que percibimos el pasado a través de los textos. Peor aún, nuestra mente tiende a alterar los relatos, tanto cuando los recibe como cuando los transmite. Y lo sorprendente, como veremos, es que esa tendencia no es arbitraria ni casual, sino que se da en todos los individuos en mayor o menor medida, y afecta a todas las culturas y épocas que han producido historia. Es decir: nuestra dificultad para procesar y entender el pasado como tal «pasado» es un universal cultural, una constante. Lo que quiere decir que es en gran medida inevitable.

Si existe ya una fuerte distorsión de la realidad en la forma en que se registra y se transmite la historia, una vez que está escrita se ponen en juego otros factores que hacen muy difícil revisarla, corregirla o revaluarla. Desde el conservadurismo enraizado en la vocación de la mayor parte de los historiadores hasta las rutinas burocráticas de la universidad, todo lleva a que la batalla por preservar o cambiar el relato del pasado raramente sea una cuestión puramente académica. El resultado es que la historia, el producto final que consumimos, es en gran parte un relato autorreferencial, más un comentario sobre sí misma que sobre la realidad que pretende describir. Se trata de un ejercicio intelectual sofisticado, y a veces brillante, en el que el historiador construye una explicación de lo acontecido coherente con los documentos y los métodos de los que dispone, al menos en apariencia. Como veremos, esa apariencia es, sin embargo, engañosa.

En este libro intentaremos ofrecer algunos apuntes de cómo se crea el conocimiento histórico, de dónde surge y de qué manera se desarrolla. Son solo unos apuntes, y no sirven para explicar todo el conocimiento histórico, pero sí partes muy importantes de él. Sobre todo, justamente, permiten revisar de manera radical los hechos históricos más populares y repetidos, que resultan ser los más distorsionados e imaginarios.

Este es un punto que merece la pena subrayar. En este libro hablaremos indistintamente de dos cosas que son, en principio, diferentes: la historia *popular*, la que sabe o cree saber la mayor parte de la gente, y la historia *académica*, que escriben los especialistas para un público minoritario especializado. Para los propósitos de este libro, esa distinción es irrelevante. Lo que hoy es historia popular nació como historia académica. Poco importa que la historia académica rechace ahora las conclusiones de los historiadores de generaciones precedentes. Lo que nos interesa a nosotros es el proceso mediante el cual una se transforma en la otra.

Tampoco nos limitaremos al estudio de la historia propiamente dicha. El canon histórico lo conforman muchos otros elementos: cuadros, esculturas, edificios, películas, fiestas, conmemoraciones... El campo es inabarcable. Nosotros nos concentraremos en algunos casos que nos permitan ver el mecanismo por medio del cual se forma, apuntala y deforma el imaginario colectivo del pasado. Porque entendemos que *siempre* se deforma. Tomamos la historia de España como referente, en el entendimiento de que es la que mejor conocerá el lector; pero este análisis resultaría idéntico para cualquier otro relato histórico nacional, sea el que sea (esto también hay que subrayarlo). La historia es «una misma cosa», un esquema que se repite, y para comprobarlo iremos saltando sin demasiados complejos entre la historiografía medieval y la moderna o la contemporánea. Algunos objetarán que no se les reconoce la misma fiabilidad al estudio de unos períodos o de otros. Sin embargo, también es parte de la tesis de este libro que las diferencias entre los historiadores de distintas épocas o de distintos géneros son solo aparentes, porque sus mentes funcionan de la misma manera. No creemos que existan «mentalidades» que hagan a unas personas de una época radicalmente distintas de las que viven en otra. Las diferencias de calidad entre diversas historiografías a menudo no reflejan más que las modas de lo que en cada momento se considera riguroso. Sobre todo, la mente humana es universal, la imaginación humana es homogénea a lo largo de toda la especie. Puesto que la historia no es más que una variante del arte de contar historias, sería una vanidad creer que el siglo XXI es capaz de percibir la verdad como nunca ha sido posible para nadie antes.

El recorrido es sencillo. Primero analizaremos la base sobre la que asienta la historia, los documentos, y los problemas que resultan de esto. Luego miraremos cómo se crea y se modula el conocimiento histórico, y cómo esto lo convierte más en un mito que en una realidad. Entonces, aplicaremos ese análisis a la historia de España para ver qué es lo que puede quedar en pie del discurso convencional. Acto seguido veremos cómo ese discurso convencional es impermeable a la crítica y se impone al margen de su verosimilitud, y cómo se convierte en imaginario histórico para toda la sociedad. Ese imaginario es todo un espejismo que se compone de objetos, de edificios, de lugares, incluso de «momentos» y conmemoraciones. Por eso también dedicaremos mucho espacio a analizarlos, para mostrar que forman parte de la misma mecánica del recuerdo. Todo esto debería ser suficiente para comprender por qué ese recuerdo que construyen no puede hacernos recuperar, e incluso apenas conocer, el pasado.

Lo que *no* encontrará el lector aquí es una moral de la historia o del conocimiento histórico, menos aún una polémica ideológica. Nos interesa describir el fenómeno, no juzgarlo. Lo que haremos será abrir la historia como si fuese la tapa de un motor para ver cómo funciona. Partimos de la convicción, si se quiere pesimista, de que si la historia es así es porque no puede ser de otra manera; no es algo ni bueno ni malo ni preocupante, ni relevante o irrelevante.

Esta tesis podría parecer un rechazo de la historia en bloque. No es así. La historia existe, luego es necesaria. La gente la escribe y la lee, por tanto cumple razonablemente bien su cometido. Como decía el gran historiador Marc Bloch en una frase de una sinceridad conmovedora: «Incluso si hubiera que considerar a la historia incapaz de otros servicios, por lo menos podría decirse en su favor que distrae».[2] Simplemente se trata de hacer ver que la historia no tiene, ni puede tener, por decirlo con un vocabulario jurídico, el carácter probatorio que se le atribuye, incluso en los períodos mejor estudiados y documentados. Para la mayor parte del pasado, incluso este relativismo se queda corto.

Por extraño que pueda parecer, nuestra intención no es enseñar algo, sino «desenseñarlo». La idea es más bien que, cuando el lector termine estas páginas, su confianza en la historia haya disminuido considerablemente. Habrá quien llegue por su propia cuenta a la conclusión de que el conocimiento histórico es, simplemente, imposible. No pretendemos tanto. Incluso eso sería una certeza, y nuestro propósito no es proporcionar certezas al lector, sino todo lo contrario: conseguir, si es posible, que dude, que se haga más escéptico frente a los libros de historia.

2

Vestigios insuficientes

El pasado no existe

Cuando alguien manifiesta su escepticismo respecto a la historia, suele encontrarse siempre con la misma respuesta. Puede que algunos hechos sean dudosos, puede que haya interpretaciones interesadas. ¿Por qué no? Puede incluso que sepamos poco o nada de algún período en concreto, o que lo que sepamos sea erróneo; pero hay una cosa segura: la mayoría de los hechos son indudables, hay cosas que ocurrieron, tan solo las interpretaciones son discutibles.

Empecemos por ese malentendido. En el pasado no existen los «hechos». Los hechos, en el sentido de acciones que pueden ser comprobadas objetivamente, pertenecen exclusivamente al tiempo presente. Una vez que han tenido lugar, ya no están ahí. Lo único que queda de ellos es el rastro documental. Siempre y cuando, claro está, que alguien se haya molestado en tomar nota, o hacer un dibujo, un grabado o una fotografía; o que alguien se lo haya contado a alguien que luego tome nota o se lo cuente a otra persona que escriba acerca de ello. Pero el hecho en sí habrá desaparecido para siempre. Como escribió el historiador Collingwood, el pasado, tan solo como pasado, es absolutamente incognoscible, «solo puede conocerse como algo que se conserva de modo residual en el presente».[1] «No se puede esperar nunca una verificación teóricamente suficiente de ningún hecho pasado», escribió Ducasse.[2] Por eso el historiador no estudia el pasado, porque el pasado como tal no existe ni es posible experimentarlo directamente. Lo más que puede aspirar es a estudiar los *vestigios* del pasado. De esos vestigios, los más importantes son los documentos escritos y, considerando que casi todo nuestro conocimiento del pasado se basa en ellos, es sorprendente la confianza casi ciega que parecemos tener en ellos. Porque la realidad es que esos documentos son muy problemáticos en casi todos los casos, y en todos son insuficientes.

Raramente somos conscientes de hasta qué punto. De la Antigüedad grecolatina apenas tenemos una docena de manuscritos contemporáneos, el resto son copias muy tardías y muy alteradas. Nos hacemos la ilusión de que conocemos las obras de los trágicos griegos, por ejemplo, pero es posible que ni una sola frase del Esquilo que leemos ahora sea realmente de Esquilo.[3] Como dice M. I. Finley, «lo que leemos es un texto laboriosamente colacionado de manuscritos medievales, generalmente de los siglos XIV y XV, producto final de un número desconocido de sucesivas copias, y por consiguiente de una transcripción deformada».[4] Si nos concentramos en la península Ibérica, salvo noticias fragmentarias y confusas, carecemos de documentos anteriores a la conquista romana; y después de esta lo que tenemos son copias medievales de un puñado de autores clásicos. Luego, hasta el siglo XII los textos son escasos y breves, y los silencios son a veces abismales. Por increíble que pueda parecer, no disponemos de ningún documento contemporáneo de la conquista árabe de Hispania en el año 711. La versión que todos conocemos fue compuesta en su mayor parte por escritores que vivieron cientos de años después de los hechos y que tampoco contaban probablemente con ningún documento para apoyarse. Sobre ese asunto crucial hablaremos un poco más adelante.

Los testimonios del pasado no solo son escasos, también son arbitrarios, el resultado de una selección que hacen el azar, el prejuicio y el paso del tiempo. Hay algo de irónico en esto de que el tiempo, que es en cierto modo el gran asunto del que se ocupa la historia, sea a la vez el mayor destructor de vestigios históricos. Subproductos suyos, como los incendios, la erosión, el ácido, la humedad o el descuido devoran esos vestigios sin cesar. Citando otra vez a Bloch, si conocemos mejor el Egipto romano que la Galia de la misma época no es porque nos interese más sino porque la sequedad, la arena y la momificación lo han preservado mejor.[5]

Es mejor resumirlo con un simple cálculo: del Imperio romano, en su conjunto, han sobrevivido unos diez millones de palabras en latín y unos cien millones en griego, una lengua extranjera que solo hablaba una élite. De esos ciento diez millones de palabras, el 90 por cierto fueron escritas después de la aparición del cristianismo, religión de una minoría que no se extendió más que hacia el final del Imperio. De los diez millones de palabras en latín, dos millones tratan de cuestiones legales; y de los diez millones de palabras griegas precristianas, dos millones se ocupan de la medicina de Galeno. Esos números nos dicen que nuestra imagen del Imperio romano es la que nos han legado los abogados y los médicos de la clase alta, filtrada por los intereses y las fobias de varias generaciones de monjes cristianos. No es muy esperanzador para nuestra aspiración de reconstruir aquel mundo.[6]

Naturalmente, tampoco a este respecto es inmune la historia de España. La historia antigua con la que contamos es, en realidad, una «historia de Roma en Hispania», contada por historiadores y geógrafos cuyo trabajo se parece más al de los novelistas que al de los historiadores actuales.[7] Del mismo modo, buena parte de la historia medieval es en realidad una historia de la Iglesia en la Edad Media. La mayor parte de nuestra información para el período godo procede de un puñado de clérigos, como san Isidoro de Sevilla, cuya valoración de los distintos monarcas depende exclusivamente de cómo trataron a la Iglesia católica romana. El hecho de que esta Iglesia no fuese la oficial más que de forma tardía y breve quizá explique la reiteración de crueldades que se asocia a la monarquía goda.[8] Es una literatura tan tendenciosa que, sin otros testimonios para contrastarla, apenas nos permite hacer historia de ese período; a menos que nos contentemos con un relato entre especulativo e imaginario, que es lo que generalmente se nos ofrece.

Incluso cuando la documentación es más reciente y abundante, el sesgo es a veces insuperable. El padre agustino E. Flórez, en el que se basa mucho de lo que sabemos de la Edad Media, quemaba los documentos que no coincidían con sus hipótesis o le parecían un desdoro para la Iglesia española.[9] De todas las crónicas que se escribieron en tiempos de Isabel la Católica tan solo conocemos aquellas que defienden su legitimidad en la querella dinástica, todas las demás fueron eliminadas completamente.[10] Es por esto que la idea, falsa, de que su rival Juana era hija ilegítima (la famosa «Beltraneja») ha quedado como una verdad indiscutible. Tanto que, cuando recientemente una serie de televisión quiso contar su vida («Isabel», 2012), a nadie se le ocurrió ponerla en cuestión. Como ha escrito Peter Burke, «resulta imposible estudiar el pasado sin la ayuda de toda una cadena de intermediarios». El uso mismo de la palabra «fuentes» que hacen los historiadores es una engañosa metáfora que nos inspira la idea de un manantial de agua cristalina que brota en la realidad del pasado y llega a nosotros directamente.[11] Nada más alejado de la realidad.

Otras veces son los historiadores quienes manipulan los textos involuntariamente, al hacer traducciones o interpretaciones incorrectas que más tarde resulta imposible desterrar. Si seguimos hablando de la modernidad del derecho visigodo, por ejemplo, es porque todos los estudios se basan en la primera edición crítica del texto que realizó Karl Zeumer en 1902, y que debe casi tanto al propio Zeumer como a los visigodos, puesto que el erudito alemán «corrigió» aspectos estilísticos y supuestos «errores» que afectaron al sentido del texto.[12] No es extraño que ese código nos resulte tan moderno: en cierto modo habría que fecharlo en el siglo XX. Si a esto le sumamos las tergiversaciones que van introduciendo las distintas lecturas que se hacen en distintas épocas, nos encontramos con que los hechos históricos son todavía más maleables. Un ejemplo popular sería la tan repetida frase «Roma no paga a traidores», que supuestamente pronunció un general romano cuando los asesinos de Viriato le reclamaron una recompensa. Se nos dice que procede del historiador clásico Eutropio, pero si uno va al texto se encontrará con algo muy distinto: no es una frase que pronuncie ningún general sino un comentario del propio historiador, que escribe varios siglos después. Una vez que a los asesinos de Viriato se les niega su recompensa, Eutropio comenta que «a los romanos no les gustaba que los soldados matasen a sus jefes». Son los historiadores románticos del siglo XIX los que, trabajando con el cliché literario de Judas y la traición sin recompensa, transforman ese comentario anodino en la frase que todos conocemos. Esta se integra entonces de tal manera en el imaginario colectivo que incluso alguien la traduce al latín («*Roma traditoribus non praemiat*») reforzando así una realidad que nunca existió. Más adelante veremos la importancia de este proceso de transformación de las fuentes para «crear conciencia histórica».

La paradoja del detalle

Esta es la cruz de los historiadores: textos vagos, fragmentarios, copiados y modificados, retocados, reescritos, corregidos, versiones contradictorias... Es un bosque del que solo se puede salir cerrando los ojos e ignorando la mayor parte de los árboles.

Pero si la documentación imprecisa es una pesadilla, la que se presenta como exacta es quizá mucho más peligrosa, puesto que, con el tiempo, hemos ido descubriendo que la exactitud puede ser un disfraz. Como todo el mundo que escribe un libro, incluidos los novelistas, los autores de los textos del pasado deseaban que les creyesen. Del mismo modo que un novelista nos ofrece un relato lleno de precisiones innecesarias y detalles que están ahí solo para hacerlo más realista, el cronista antiguo utilizaba todos los instrumentos a su alcance para dar una «apariencia de realidad» a lo que escribía.

Las fuentes árabes con las que se estudia el período de al-Andalus son un ejemplo particularmente interesante de esta «falsa exactitud». Están tan llenas de detalle y son tan precisas en el manejo de números, fechas y estadísticas de todo tipo que, en principio, uno se resiste a creer que sean invenciones. Pero eso es lo que son. Tomemos a al-Maqqari. Sus descripciones de la Córdoba musulmana se han utilizado con profusión justamente porque contienen cifras muy concretas, como el número exacto de mezquitas, rentas, casas, familias o incluso baños públicos... Lo mejor de todo es que Al-Maqqari cita fuentes documentales para apoyar todo lo que dice. Es el sueño de todo historiador. Y sin embargo, estamos ante una pretensión de rigor. Al-Maqqari vive medio milenio después de la época que describe, de la cual no cuenta con más datos que nosotros. Los libros que cita no existen, sus autores de referencia no aparecen por ninguna parte y sus cifras, examinadas con detenimiento, resultan imposibles y son indudablemente invención suya.[13]

Es lo que podríamos llamar la «paradoja del detalle» de la que ya hablaba el perspicaz padre Feijóo en el siglo XVIII: cuanto más detallada sea una crónica sobre el pasado, mayores son las probabilidades de que esas precisiones sean adornos, precisamente porque el autor no puede tener tantos datos sobre un tiempo remoto.[14] El *Poema de Mio Cid* está lleno de detalles concretos, tanto que Pidal llegó a creer que se trataba de un texto contemporáneo. Pero hoy sabemos que fue escrito doscientos años después de los hechos que cuenta y que esos detalles son inventados.[15] Algunos historiadores de la literatura siguen negándose a aceptarlo, del mismo modo que al-Maqqari sigue siendo una de las fuentes principales para hacer historia sobre la Córdoba de Abderramán I. Del mismo modo que le pasaba a Pidal con el Cid, los historiadores actuales, y más aún los escritores y los poetas, se ven incapaces de renunciar a un testimonio que embellece tanto el pasado de Córdoba.

Por cierto que en este resbaladizo universo de los datos históricos, las cifras son particularmente engañosas. En los textos antiguos es habitual que el autor nos ofrezca fechas concretas únicamente para cumplir con el convencionalismo de que todo hecho tiene que ir fechado. Pero eso no quiere decir que sepa realmente cuándo ocurrió lo que cuenta. Decimos que la invasión árabe de la península se produjo en el 711, pero según la *Crónica mozárabe de 754* la batalla de Guadalete tuvo lugar al año siguiente. La batalla de Poitiers se fecha en el 732, pero pudo ser también en el 733 o en el 734.[16]

Si las fechas plantean algunos problemas, estos se agrandan cuando se trata de otras clases de números. Por radical que esto pueda parecer, lo cierto es que la mayoría de los que nos han llegado son posiblemente falsos. Si los utilizamos es porque no tenemos otros, y a menudo seguimos haciéndolo aun después de haber comprobado su falsedad, porque ya han entrado en el imaginario colectivo. Simplemente nos gustan los grandes números. Es mejor contarles a los alumnos de la clase de literatura que Lope de Vega escribió dos mil doscientas obras de teatro, como le atribuía Montalbán, y no las trescientas dieciséis que han identificado los estudiosos y que, con ser muchas, no son más que los capítulos de televisión que escribe cualquier guionista de hoy en día.[17] Las cifras asombrosas nos atraen como el vacío, pero también halagan nuestra vanidad. Los libros de divulgación continúan diciendo que los visigodos que llegaron a Hispania eran cien mil, aun cuando desde hace años se sospecha que quizá no fuesen más que unos pocos miles.[18] Pero disminuir la importancia de la inmigración germánica pondría en cuestión nuestra imagen mental del período y obligaría a replantear muchas de las suposiciones hasta ahora tenidas por seguras. En casos como ese, la causa es la inercia; en otros es un cierto tabú. La cifra de doscientos mil judíos expulsados en 1492 que nos dan los cronistas contemporáneos es obviamente una exageración nacida de dos prejuicios contrapuestos, el de los cronistas cristianos que querían mostrar la dureza de la justicia de Dios y el de los poetas sefardíes nostálgicos de siglos posteriores. Pero se sigue repitiendo incluso en obras perfectamente serias. Ponerla en duda parecería como disminuir la magnitud de un drama al que el mundo actual es especialmente sensible. Los prejuicios del pasado han sido sustituidos por los del presente.

Cuando los textos inventan el pasado

En los casos anteriores todavía se puede hablar de un uso simbólico de la precisión. En otros, la documentación que nos ha llegado ha sido escrita con el fin expreso de engañarnos. Hablamos del fenómeno de la falsificación, más extendido de lo que suele pensarse. Episodios, personajes, linajes, lugares e incluso períodos enteros de la historia de Europa han sido creados de la nada por los historiadores de la Antigüedad y la Edad Media. Muchos de estos fraudes han sido descubiertos y corregidos, pero la cuestión no es tan sencilla. Su peso en la tradición popular hace muy difícil librarse de ellos del todo, mientras que en ambientes académicos la actitud por defecto es mantener aquello que se pueda de un relato, aun cuando se haya probado falso. Los historiadores, enfrentados a la elección de disponer de estos documentos contaminados o quedarse sin documentos del todo, tienden a salvarlos. En el mejor de los casos, se limitan a reinterpretarlos o someterlos a una crítica textual. Pero incluso entonces les resulta imposible renunciar a los nombres y fechas que aparecen en ellos y, sobre todo, a la imagen general que ofrecen del pasado, establecida sólidamente por generaciones precedentes de estudiosos que tomaban esos textos por verdaderos. El historiador está dispuesto a engañarse a sí mismo cuando la alternativa es el *horror vacui,* un terrible vacío.

En el caso de la historia de España tenemos un ejemplo curioso en el Reino de Asturias. La historia convencional nos dice que esta entidad política se extendió desde el año 718 al 925, gobernada a lo largo de doscientos años por más de una docena de reyes. Este reino es, precisamente, una pieza clave en el discurso de la historia de España, entre otras cosas porque funciona como mito fundacional. Es el eslabón necesario que une el antiguo reino de los visigodos con el futuro reino de Castilla, y por tanto de España. Es por esto que recibe una atención privilegiada en los libros escolares y de divulgación, y figura en un lugar muy importante de la imaginación colectiva.

Lo que ocurre es que todo lo que sabemos de aquel Reino de Asturias nos ha llegado a través de un cuerpo de documentación muy tardío. Esto ya es un problema en sí, pero hay otro aún mayor: ese cuerpo de documentación es también falso casi en su totalidad. Hoy sabemos que buena parte de los textos que lo componen proceden de un mismo «taller», el de Pelayo de Oviedo (no confundir con Don Pelayo, el mítico fundador de la dinastía). Este obispo del siglo XII se dedicó a manipular o inventar pacientemente la mayor parte de los diplomas relacionados con la monarquía asturiana. El aspecto variado y creíble que presentan estos textos es parte del engaño. Los escribas del obispo se molestaron incluso en imitar la caligrafía visigoda para hacerla parecer más antigua.[19] Desde luego, durante siglos han conseguido engañar a cronistas y eruditos. Según Barrau-Dihigo, uno de los primeros en descubrir el fraude, «De 63 textos, 28 son completamente falsos, ocho sospechosos, cinco dudosos y tres interpolados.»[20]

El siglo XII es célebre entre todos los historiadores por la enorme cantidad de fraudes que contaminan la documentación. Pero incluso en ese contexto, el caso de Pelayo, al que se ha llamado «el príncipe de los falsificadores», es llamativo. Las intenciones del obispo eran, en principio, modestas: proporcionar privilegios, rentas y solera a su sede (Oviedo era un obispado reciente y sin historia). Pero, de paso, Pelayo creó de su propia mano casi toda la historia del Reino de Asturias que conocemos. La gravedad del problema es tal que algunos expertos han llegado hasta a dudar de la existencia misma del Reino de Asturias. Se trata de una tesis radical pero no carece del todo de argumentos. Lo cierto es que el concepto de «Reino de Asturias» es relativamente reciente. En los textos contemporáneos del resto de Europa, se habla siempre de «Galicia» o «Galicia y Asturias», y hasta al menos Alfonso II, el noveno rey de la lista, ninguno de sus monarcas se da el título de rey sino el de *princeps* (caudillo).[21] Alfonso X el Sabio, en su *Primera crónica general*, llama a Pelayo «primero rey de León», y todavía en el siglo XVIII a los reyes que ahora consideramos asturianos se los denominaba así: «reyes de León».[22] Fue solo a medida que empezaron a aflorar ciertos textos antiguos en Asturias cuando se fue asentando la denominación de «Reino de Asturias». Y esos textos eran, fundamentalmente, los del obispo Pelayo.

Es un debate que despierta intensas emociones patrióticas y locales (los foros de internet echan humo cuando se reabre la discusión sobre el asunto), así que dejémoslo en una hipótesis. Pero es importante entender que existen ejemplos abundantes de realidades políticas y sociales que fueron creadas por textos falsos, y algunas de ellas han dejado huellas que no han podido ser borradas del todo. Los falsos cronicones del siglo XVI y XVII, los libros plúmbeos de Granada... La historia de España, como la de los demás países, se ha hecho en gran medida a partir de textos falsificados, alterados, interpolados y manipulados. Como decíamos, poco importa que la crítica filológica moderna haya descubierto muchos de estos fraudes, porque su fuerza evocadora hace imposible erradicarlos del todo del imaginario colectivo. Su rastro reaparece una y otra vez en guías turísticas, en historias locales e incluso en libros de divulgación.

De hecho, ese proceso continúa en la actualidad. Hemos mencionado internet. Los miles de textos falsos, atribuidos de forma errónea o interpolados que circulan por el ciberespacio crean una conciencia histórica que tiende a imponerse, por muchos esfuerzos que se hagan por desmentirlos. Siempre serán muchas más las personas que los creerán, al menos durante el tiempo suficiente para que tengan un impacto cultural. La famosa «Carta del jefe indio Seattle al presidente de Estados Unidos», por ejemplo, fechada falsamente en 1869 (y en realidad obra de un ecologista tejano que la redactó en 1971) ha construido nuestra imagen del indio americano «que vivía en armonía con la naturaleza». No ha dejado de circular por la red durante años y probablemente no podrá ser erradicada ya nunca, no importa lo lejos que esté de la realidad.[23]

Nuestra imagen del pasado está formada en gran parte por fantasías similares, muchas veces con plena conciencia de que el material que utilizamos es ficticio. Es lo que sucede con el uso abusivo de textos de origen literario. Durante muchos años, los historiadores han venido echando mano de poemas, novelas y cuentos, deslumbrados por la riqueza de información que contienen sobre la vida cotidiana. Esta práctica ha contaminado nuestra idea del pasado quizá más que los textos falsos. Así, buena parte de la historia social de al-Andalus proviene de una lectura literal de la poesía festiva que nos ha llegado, sobre todo la del siglo XI. Pero ¿era esa la realidad, o refleja más bien el mundo imaginario de los poetas?[24] La novela picaresca no es un retrato fiel de su época, sino un género sarcástico que pretendía hacer reír a su público a través de la exageración. ¿Eran los hidalgos de la época hombres orgullosos que preferían morir de hambre antes que trabajar? Los registros contemporáneos nos dicen otra cosa muy distinta, y la tacañería orgullosa de los hidalgos podría muy bien ser un recurso humorístico sin más.[25] En cuanto a Cervantes, no importa lo que hayan dicho varias generaciones de estudiosos entusiastas, *no* era un «fino observador» de su época o de la realidad cotidiana, de la que demuestra saber más bien poco. Lo que él parodiaba en su obra no era esa realidad, sino el mundo fabuloso de las novelas de caballerías.

Como advertía hace muchos años Vladimir Nabokov, precisamente en un ensayo sobre el *Quijote*, hay que procurar «no caer en el fatídico error de buscar en las novelas la llamada vida real, las novelas son solo cuentos de hadas.»[26] Esto no ha impedido, sin embargo, que el *Quijote*, la picaresca y muchas otras obras de fantasía se hayan convertido en la base para entender la sociedad del Barroco español.

¿Es posible la memoria?

El historiador británico John Vincent enunció en una ocasión la siguiente paradoja:

> Según los criterios que utilizan los historiadores, la documentación que nos relata los milagros de los santos no podría ser de mayor calidad. Está basada en testimonios de primera mano, con frecuencia de testigos oculares. Es abundante y procede de toda clase de personas de diferentes nacionalidades, edades y profesiones, y se extiende a lo largo de varios siglos. Las pruebas en favor de la brujería son todavía más aplastantes. Aquí tenemos nada menos que confesiones detalladas, y contrastadas ante un tribunal, de testigos de los que, en muchos casos, no tenemos razones para sospechar parcialidad. Contamos con informes escritos, resultado de investigaciones rigurosas a cargo de personas cultas y escépticas que trabajaban para diferentes organizaciones de distintas sectas religiosas. ¿Qué más se puede pedir en cuanto a fiabilidad? Si los historiadores han decidido rechazar las consecuencias de esta documentación no es en aplicación del método científico, sino a pesar de él. Se trata de un prejuicio que nos puede parecer lógico, pero no deja de ser un prejuicio.[27]

Lo curioso es que esta actitud escéptica no es la norma sino la excepción. En general, tendemos a creer lo que nos dicen los documentos del pasado a menos que lo que nos cuentan choque directamente con la lógica, como en el caso de los milagros y la brujería; como si solo lo que es en apariencia absurdo pudiese ser falso. Es curioso comprobar cómo todas las épocas son suspicaces con los textos contemporáneos pero crédulas con los que les llegan del pasado. «Con tinta, cualquiera puede escribir lo que le venga en gana», se defendía un hidalgo del siglo XI frente a unos monjes que, en un litigio, le presentaban pruebas documentales.[28] Era más escéptico de lo que son los historiadores actuales respecto a los textos de aquel mismo siglo. Tampoco nosotros, por lo visto, podemos sustraernos en el siglo XXI a la fascinación por lo que es (o pretende ser) antiguo. Ingenuamente, nos gusta pensar en los textos como testimonios y en los cronistas como testigos. La propia palabra «historia» procede de *histor*, el término griego para un testigo en un juicio penal.

Desgraciadamente, los avances de la psicología cognitiva en las últimas décadas han sido devastadores para la credibilidad de nuestra memoria y, en consecuencia, la de todas las fuentes históricas. Hoy sabemos mucho más acerca de los mecanismos mediante los cuales se preservan los recuerdos individualmente; y lo que sabemos no deja en muy buen lugar el «yo estuve allí y lo vi». Desde que existe la posibilidad de revisar sentencias de los tribunales utilizando los métodos de análisis del ADN, se ha podido descubrir que el 90 por ciento de los errores judiciales son atribuibles a fallos cometidos por un testigo ocular, y sobre todo a la credibilidad de la que gozan. La transferencia inconsciente (situar en otro lugar un suceso o atribuírselo a una persona distinta), los errores de conjunción (fusionar dos recuerdos en uno) o los errores de ligamiento (confundir algo que hemos hecho o visto con algo que únicamente hemos imaginado), son solo tres de las trampas más habituales que nos hace nuestra memoria.[29] Es algo que sabemos, en el fondo, por propia experiencia. Todos modelamos nuestro pasado casi sin darnos cuenta y generalmente no logramos que concuerde con los recuerdos de nuestros parientes o amigos. Buena parte de nuestras conversaciones consisten justamente en un debate con otros testigos para fijar, casi siempre sin éxito, la exactitud de un recuerdo. Recordar algo que experimentamos cuando estábamos nerviosos o concentrados, o muchos años después de que ocurriese, o a una edad avanzada, introduce innumerables posibilidades de distorsión.

Los cronistas y autores de textos antiguos en los que se basa la historia se encontraban generalmente en alguno de estos casos, en varios o en todos ellos. Esto sin contar los prejuicios, el interés personal, la torpeza, el despiste, la confusión o el simple deseo de fabular. Sabemos, además, que su idea de la verdad o de la exactitud no eran las mismas que las nuestras; que la dificultad y el coste de escribir, durante la mayor parte de la historia, obligaba a una selección de hechos memorables muy limitada. Tenemos ejemplos de monjes que dicen haber visto cosas que sabemos que no pudieron presenciar, cronistas de cuyas palabras se deduce que han tenido que estar en dos lugares al mismo tiempo, etc… Tienen suerte de que no podamos examinar su memoria. También la tienen los historiadores que elaboran sus teorías a partir de los textos que ellos dejaron. Secretamente, dan gracias cuando solo hay un texto sin ninguna alternativa, porque en ese caso la «verdad» es más fácil de establecer.

Si la psicología moderna ha erosionado gravemente la confianza que nos merecen los textos históricos, la antropología ha venido a poner en cuestión otra de las piezas claves de la historia académica: la transmisión oral. La creencia ciega en la tradición no escrita que se pasa de generación en generación ha sido siempre crucial para los historiadores, puesto que es lo único que permite hacerse la ilusión de que un documento tardío pueda servirnos de guía donde no hay uno contemporáneo; algo que, como veremos, sucede muy a menudo. Entre el año supuesto de la batalla de Covadonga y el primer relato de lo que ocurrió en ella transcurren casi doscientos años. Todo lo que sabemos acerca de Viriato se escribió siglos después de la época en la que supuestamente vivió. En ninguno de esos casos hubo textos intermedios entre el suceso y su registro. Por eso la existencia de esos personajes y esos hechos, y de muchísimos otros, depende completamente de que sea posible transmitir información con un grado considerable de precisión a través de varias generaciones, de forma oral, sin el apoyo de textos escritos.

Creer que esto era posible no fue un problema mientras estaban en vigor las tesis románticas, según las cuales existía un «espíritu del pueblo» que actuaba como una gigantesca conciencia colectiva que preservaba, a veces durante siglos, todo tipo de informaciones, historias y relatos tan detallados como la *Iliada*. Los hermanos Grimm, y más tarde la escuela de folcloristas a la que dieron origen, trataron de demostrar con el corpus de cuentos populares alemanes o los romances épicos eslavos que la transmisión era posible. En España estas ideas tuvieron a su mayor defensor precisamente en Menéndez Pidal, seguidor de las tesis de Gaston Paris, el gran adalid de la transmisión oral en la poesía épica. La tesis pidaliana de que el Romancero conserva «congelados» fragmentos de una rica tradición épica medieval castellana que se ha perdido es un ejemplo perfecto de esa confianza casi mágica en la capacidad de recordar del ser humano.[30]

Pero es una fantasía. Los progresos en antropología han ido minando la idea de que se puede preservar un relato detallado y fiable del pasado sin apoyo de la escritura. Parry y Lord demostraron hace ya casi cien años que la poesía épica no transmite información sino que se construye con fórmulas universales y predeterminadas, piezas de recambio de un arsenal de historias ficticias que se aplican a cualquier situación. Las tribus y pueblos en los que los antropólogos creían haber encontrado ejemplos de transmisión a lo largo de generaciones no han resistido un análisis riguroso.[31] Finley cifró en tres el máximo de generaciones en las que puede transmitirse una narración oral. Henige, estudiando ejemplos de distintas culturas, estableció que la historia política oral no es capaz de preservar información veraz más allá de un siglo.[32] Incluso la transmisión de literatura no está del todo clara. Ahora sabemos que los cuentos que recogieron los hermanos Grimm procedían en realidad de informantes cultos, alemanes de origen francés que los habían aprendido en libros, entre otros en los de Perrault.[33] Las grandes colecciones de relatos tradicionales europeos, el *Barzaz Breiz* bretón, el *Kalevala* finlandés, la poesía osiánica irlandesa, el cantar ruso del príncipe Igor,[34] todas han ido cayendo bajo la piqueta de los especialistas, que las han desenmascarado como creaciones tardías distorsionadas. Lo que nos parece antiguo y popular, como los poemas del Romancero, son en realidad obras escritas por autores muy posteriores que recrean intencionadamente un estilo antiguo, cuando no auténticos fraudes.

Ya casi nadie considera los cuentos de Grimm como una tradición oral ni a la *Iliada* como «historia». Las ideas de Pidal, sin embargo, se siguen enseñando en España como si fuesen válidas. En gran parte es por respeto a su figura, y en parte también por un cierto nacionalismo filológico que se resiste, como se resistía el propio Pidal, a prescindir de una literatura medieval que pueda ser comparable a la de Francia (su gran obsesión). Pero también es una necesidad epistemológica común al resto de la profesión histórica en todo el mundo. Renunciar a la creencia en la transmisión oral perfecta es renunciar a la última esperanza de dar sentido al caos incompleto de la documentación del pasado.

Sin embargo, hay algo ingenuo o falso en ese temor, porque lo cierto es que, por mucho que se pretenda que la historia se hace a partir del estudio objetivo de los documentos, esta no es más que una de tantas estrategias para dotarla de una «apariencia de realidad». La historia, contra lo que se afirma repetidamente, no se hace a partir de los documentos. Es, fundamentalmente, una creación de nuestra imaginación, de la intuición y los prejuicios de los historiadores, si se quiere. Y para comprobarlo, vamos a estudiar qué ocurre, precisamente, cuando no hay documentos.

3

Llenando vacíos

Lagunas en el tiempo

Lo decíamos en el capítulo anterior: no disponemos de ningún texto que sea contemporáneo de la invasión árabe del año 711. Se trata de uno de los hechos más importantes del imaginario histórico de la península y, paradójicamente, a nadie se le ocurrió entonces tomar la pluma para contarlo. ¿Podría ser que alguien sí lo hubiese hecho y su texto se haya perdido? Tenemos razones para pensar que no.[1] Hay cronistas contemporáneos en otros lugares de Europa, pero ninguno menciona invasión alguna en Hispania, ninguna guerra, ningún cambio de religión. Es bastante extraño. Ni siquiera los cronistas musulmanes escriben en ese momento sobre esta conquista. Durante un tiempo se creyó que alguna de las fuentes árabes podría datarse más o menos en la misma época pero han resultado ser mucho más tardías. Y como veremos enseguida, ese no es el único problema que presentan.

La versión convencional que todos conocemos nos dice que en el año 711 un ejército musulmán bajo el mando de Tariq invadió la península y derrocó, en una sola batalla, al último monarca visigodo, Rodrigo. Nos dice también que un noble de su corte, Pelayo, se refugió en Asturias y logró detener el avance musulmán también en una sola batalla, la de Covadonga, donde fue proclamado rey. Pero este relato era completamente desconocido para sus contemporáneos. No aparece en ningún texto hasta más de cien años después, y varios siglos más tarde aún en algunos de sus detalles más importantes. Pensemos por un momento en lo que esto significa, porque, si no hay textos contemporáneos, no tenemos ninguna garantía de que todo esto haya sucedido realmente. Antes de que el lector se inquiete, nos apresuraremos a aclarar que, por supuesto, se sabe con seguridad que la península estaba dominada por un reino cristiano a finales del siglo VII y que aproximadamente un siglo después se había transformado en un Estado musulmán. La cuestión, sin embargo, es cómo se llegó del punto A al B. Y, por increíble que parezca, eso es lo que no sabemos. Todo lo que tenemos son teorías.

Fue aprovechando este vacío historiográfico que el historiador Ignacio Olagüe desarrolló en la década de 1970 una curiosa hipótesis. Partía de una incoherencia, en apariencia menor, que presenta la explicación tradicional. La fecha de 711 es problemática. Mahoma muere en el año 632, y es a partir de entonces cuando sus seguidores comienzan desde su base en Arabia la conquista de los vastos territorios que se convertirán al islam. El caso es que en el 701 todavía se están apoderando de Túnez. Túnez no está demasiado cerca de la península Ibérica y faltan tan solo diez años para que los árabes la conquisten. A Olagüe le parecía un calendario un tanto apretado, y lo es, en efecto. Los ejércitos árabes, a los que ha llevado varias décadas conquistar un territorio que se extiende a lo largo de unos cuatro mil kilómetros, dispondrían de tan solo unos pocos años para conquistar un nuevo espacio de casi cinco mil kilómetros más, construir una flota y prepararse para seguir progresando al otro lado del estrecho. Sobre todo, es casi imposible que hubiesen tenido tiempo de convertir a su religión a las poblaciones locales del norte de África, mayoritariamente cristianas y animistas, con lo que, como mínimo, habría que poner en cuestión la idea de un «ejército musulmán».

Olagüe creía que, simplemente, no había habido tal invasión árabe ni musulmana. Como mucho, aceptaba que podía haber tenido lugar el desembarco de un ejército mercenario formado por guerreros del norte de África. Pero estos guerreros no habrían sido, en su mayor parte, ni árabes ni musulmanes, sino bereberes de religión animista y, sobre todo y principalmente, visigodos y germanos cristianos. La idea no es descabellada. El norte de África había sido hasta entonces una prolongación de la península. Para los romanos formaba una parte inseparable del concepto mismo de Hispania (Mauritania-tingitana). El cristianismo había llegado a la península desde Túnez, algo que la Iglesia medieval tuvo que disfrazar con leyendas sobre la evangelización de Santiago apóstol. Todavía en tiempos de los visigodos, el norte de África era parte del Imperio bizantino y un espacio culturalmente más desarrollado que la península.

Si la tesis de Olagüe fuese correcta, explicaría de paso el sorprendente silencio de las fuentes contemporáneas y de la arqueología, en la que no se aprecian indicios de destrucciones importantes en ese período. También se explicaría la rapidez con la que los invasores se hicieron con un territorio tan extenso. La población no habría tenido ninguna razón para resistirse, puesto que no se trataría más que de la mera sustitución de una casta dirigente por otra, sin implicar un cambio de religión, al menos de momento.[2] Porque Olagüe, por supuesto, no negaba que se hubiese producido una islamización. Lo que él conjeturaba era que esta habría sido un proceso posterior y muy diferente, parecido al modo en que se dio en otras partes, como Indonesia o Filipinas. En esos lugares no hubo invasión militar, sino un intenso proselitismo por parte de predicadores y comerciantes que extendieron las nuevas creencias entre la élite, la cual a su vez las impuso como religión oficial del Estado. Al fin y al cabo, el cristianismo o el budismo también se propagaron de esa manera. Olagüe creía que el ascenso al trono de Abderramán I en el 756 y la creación del emirato de Córdoba, con el consiguiente cambio de capital y las primeras persecuciones de cristianos, señalaban ese cambio.

Esta hipótesis se publicó inicialmente en Francia y recibió en su momento el apoyo de medievalistas importantes como Lévi-Provençal, pero ha permanecido como una curiosidad al margen de la historia académica. Algunos estudiosos la ridiculizaron en su momento y la mayoría la ignoran todavía. Esto no ha impedido que, con el paso de los años, algunos de sus puntos fundamentales se hayan ido incorporando a la historia académica. Ahora se acepta ya como un hecho que el elemento árabe debió de ser mínimo entre los invasores, casi inexistente.[3]

¿Tenía razón Olagüe? Su teoría es ingeniosa. Como tantas teorías ingeniosas, no deja de ser una especulación en la que el autor escoge aquellos datos que hacen más fácil confirmarla. Pero eso mismo puede decirse de la versión tradicional. Olagüe, en realidad, no hace más que seleccionar y poner en un orden distinto los mismos datos de los que disponen los demás. El resultado es que encajan, igual que lo hacen de la otra forma. Como decía Froude, un historiador del siglo XIX, la historia es como una imprentilla infantil en la que uno puede elegir las letras que quiere y ordenarlas en la forma que quiere para que digan lo que a él le apetece.[4] Si la explicación tradicional hoy nos parece la más razonable es únicamente porque es la que se ha repetido con mayor frecuencia. Nos resulta familiar, eso es todo. Pero no es mucho más sólida que la de Olagüe. Como decíamos, no tenemos testimonios contemporáneos y fiables que nos cuenten lo que ocurrió. Lo que tenemos son textos tardíos que van tomando datos los unos de los otros, distorsionándolos y ampliándolos con material nuevo, completamente inventado.

Podemos ver aquí en funcionamiento la sospechosa «paradoja del detalle» a la que nos referíamos antes: el cómo los relatos históricos se van volviendo más detallados a medida que pasa el tiempo. Los textos del siglo IX (las llamadas «crónicas asturianas») nos cuentan, por ejemplo, que la invasión de la península había sido facilitada por un capitán bereber llamado Olián, que estaba al mando de la guarnición de Ceuta. Doscientos años después se desarrolla este motivo un poco más. Olián pasa a llamarse Julián, y es conde. Ya no es es bereber sino godo, y tiene un móvil para su traición: el rey ha violado a su hija. Ese rey es, en ese momento, Witiza. Luego esto cambia, y es Rodrigo el rey violador. Más tarde, en las crónicas del XII y el XIII, el traidor recibe su castigo a manos de sus aliados moros, algo que no sucedía en las fuentes anteriores. En otras variantes, la hija de Don Julián no es violada sino que es ella quien seduce al rey; en otras no es la hija, sino la mujer del conde. Durante quinientos años no tiene nombre, hasta que en el siglo XIV por fin alguien le inventa uno: Alcaba, que luego se convierte en La Cava, pero que a veces se transforma en Florinda.[5] Ninguno de estos detalles aparecía en las crónicas iniciales, son elementos que se van incorporando con el paso de los siglos, producto de la imaginación o la deducción de los sucesivos historiadores. Estamos, por tanto, claramente ante una leyenda. La pregunta es: ¿qué parte de verdad podemos extraer de ella?

En las últimas décadas, muchos historiadores se han esforzado por desbrozar el relato de esos añadidos legendarios. Sucesivamente, han ido cayendo La Cava, Don Julián, la violación y la idea misma de una traición como causa última del fin del reino de los godos. Todos esos hechos se consideran ahora inverosímiles, y efectivamente lo son. Pero la sensación de rigor que experimentamos al suprimirlas no deja de ser un autoengaño, porque ¿en qué sentido serían más fiables los primeros textos que los posteriores? ¿Por qué vamos a creer que los cronistas dejaban volar la imaginación en el siglo XIII y eran en cambio cuidadosos con los datos en el siglo IX? La idea de que una información es más fiable porque aparece en textos más antiguos, y por tanto más cercanos a los hechos, no nos sirve aquí, porque esos textos «antiguos» siguen siendo en todo caso más de un siglo posteriores. Es demasiado tiempo para suponer que los autores pudieran tener un conocimiento suficiente de lo que nos narran.

Es aquí donde los historiadores no tienen más remedio que echar mano de la vieja coartada de la historia oral. Durante muchos años se ha salvado esta clase de problemas con la creencia de que era posible que los datos que nos interesan se hubiesen preservado y transmitido de generación en generación, oralmente, sin la ayuda de textos (es lo que creía Pidal). Pero ya hemos visto que esto es muy improbable. Es cierto que la información puede permanecer en la tradición oral durante mucho tiempo, pero esa pervivencia es engañosa. La cancioncilla infantil «Quisiera ser tan alto como la luna» quizá se remonte al siglo XVIII, como parece indicar la referencia a «los soldados de Cataluña» (aparentemente, una alusión a la Guerra de Sucesión española); pero esa canción sobrevive como pieza de *ficción*, no de información histórica. A ningún historiador serio se le ocurría tomarla por un testimonio de la época y deducir que a un soldado que participó en los combates de 1714 se le «cayó un anillo al agua» al pasar «por el puente de Santa Clara», que es lo que dice en la estrofa siguiente.

Es aquí donde nos vamos acercando a una cuestión clave. Si los monjes que escribieron las crónicas asturianas no sabían nada del pasado ni contaban con material de primera mano para conocerlo, ¿de dónde sacaron las historias que nos cuentan? ¿Se las inventaron, sin más?

Podemos decir que las inventaron, pero no sin más. Es un primer ejemplo que nos sirve para entender la mecánica por la cual se crea buena parte del conocimiento histórico.

Cortar y pegar

Centrémonos en la historia de Pelayo y la batalla de Covadonga. El relato es bien conocido: como decíamos, tras la conquista musulmana de la península, el noble godo Pelayo, cuya hermana ha sido desposada a la fuerza por un gobernador sarraceno, se refugia en Asturias. Después de vagar sin rumbo por las montañas, experimenta una

Figura 1. Vestigios imaginarios: tumba de Don Pelayo en Asturias.

epifanía que le transforma en un rebelde. Sus enemigos le persiguen hasta su guarida. A su frente marcha Oppas, un obispo traidor que colabora con los musulmanes, y que intenta convencer a Pelayo de que se entregue. Este se niega y comienza en Covadonga una desigual batalla entre las numerosas fuerzas sarracenas y el puñado de montañeses que se han unido a Pelayo. En el momento crítico del combate, cuando todo parece perdido para los cristianos, la Virgen interviene. Las flechas que disparan los sarracenos se vuelven contra ellos, y finalmente los aniquila el derrumbe milagroso de una montaña. Es la primera victoria cristiana. Pelayo es proclamado rey en el campo de batalla y desde ese momento comienza la reconquista de los territorios perdidos.

Este es el relato tradicional, en una versión simplificada. Hemos dejado a un lado las contradicciones y variantes que hacen a Pelayo a veces un miembro menor de la familia real y otras un simple cortesano, las que señalan en ocasiones a su mujer y en ocasiones a su hija como la víctima de la violación, o las que hacen a Oppas alternativamente obispo de Sevilla o de Toledo. Pero es importante señalar que esas contradicciones y variantes existen, y que la versión que se cuenta, sea una u otra, es una construcción nuestra, la selección arbitraria de un historiador, no algo que esté objetivamente en los textos. A pesar de ello, se la suele tratar como la biografía más o menos autorizada de un personaje histórico, lo que no tiene nada de sorprendente, puesto que el relato sigue figurando como esencialmente verdadero en los libros de texto y sobre todo en los de divulgación. Asombrosamente, muchos historiadores académicos, posiblemente la mayoría, continúan dándole crédito en lo principal, aunque detecten en él lo que denominan «añadidos legendarios». La idea de que *todo* el relato pueda ser ficticio se evita cuidadosamente porque supondría quedarse sin historia para un período considerado crucial.

Y sin embargo, esa es la conclusión más lógica, porque no se trata de que haya «añadidos legendarios». Lo que tenemos aquí es un *collage* perfectamente distinguible de motivos y anécdotas reciclados por un autor que tenía que inventar una historia, y que lo hizo, lógicamente, a partir de lo que conocía. Es decir, a partir de los libros que había leído y los recursos clásicos de todo escritor de ficción. El universo de lecturas de un monje de aquellos tiempos era relativamente tan limitado y nos es tan bien conocido, que podemos ver de dónde ha salido cada detalle, casi cada frase de este relato hecho con retales.

El monje que escribe la crónica toma el material de lo que tiene a mano: vidas de santos, la Biblia, algo de historia grecolatina... Para el proceso de conversión de Pelayo de cortesano en rebelde se toman prestadas anécdotas de las vidas de Facundo, Primitivo, Nunilo, Alodia, Cosme y Damián. El discurso que pronuncia contra los musulmanes es el de santa Eulalia. El vagabundeo por las montañas de Asturias está calcado en parte del episodio bíblico del monte Horeb, y en parte del de Moisés y la zarza ardiente. El enfrentamiento dialéctico entre Pelayo y el obispo traidor Oppas también sale de la Biblia, hasta tal punto que en algunos pasajes la transcripción es casi literal.

En cuanto a la propia batalla de Covadonga, por supuesto el cronista no la presenció ni tenía ninguna información al respecto. Esto, suponiendo que hubiese tenido lugar, lo cual veremos que es harto improbable. No solo no había visto esa batalla sino seguramente ninguna otra, ciertamente no de esas dimensiones que él se imagina. Así que de nuevo echa mano de sus libros y elige un relato clásico, el del asalto al santuario de Delfos por los gálatas en el 279 a.C. De ahí salen la mayor parte de los detalles de la puesta en escena: las piedras que rebotan mágicamente y matan a los musulmanes que las lanzan, la montaña que se derrumba y aplasta a los infieles... En lo que no se puede considerar un alarde de imaginación, el monje llega al extremo de copiar incluso el número exacto de participantes: ciento ochenta y siete mil en ambas batallas.[6]

Todo esto, que puede parecer sorprendente, no tiene nada de particular. El monje de Covadonga no era el primero ni será el último que calque la historia de la batalla de Delfos. Accesible en los libros clásicos de historia de Grecia, esta parece haber sido muy popular como «batalla tipo». En Francia, parte del material se utiliza en los *Anales Petavianos* para contarnos la derrota de Tasilón de Baviera, por ejemplo.[7] Entonces, como ahora, cuando una idea era buena los escritores sabían reconocerlo, y esta práctica del «corta y pega» tiene una larguísima tradición en la escritura de historia. Los romanos, como veremos más adelante, recurrían sistemáticamente al reciclado de relatos previos, incluso de sus propios textos, como cuando Tácito nos repite un pasaje de sus *Historiae* para contarnos las campañas de Germánico, o cuando se inventa las batallas entre galos y romanos en el norte de Italia.[8]

No es solo que el relato de Covadonga esté formado por piezas de recambio. En su conjunto es un cliché, una metáfora, la reiteración de un tema recurrente en la literatura universal, y muy en particular en la Biblia: la caída en desgracia de un pecador, que se redime mediante su sufrimiento en el desierto para convertirse en un héroe al que Dios premia con una victoria imposible. Ese cuento moral, y no unos sucesos remotos de los que él no sabe nada, es lo que nos quiere contar el cronista. Basta leerle sin prejuicios para entender que en todo momento estamos en el terreno del melodrama y la leyenda: el reino visigodo cae por la lujuria de un rey, Pelayo se rebela porque un musulmán ha raptado a su hermana (o a su esposa)… Ya la simple presencia de mujeres, para las que el cronista ni se molesta en inventar un nombre, nos sitúa claramente en el registro de la fábula, porque para un monje cronista las mujeres no eran asunto serio para la historia. Como decía el primer historiador que se enfrentó a este material con una actitud científica, el francés Barrau-Dihigo, tratar de discernir la realidad histórica de los personajes del relato es absurdo porque se trata de un relato épico. Si los personajes nos parecen naíf y estereotipados no es porque el autor sea torpe en sus caracterizaciones sino porque él mismo tenía muy claro que lo que estaba escribiendo era literatura, no historia.[9]

Es asombroso que hasta bien entrada la década de 1970 casi todos los historiadores leyesen de manera literal este relato como si se tratase de un documento realista. Pero quizá lo sea más que incluso hoy en día muchos de ellos se empeñen en hacer una exégesis de los sucesos que aparecen en las crónicas, tratando de encontrar «lo que tienen de real», comparando distintas versiones y variaciones en manuscritos como si fuesen diferentes testimonios en un juicio, cuando la realidad es que se trata de autores que se copian entre sí e introducen errores cuando recuerdan o entienden mal lo que están copiando.

La madre de todas las batallas

Por si fuera poco, no hay una sola batalla, sino muchas. Hasta media docena, en distintos lugares y con distintas fechas, y ligeros cambios en sus detalles, según la imaginación de los diferentes cronistas. La de Covadonga no es más que la variante más famosa de un combate que parece ocurrir simultáneamente en muchos sitios. Otras crónicas nos la vuelven a contar, con parecidos detalles (intervención de la Virgen incluida), pero situándola en los Pirineos y enfrentando esta vez a vascones y musulmanes.[10] Incluso habría razones para sospechar que la famosa batalla de Poitiers del 732 no es más que una versión francesa de la misma anécdota. La fecha, como suele suceder en estos casos, oscila según las fuentes: 732 es la admitida generalmente, pero también se puede situar en el 734 o en el 733, con lo que coincidiría exactamente con esa otra batalla de los vascones contra los sarracenos en los Pirineos.[11]

En la historiografía española, Covadonga se ha terminado imponiendo a las demás alternativas. Poitiers, sin embargo, pudo sobrevivir porque forma parte del mito nacional de otro país, Francia, por lo que no era posible suprimirla. Pero tan pronto como nos fijamos en los detalles, reconocemos inmediatamente que estamos ante un calco. Lo mismo que en el caso de Covadonga, la entronización de Poitiers en la tradición histórica es tardía. En la crónica más o menos contemporánea de Fredegardo se habla todavía de una simple escaramuza sin importancia. Solo con el paso del tiempo va adquiriendo estatura épica. Las coincidencias son evidentes. Igual que en el caso de Covadonga, Poitiers se presenta como el encuentro definitivo que salvó a Europa de los musulmanes. En Poitiers, Carlos Martel somete previamente a Eudes, un aquitano colaboracionista; en Covadonga, Pelayo se enfrentaba al obispo traidor Oppas. La motivación de Eudes es que su hija ha sido dada en matrimonio a un musulmán, lo mismo que la hermana de Pelayo. En ambos casos, el musulmán en cuestión se llama Munuza. Está claro que los monjes no solo leían los mismos libros, sino que también se leían ávidamente entre ellos.

Pero la cosa se complica todavía más cuando nos enteramos que a únicamente quince kilómetros de Poitiers, y siete años antes, se sitúa otra batalla diferente, la de Autun. Solo que no es diferente: los detalles vuelven a ser los mismos, con la salvedad de que esta vez el obispo Emiliano interpreta el papel de Carlos Martel/Don Pelayo. Y aún hay más: si retrocedemos otros cuatro años atrás volvemos a encontrarnos con otra batalla más, en la misma región, de nuevo enfrentando a un ejército cristiano, esta vez al mando del ya mencionado Eudes de Aquitania, contra un ejército musulmán, esta vez dirigido por un musulmán de nombre sospechoso: al-Qalb («el Perro»).[12]

¿Cuál de todas estas batallas es la verdadera? La respuesta es obvia: ninguna. Si sustituimos a los musulmanes por otros pueblos, todavía podríamos seguir hacia atrás en el tiempo encontrándonos con lo mismo, una y otra vez. En la misma zona, por ejemplo, tuvo lugar la batalla de Vouillé, en la que los francos habían derrotado dos siglos antes a los visigodos. Este se considera el encuentro que selló la suerte de los visigodos en la Galia, el que hizo que los francos se apoderasen de Francia y le diesen su nombre. De nuevo tenemos aquí, por tanto, otro encuentro definitivo que cambia el curso de la historia ¿Podría haber sido este el modelo de todas las otras batallas?

Podría ser. Otra posibilidad es que todos estos calcos respondan más bien a un topos, a un cliché literario que los cronistas aplican rutinariamente cuando quieren crear un efecto dramático o contextualizar un cambio para el que no tienen una explicación. Es como la batalla de Guadalete, que sirve para despachar en un solo encuentro la suerte del reino visigodo. Las ideas repetitivas, la insistencia en los mismos nombres y otros detalles delatan que se están copiando unos a otros. Al mismo tiempo, todos ellos están atentos a las historias clásicas con las que están tan familiarizados. La mayor parte de estas batallas, por ejemplo, van seguidas de relatos de retiradas dramáticas, también sospechosamente parecidas entre sí, y sospechosamente similares en concreto a la *Anábasis* de Jenofonte. Esta era la gran retirada literaria de la Antigüedad, muy conocida y admirada por los cronistas medievales, y no solo por los cristianos. El *Ajbar Machmua*, una fuente árabe sobre la península muy utilizada, nos cuenta la retirada de los sarracenos tras la batalla de Poitiers siguiendo casi al pie de la letra a Jenofonte. En otra de estas retiradas árabes, la de Balch ibn al-Qusairi en el Magreb, el número de soldados es incluso el mismo que en el libro de Jenofonte.[13]

Lo que nos lleva de vuelta a la invasión musulmana del 711. ¿Podría ser que se tratase también de una simple leyenda literaria que la ausencia de documentos ha convertido en historia?

Es perfectamente posible, incluso cabe pensar que sería lo lógico. Puesto que esa historia es muy tardía, lo razonable es suponer que, como sucedía a menudo en estos casos, el cronista echa mano del topos para resolver el problema de la falta de fuentes. Desde luego, tenía una larga tradición en la que inspirarse, puesto que las historias de cruces militares del estrecho, en una dirección y otra, son relativamente abundantes. Se cuenta, por ejemplo, que en el siglo v un gobernador romano del norte de África, Bonifacio, atravesó el estrecho con ochenta mil guerreros, de Tarifa a Ceuta, es decir, aproximadamente el mismo número, y exactamente el mismo camino que se atribuye a los sarracenos. Eso sí, en dirección contraria, aunque esto, evidentemente, tiene poca importancia a efectos del topos. Incluso existe una «traición de Bonifacio», que permite la entrada de los bárbaros en Túnez, trasunto de la «traición del conde Don Julián», el que dejará entrar a los árabes, que es a su vez trasunto de la «traición del general Geroncio», otro personaje distinto del siglo v que había dejado pasar a los visigodos por los Pirineos. Alguna de estas historias podría ser un modelo para la conquista del 711, aunque, claro está, no hay forma de saberlo con seguridad.[14]

Lo que sí está claro es que, en estas condiciones, simplemente no es posible escribir la historia de la invasión del 711 y los orígenes del reino de Asturias.

Leyendas que se convierten en historia

Desgraciadamente, la existencia de documentación tampoco resuelve el problema. A finales del siglo xix empezó a llamar la atención de los especialistas lo que prometía ser un auténtico tesoro para estudiar los inicios de la islamización de la península Ibérica: textos árabes antiguos que narraban la conquista del 711 y los primeros tiempos de al-Andalus, y que lo hacían además con una gran riqueza de detalles, nombres y fechas. No podía ser más oportuno, porque las primeras traducciones de esta literatura llegan poco antes de que eruditos críticos como Barrau-Dihigo pongan en cuestión las fuentes cristianas. Desde entonces, la nueva documentación árabe se ha venido utilizando con profusión para dar sentido a la versión tradicional de la conquista. Por eso es importante detenerse a considerar cuán fiables son esos relatos árabes sobre la conquista.

La respuesta es que no mucho, pero lo interesante es por qué. Digamos que, en conjunto, se trata de una veintena escasa de textos. Una vez que se los data correctamente, los más tempranos de entre ellos resultan ser incluso más tardíos que las crónicas cristianas. Muchos no fueron ni siquiera escritos en al-Andalus, sino en Egipto o Túnez. El más antiguo de los que sí lo fueron, el de Ahmad al-Razi («el moro Rasis») es docientos años posterior a la conquista. El *Ajbar Machmua,* que durante mucho tiempo se creyó un relato contemporáneo, se sabe ahora que es trescientos años posterior a los hechos que cuenta.[15] El de Ibn Jaldún es medio milenio posterior, y la compilación de al-Maqqari, fuente principal para conocer la Córdoba omeya, como hemos visto, es ochocientos años posterior a aquella. Otros textos, como la llamada *Crónica mozárabe de 754*, el de Ibd al-Hakam o el de Ibn Quttiya, nos han llegado a través de copias de copias y traducciones tan sospechosas que las hacen prácticamente inutilizables.

Veamos un ejemplo: la crónica de Ahmad al-Razi es la base de la mayor parte de las versiones cristianas que tenemos de la conquista. Se supone que al-Razi tomó sus datos de una obra anterior de su propio padre, Muhammad. Pero ambas obras se han perdido. ¿Qué es lo quiere decir entonces que «la tenemos»? Lo que quiere decir es que disponemos de una traducción al castellano de una versión portuguesa trescientos años posterior al original perdido. Esa versión castellana, por otra parte, está seriamente contaminada e interpolada por otros textos. Como quiera que fuese, la obra de al-Razi padre estaba ya escrita dos siglos después de los hechos. ¿Y de dónde había tomado él sus datos? Se supone que de Ibn Habib, cuya obra nos sería muy interesante para contrastar todo esto pero que, desgraciadamente, también se ha perdido. Lo que quizá no sea una tragedia tan grande como parece, porque, de todas formas, Ibn Habib había tomado a su vez sus datos de una cadena de eruditos egipcios, el primero de los cuales se suponía que había estado en Hispania, cosa que hoy se sospecha que es falsa. Como resultará evidente, con esta documentación es imposible reconstruir la verdad.[16] Es como si a un castillo de cartas se quita de golpe la primera fila.

Lo curioso es que no solo los historiadores actuales están influidos por esta documentación. También lo estuvieron los cronistas medievales, que llegaron a conocerla en el original árabe. Esto produce un curioso fenómeno de retroalimentación, en el que unos textos parecen confirmar lo que dicen otros, cuando en realidad se están copiando entre sí. La ilusión de rigor es a veces tan completa que los expertos llegan a olvidarse de lo endebles que son las cadenas de transmisión. Historiadores que jamás se atreverían a citar un libro contemporáneo sin comprobar exactamente la cita en la lengua y la edición original, se vuelven increíblemente generosos cuando se trata de valorar la credibilidad de estos textos.

La cuestión, en el fondo, es bastante simple. Hay que pensar que al igual que los cronistas cristianos del siglo IX no sabían cómo habían surgido los reinos cristianos, los cronistas andalusíes del siglo X y posteriores no podían saber tampoco cómo se había producido la transformación de la península en un reino musulmán. No tenían más remedio que imaginarlo, puesto que no había textos que lo explicasen. Puestos a imaginarlo, era lógico que se lo figurasen como una conquista militar. Decir que el islam se propagó lentamente por medio de personas desconocidas no es precisamente una historia fascinante para el lector. La guerra de conquista, en cambio, siempre ha tenido bastante éxito con el público de un juglar, un historiador o un director de cine. En este caso, más en concreto, una victoria milagrosa vendría a demostrar que Alá era el dios más poderoso. Es la misma razón por la que los cronistas asturianos habían imaginado su propia victoria milagrosa en Covadonga, y la misma razón por la que ninguna de las dos debe ser tomada demasiado en serio si no hay pruebas más sólidas para sostener su existencia. La única diferencia es que, en el caso de los cronistas árabes, los detalles del relato no salen solo de la Biblia y la literatura clásica, sino también de su acervo cultural: de las historias coránicas y de los clichés historiográficos de su propia cultura, e incluso de los cuentos populares (en las crónicas hay rastros de *Las mil y una noches,* además de leyendas persas, judías y cristianas). Las batallas y los episodios guerreros que se nos cuentan para la península, por ejemplo, están prácticamente calcados de las batallas de la conquista de Egipto, las cuales a su vez son posiblemente calcos de las batallas de la península Arábiga, de las que tampoco hay fuentes contemporáneas. Son simples leyendas creadas a partir de leyendas.

¿Demasiado radical? Quizá baste con un ejemplo. Las crónicas árabes nos cuentan cómo, tras la conquista de al-Andalus, surgió una rivalidad entre Tariq y Muza, los dos principales jefes guerreros musulmanes. Incapaces de resolver sus diferencias, ambos se dirigen a Damasco para someterse al juicio del califa. No sabemos cómo termina la historia, pero eso aquí es irrelevante. Tradicionalmente, se ha tratado este episodio como un hecho histórico y así figura todavía en casi todos los libros de historia, donde se interpreta como un ejemplo, o como poco una metáfora, de las rivalidades que surgieron entre los árabes tras la conquista. Algunos historiadores llegan a hacer complicadas deducciones sobre la naturaleza de esas rivalidades a partir de este dato. Quizá reflejaba un conflicto entre bereberes y árabes, o entre distintas tribus de la península Arábiga, o conflictos políticos acerca del gobierno del nuevo territorio.

Pero esto es simplemente absurdo. ¿Por qué? ¿Dónde está el problema? El problema está en que, si vamos a la fuente, lo que nos cuenta la crónica es que el motivo de la disputa era *una mesa mágica* perteneciente *al rey Salomón*. Esta mesa había aparecido en Toledo, en un escondite protegido por *diablos*. En el forcejeo entre los dos rivales, una de las patas de la mesa se rompe. Y es entonces cuando, en un giro típico de los cuentos fabulosos, los dos pleiteantes emprenden un largo viaje para reclamar la mediación del soberano, cuya decisión remite, naturalmente, a uno de los asuntos más conocidos de la literatura universal: la historia bíblica del propio rey Salomón y su juicio sobre el dilema de las dos mujeres y el bebé.

Evidentemente, nos encontramos ante un cuento sin más. No se puede separar en él lo que es posible (el enfrentamiento, el viaje) de lo que no lo es (la magia, los diablos) porque el viaje realista no tiene otra función que la de resolver la trama irreal. Según el filólogo Joaquín Vallvé es posible incluso que el nombre de Tariq se inventase simplemente a partir del topónimo de Gibraltar (Yabal Tariq, la montaña de Tariq), y no al revés, como suele creerse. Del mismo modo, es posible que Tarif, otro general musulmán, se inventase para explicar la etimología de Tarifa, que ya existía.[17] Seguramente, ninguno de los dos, ni Tariq ni Tarif, son personajes reales. Sus expediciones por la península, hasta ahora la explicación convencional de la conquista, no tienen de hecho ningún sentido y varían completamente de una fuentes a otras. A pesar de todo esto, la costumbre es elegir una y reproducirla en un mapa para dar una engañosa sensación de rigor.[18]

Los dos Abderramanes

No es un asunto menor. Este mismo malentendido, consistente en tomar leyendas y cuentos populares por historia verosímil, contamina aspectos todavía más importantes de nuestra visión del pasado que este conflicto imaginario entre Muza y Tariq. Hemos visto cómo la fundación del reino de Asturias, con su héroe Pelayo y su momento crucial en Covadonga, es un mito historiográfico creado a posteriori. Pues bien, lo mismo podríamos decir de lo que podría considerarse su equivalente en la Hispania musulmana: los orígenes de la dinastía omeya en Córdoba.

Recordemos brevemente los detalles: en el año 750 la familia de los abasíes toma el poder en la capital del islam, Damasco, y derroca a los omeyas. El nuevo califa, nos dirán las crónicas muchos años después, invita a todos sus rivales a un banquete en el que hace que sean masacrados. Solo sobrevive Abderramán, nieto del califa y por tanto descendiente indirecto de Mahoma, con su hijo, su hermano y sus hermanas, además de un fiel criado liberto. De nuevo salta a la vista que estamos en el terreno del cuento popular y los clichés literarios de *Las mil y una noches.* En primer lugar, tenemos aquí el banquete mortal, tema recurrente en la literatura de todas las épocas, desde la historia de la campana de Huesca hasta *El padrino* de Mario Puzo, pasando por *El último Abencerraje* o el banquete de Vortigern en la tradición anglosajona. Luego está el asunto del joven príncipe que sobrevive milagrosamente para luego regresar y reclamar su trono, como en los cuentos de los hermanos Grimm o en Edipo. Incluso tenemos a un secundario clásico: el fiel e ingenioso criado que salva la vida a su amo una y otra vez.

Lo que sigue confirma este marco de novela de aventuras. Cada personaje padece un destino literario: las hermanas de Abderramán se pierden al atravesar el desierto, otro hermano es capturado al quedarse rezagado mientras el príncipe y el criado cruzan a nado el Éufrates. Los supervivientes hacen un recorrido fabuloso que les lleva, significativamente, por *todas* las tierras conquistadas por el islam: de Siria a Palestina, luego a Iraq, después a Egipto y de ahí a África. Desde allí descienden hasta Mauritania y suben al Rif, donde les protegen los bereberes. Finalmente, amo y criado desembarcan en la costa de Andalucía, donde Abderramán es reconocido por el pueblo como el legítimo soberano; aunque antes de ocupar su trono, como todo héroe, deba ganar una serie de batallas con un puñado de hombres hasta la victoria definitiva sobre sus enemigos.

Es curioso comprobar cómo esta historia es un reflejo de la de Pelayo, que transcurre supuestamente en el mismo siglo: el superviviente de la familia real que logra huir, vagabundea por el desierto, reúne a un puñado de valientes, gana una victoria decisiva y es reconocido como soberano. Es curioso, pero no sorprendente, puesto que este mito universal se repite una y otra vez a través de todas las culturas y épocas.

De hecho, la historia de Abderramán se repite exactamente igual *al otro lado del estrecho*, en la ciudad de Fez, cuya fundación se atribuye a Idris I. ¿Quién era este Idris? Pues Idris era, nos cuentan las crónicas, un descendiente indirecto de Mahoma y su familia es masacrada por un califa abasí en Damasco. Idris, el único supervi-

Figura 2. Relatos contradictorios: las expediciones de Tariq y Muza, según los textos, en tres historiadores diferentes.

viente, se refugia en el desierto y huye a través de todas las tierras del islam acompañado de un fiel criado hasta llegar al norte de África, donde le protegen los bereberes. Finalmente, tras una serie de batallas, el pueblo termina reconociéndole como el verdadero califa.

A estas alturas el lector no se sorprenderá de saber que no existen fuentes contemporáneas para ninguna de las dos historias. Las peripecias de Abderramán nos han llegado a través del inefable al-Maqqari, que las escribió en el siglo XVII.

A partir de aquí empieza el clásico intento de legitimar este testimonio de manera indirecta: Al-Maqqari dice que tomó su relato de un historiador del siglo XI, Ibn Hayyan, cuya obra, como suele suceder también en estos casos, oportunamente se ha perdido. En todo caso, Ibn Hayyan es todavía trescientos años posterior a los hechos. Aun así se pretendía que los detalles de su versión venían directamente del propio Abderramán. El texto que reproduce Ibn Hayyan, de hecho, está narrado en primera persona. Esto debería bastar para aclarar cualquier duda de que se trata de una leyenda puramente literaria, y además tardía, puesto que la autobiografía era completamente desconocida entre los árabes del siglo VIII. Como ha escrito el historiador Roger Collins, refiriéndose a la documentación árabe: «No tiene ningún sentido fingir que los malos testimonios son buenos solo porque son prácticamente todo lo que hay».[19]

¿No existió entonces Abderramán I? ¿Existió Don Pelayo? El debate historiográfico está lleno de polémicas estériles de esta clase. Estériles, porque se centran en lo accesorio y dejan pasar lo principal. De Abderramán I sabemos que existió como personaje histórico, de Don Pelayo podemos tener muchas más dudas; pero poco importa, puesto que, hubiesen existido o no, no podemos saber nada con un mínimo de certeza acerca de ellos. Hace muchos años, Caro Baroja ya advertía del peligro de tomar un personaje real y «recargarlo de actos, palabras, etc., irreales» hasta convertirlo en un simple arquetipo histórico.[20]

Volvamos a Pidal. Él decía que «de Pelayo se puede decir cualquier cosa salvo que no existió». La frase, cuidadosamente pensada, encierra una verdad sutil. Si Pelayo existió o no, *eso es todo* lo que sabemos de él. Todo lo demás, lo que nos ha llegado de él, como lo que nos ha llegado de Abderramán o Idris, no son sino una colección de adornos, de relatos literarios que utilizan sus nombres, en parte para llenar un vacío en el pasado y en parte para dar prestigio a la historia. Ya hemos visto que esas historias no salen de la realidad sino de la imaginación. Ahora vamos a detenernos a observar con más detalle este apasionante fenómeno.

4

Repeticiones, analogías, paralelismos

ANÉCDOTAS CLÓNICAS

Lo hemos visto varias veces en el capítulo anterior. Insistiremos aún más a lo largo de este, porque ahí está una de las claves para entender cómo se forma el conocimiento histórico: las repeticiones. Hemos visto esas repeticiones en las historias de Idris y Abderramán, en la de las distintas batallas de Covadonga y las retiradas épicas de los distintos ejércitos, en el «banquete sangriento» de Damasco, en las peripecias de Pelayo... La violación de Florinda/Cava/Alcaba la encontramos también, por ejemplo, en las leyendas noruegas de manera prácticamente idéntica, con el rey Sigurd Sleva en el papel de Rodrigo y la joven Olava en el de la mujer agredida. Y la idea vuelve a repetirse, en las mismas crónicas noruegas, en la historia de Emanrico y Odila.[1]

Es evidente que a lo largo de toda la historia se repiten una y otra vez las mismas anécdotas, detalles y personajes, a veces de igual manera, otras reordenados en diferente forma. Esas repeticiones se dan en todas las historias nacionales, y a menudo en varias a la vez. El relato cronístico de la batalla de El Salado de 1340, en el que Alfonso XI hace que el sol se detenga para poder continuar luchando, es un calco de la historia bíblica de Josué. Isabel la Católica promete no cambiarse de camisa hasta que no caiga Granada, lo mismo que la infanta Isabel Clara Eugenia en el sitio de Ostende de 1601. La conocida historia de la campana de Huesca recrea un pasaje que aparece sucesivamente, de la misma manera, en Heródoto, en el tercer libro de la *Política* de Aristóteles y en Tito Livio, que se la atribuye a

Tarquino.[2] Boabdil, nos cuentan las crónicas, les explicaba a sus cortesanos que los cristianos los derrotarían poco a poco, «como si estuvieran plegando una alfombra desde las esquinas», la misma imagen que utiliza el sultán otomano Mehmet II unos años antes para explicar su plan de conquista de Europa.[3] El trance sepulcral de Alfonso I resulta ser el mismo «milagro manido» (como lo llama el filólogo Gil Fernández) que Gregorio el Grande había situado ya en el entierro de Hermenegildo...[4] Los ejemplos son casi infinitos.

A veces, de manera aún más sorprendente, estas repeticiones se dan incluso en un mismo texto. Un ejemplo llamativo lo encontramos en las crónicas castellanas: el rey de Castilla, ante el enfrentamiento entre dos nobles que no se dejan hablar el uno al otro, interrumpe para decir «por Castilla hablaré yo». Inicialmente, esta frase se atribuye a Alfonso XI, y es claramente una simplificación de «los de Toledo farán todo lo que yo les mandare, e yo ansí lo digo por ellos, por ende hable Burgos», que es lo que realmente figura en las crónicas. Esto quiere decir que en principio no tendríamos que considerarlo una leyenda. La cosa cambia, sin embargo, cuando vemos que exactamente la misma anécdota, en las mismas crónicas, se atribuye luego a Pedro I y, más tarde, también a Juan II de Castilla. Por otra parte, el lector se habrá dado cuenta de que una vez más estamos ante una más de tantas versiones del cuento del juicio de Salomón, que se encuentra en la Biblia y forma parte del folclore universal, y que ya apareció hace unas cuantas páginas en la historia de Tariq y Muza.

La selección arbitraria que hacen los historiadores, la casualidad y el tiempo enmascaran este fenómeno. La historia del tambor del Bruch, en la que un joven pone en fuga a todo un ejército haciendo un ruido que se confunde con la llegada de refuerzos, es tan solo la versión más exitosa de un mito que se repite en muchos lugares de la península (en Santiago de Compostela, es un campesino con unas zuecas el que asusta a los franceses). El «pleito al sol» de Almudévar figura en la historia local de una docena de pueblos, contado en todos ellos de la misma manera, aunque solo el de Almudévar se haya abierto paso hasta los libros de historia. La anécdota de Pizarro, y la raya que traza en la arena para conminar a sus hombres a que decidan si quieren seguirlo o no, es una de tantas repeticiones de un apólogo de largo recorrido que incluye el paso del Rubicón por César, el cruce del Limia por Décimo Junio Bruto e infinidad de historias idénticas. Los historiadores se las han arreglado siempre para darles a todas estas reiteraciones tonos ligeramente distintos, evitando que la repetición nos incomode. Cuando la similitud es demasiado evidente, sin embargo, retiran esta clase de «dobletes» de la circulación, dejando solamente un ejemplo de cada. De este modo se restablece la credibilidad de la anécdota allí donde sobrevive. No siempre esto es posible, y cuando distintas versiones del mismo mito resultan ser importantes para varias historias nacionales, los historiadores se resisten a eliminar la suya. Es entonces cuando la distorsión se pone en evidencia. Es lo que hemos visto con el caso de Covadonga/Poitiers.

Sin embargo, disponemos de un curioso observatorio para ver cómo sería la historia general si no se procediese a ese enmascaramiento. Nos referimos a las vidas de santos.

Puesto que la devoción de los santos era local, y la mayor parte de la gente no conocía más que a los más próximos geográficamente, las repeticiones de vidas y milagros podían darse sin que nadie se preocupase de remediarlas. El milagro de san Froilán de Lugo, por ejemplo, en el que el santo obliga a un lobo a cargar con sus libros después de que se coma su mula, se repite en san Corbiniano de Baviera, cambiando únicamente la mula por un caballo y el lobo por un oso. El milagro del agua convertida en vino, obviamente tomado del de las bodas de Caná, se cuenta de san Aiberto, santa Marta, san Odilón, san Pedro Eremita, san Vasto de Arrás, san Víctor de Plancy y santa Zita, entre otros. Los santos alimentados por animales en el momento en que van a morir es un subgénero en sí mismo: la vaca de santa Brígida, el gorrión de san Calais, el águila de san Cuteberto, la lamprea de san Hermelando, los osos de san Marino, el perro de san Simón Stock, el grajo de san Pablo Anacoreta, las palomas de san Auxencio y de santa Clara... No solo los detalles, sino el orden de sucesos en esas historias es prácticamente idéntico.

Un buen ejemplo de la complejidad que puede llegar a alcanzar este fenómeno nos lo ofrece el milagro de las abejas que hacen miel dentro de la boca de san Ambrosio recién nacido (anunciando que tendrá un «verbo dulce»). Inicialmente, es un calco de una historia de Plinio sobre Platón niño, que se cristianiza y se atribuye luego, además de a san Ambrosio, a san Isidoro y san Juan Crisóstomo (cuyo nombre significa, precisamente, «boca de oro»). Finalmente, la anécdota logra entrar en la «historia real», al aparecer, con pequeñas variaciones, en la biografía del teólogo Luis Vives. Pero a su vez esta anécdota sirve de matriz para crear otras historias similares en las que lo que sale de la boca de un orador místico son flores o palomas (san Froilán). El escritor anticlerical portugués Eça de Queirós llegó a escribir un irónico *Diccionario de milagros* en el que, ordenados los milagros alfabéticamente por temas, esas repeticiones llegan a tener un efecto cómico. Su mensaje era claro: la mecánica de repetición revelaba que se trataba de historias inventadas.[5]

Algo parecido sucedería con buena parte de la historia convencional, de no haber sido «filtrada» para darle un aspecto más verosímil. Cuando Ibn Hazm, por ejemplo, nos cuenta cómo Abderramán III se casó con una zurradora de pieles «a la que vio junto a un río» y a la que llamó Umm Qurays, podemos sospechar que estamos ante un cliché (el encuentro junto al río, el cambio de nombre poético). Pero cuando más tarde se nos cuenta exactamente la misma anécdota de al-Mutamid con su amante Rumaikiyya, lo lógico sería proceder a borrar las dos de nuestros libros de historia. Lo que se hace, sin embargo, es conservar la segunda e ignorar la primera.

Es importante señalar que esto no tiene nada que ver con la mala calidad de la documentación. Aunque el fenómeno es más habitual en la historia antigua y medieval, también se puede observar en la historia contemporánea.

Lo curioso es que el fenómeno pasa desapercibido para el público en general incluso cuando las distintas variantes permanecen. El prestigio del relato histórico hace que, al encontrarnos con una coincidencia de este tipo, la achaquemos sin más a la casualidad o a la idea tópica de que «la historia se repite». Para los historiadores es un asunto más preocupante, porque sugiere que la fuente en la que aparece no es fiable. Aun así, y para evitar anular de un plumazo la documentación, la mayoría se limitan a despachar estas repeticiones como «leyendas históricas», como si fuesen adherencias a un texto por lo demás riguroso. Es una manera poco convincente de rehuir el problema, puesto que esas «leyendas», como hemos visto ya, son una parte esencial del relato que nos ofrecen los cronistas. No se puede separar tan fácilmente la «leyenda» de la «realidad histórica». En muchos casos, de hecho, es imposible, y lo peor es que los métodos de crítica que la historia académica ha desarrollado para comprobar la fiabilidad de las fuentes terminan con frecuencia siendo utilizados para todo lo contrario: para validar leyendas que el historiador necesita que sean verdad.

Veamos algún ejemplo.

Numancia y sus dobles

Tomemos un episodio que reviste una importancia especial en el discurso histórico español: el asedio de Numancia. Este relato de la ciudad mártir de los iberos que eligió el suicidio colectivo antes que rendirse a los invasores romanos sigue figurando en los libros como un hecho histórico. Incluso constituye todavía para bastantes historiadores, sobre todo los de divulgación, uno de los elementos claves en el mito español. Desde el punto de vista que venimos adoptando nosotros, se trata de una historia altamente sospechosa, puesto que es prácticamente un calco del episodio anterior de Sagunto, con la única diferencia de que los atacantes aquí son cartagineses en vez de romanos.

Lejos de suscitar dudas, sin embargo, esta coincidencia se ha llegado a tomar como una confirmación de su verosimilitud. Se solía decir que la repetición no hace sino poner de manifiesto un supuesto «carácter indómito» típicamente español. Dejando a un lado que en el caso de Sagunto los asediados eran en realidad colonos griegos, si uno acepta esa premisa, desde luego el asunto se explica fácilmente. Incluso se puede confirmar con más ejemplos, porque también tenemos el caso del monte Medulio en Gallaecia, el de Astapa (lugar identificado con la actual Estepona), el de los celtíberos de Contrebia, el de las mujeres bracarenses durante la campaña de Bruto el

FIGURA 3. Repeticiones sospechosas: *El último día de Numancia*, de Alejo Vera, 1880.

Galaico, etc., etc. En todos esos lugares, sus habitantes, cercados por las tropas romanas, decidieron suicidarse colectivamente antes que vivir bajo el yugo de la civilización más avanzada de su tiempo. Pero desgraciadamente para la tesis de la costumbre local, ya de por sí dudosa, nos encontramos también con el mismo episodio en el asedio romano de Masada, en Palestina. Y también en Thala, durante las llamadas guerras yugurtinas, en el norte de África.

En realidad no es en Hispania, Palestina o Cartago donde hay que buscar la explicación para esta reiteración del tema del suicidio colectivo en una ciudad asediada. En lo que hay que fijarse es en quién nos lo cuenta. Se trata en todos los casos de historiadores romanos (o griegos romanizados) que viven en una franja temporal más bien estrecha, entre el siglo I a. C. y el II d. C. y que se leen entre ellos. Es decir, estamos ante un cliché literario. ¿Puede ser que ese cliché naciese de un episodio real? Es muy improbable. Todas las versiones que hemos enumerado han sido en unos casos desmentidas por la arqueología y en otros carecen siquiera de arqueología posible, precisamente porque son episodios imaginarios. Para el historiador francés Vidal-Naquet, la historia de la ciudad asediada que comete un suicidio colectivo sería un topos recurrente en la historiografía romana.

Aun así, algunos han intentado llevar adelante lo que podríamos llamar una «arqueología de lo inexistente». En Masada, que ha sido estudiada en profundidad con la intención expresa de confirmar el relato, no han aparecido señales de suicidio colectivo, para decepción del arqueólogo militar Yigal Yadin, que dirigió la campaña de excavaciones en la década de 1960. Por no haber, no hay siquiera indicios de una batalla o de un asedio espectacular como el que describen las fuentes para este episodio. Al final, de hecho, esas fuentes se reducen a una, el poco fiable historiador judeorromano Flavio Josefo. Aunque los guías turísticos de Masada siguen presentando a los visitantes la gigantesca rampa de acceso como una obra romana de ingeniería militar, en realidad no es más que una formación geológica natural.[6] Tampoco en Sagunto ni en Numancia se han encontrado restos de ningún suicidio en masa. No aparece ningún estrato con fuerte presencia de huesos y, aunque hay uno con ceniza, es de una época muy posterior a la fecha del supuesto asedio.[7] El monte Medulio y Astapa no se han estudiado porque ni siquiera han podido ser localizados, y probablemente no se los encuentre nunca.

Pero vayamos con la estrategia académica para dar verosimilitud al relato. Todo intento de poner en duda la historia de Numancia choca siempre con un argumento teóricamente irreprochable: la convicción, sólidamente establecida en los estudios de historia antigua española, de que nuestra fuente para este episodio es un testigo ocular. Este sería el historiador griego Polibio, quien, acompañando a su patrono Escipión, habría estado presente en la destrucción de Numancia. En uno de esos anacronismos a los que tan aficionada es la historia de divulgación, se ha llegado a presentar a Polibio como un periodista o un «reportero de guerra». ¿Qué podría haber más fiable que un historiador que presencia los hechos que cuenta?

Como ya hemos dicho, es una ingenuidad creer que un testigo presencial es por sistema un testigo fiable. Pero en el caso de Polibio el problema es otro: Polibio no estuvo en Numancia, y esto es algo que, leyendo correctamente las fuentes, está meridianamente claro. La idea de que presenció el asedio procede de un único historiador, el arqueólogo alemán del siglo XIX Adolf Schulten.

Schulten merece un breve comentario, porque es un personaje esencial para entender la manera en la que se ha contado la historia antigua de España, y no para bien. «Historiador de segunda fila», como lo describe sucintamente Wulff, sus enfoques y trabajos habían sido demolidos por la crítica ya en su propia época. Sin embargo, en España ha seguido gozando de una autoridad considerable debido a que fue el primero que recopiló las fuentes para la historia antigua de España, y esa recopilación es la que han utilizado todos los historiadores españoles. Por desgracia. Su descontextualización de las citas ha creado malentendidos que, en muchos casos, terminaron pasando al acervo popular y son ahora mitos indestructibles. Las ideas netamente racistas del sabio alemán, su concepción de la guerra como motor casi exclusivo de la civilización y sus fabulaciones megalomaníacas, como en el caso de sus disparatadas ideas sobre la civilización tartésica, han dejado una impronta en la imagen popular de la Antigüedad hispana todavía muy visible.[8]

Schulten llegó a España con la ambición de emular a su modelo, su compatriota Schliemann, el supuesto descubridor de Troya. Y Numancia iba a ser «su Troya». Tenía, por tanto, un interés personal en creer en la verdad del asedio (lo mismo que Schliemann, descubierto como un fraude hace tiempo pero todavía reverenciado en los libros de divulgación).[9] Polibio era la gran coartada de Schulten, aunque este sabía de sobra algo fundamental, y es que la historia de Numancia no nos ha llegado de Polibio, sino de otros autores muy posteriores, en particular el también griego Apiano, que vivió en torno a doscientos años después. A esta fuente tardía habría que añadir otros dos historiadores romanos: Floro y Livio. De su fiabilidad baste repetir lo que escribió Grant sobre Tito Livio:

> [Tito] Livio no solamente inventa [...] las guerras antiguas [...] sino que también distorsiona gravemente las batallas que tuvieron lugar al principio de la Segunda Guerra Púnica. Ciertamente, sus descripcio-

> nes de batallas son, por otra parte, totalmente inventadas. Frecuentemente reutiliza viejos relatos, imitando lo que él mismo había escrito.[10]

Por eso Schulten necesitaba que Polibio, testigo presencial, fuese la base del relato, así que elaboró un alambicado argumento para convertirle en la fuente de los historiadores posteriores. Es un procedimiento muy similar al que hemos visto a la hora de establecer la cadena de transmisión de la información con la que se ha construido la historia de al-Andalus, y plantea los mismos problemas.

Basándose en una traducción distorsionada y altamente especulativa de una cita muy oscura de Cicerón, Schulten supuso que Polibio habría escrito un libro sobre su experiencia en Numancia. Como no existe ninguna evidencia de ese libro, imaginó que se habría perdido. Y también conjeturó que, antes de que se hubiese perdido, Apiano había podido consultarlo. Una vez más nos encontramos con este recurso fácil al «manuscrito perdido» que tanto juego da en la literatura y tantos huecos ha tapado en la historia de todos los países. Lo cierto, y esto sí lo sabemos con seguridad, es que Polibio sí escribió sobre las guerras celtíbero-lusitanas, pero precisamente *no* sobre Numancia, a la que ni siquiera menciona en sus escritos. Y, lo más importante, *tampoco estuvo presente* en el asedio de Numancia. La cita de Cicerón que está en la base de la argumentación de Schulten, correctamente interpretada, más bien sirve para rechazar la presencia de Polibio que para afirmarla. Polibio, efectivamente, había estado en Hispania acompañando a Escipión, pero en el 151 a. C., diecisiete años antes del asedio a Numancia. Schulten, que era consciente de que esto echaba a perder su teoría, trucó la cronología para ocultar este hecho.[11] A pesar de ello, la tesis de Schulten es la que aprendimos muchos en la facultad de historia, y es la que se sigue citando prácticamente en todos los libros de texto.

La mecánica del cliché

Para nosotros, la cuestión de si el asedio de Numancia existió o no es secundaria. Lo que nos interesa es esta forma en la que los textos no nos cuentan los hechos sino que únicamente buscan crear metáforas o reutilizar otras ya existentes para transmitirnos los valores de la época. La historia de Numancia/Masada no nos cuenta nada sobre Hispania y Palestina sino sobre cómo se veían los romanos a sí mismos y a los demás. Por una parte, los escritores romanos quieren dejar claro que los enemigos de Roma son formidables, de modo que las victorias sobre ellos son aún más valiosas; por otra, informan a sus lectores de que el valor de los bárbaros es irracional y desordenado, digno de admiración pero tranquilizadoramente suicida. Eso es todo.

Este proceso metafórico es universal. Se da en los geógrafos antiguos y los cronistas medievales, pero también entre los historiadores modernos, aunque sea de un modo más sutil. Nuestra mente, la de los cronistas y la nuestra, opera por medio de analogías, paralelismos y reiteraciones. No somos seres «científicos» sino literarios, y nuestra manera de recordar, también la del historiador, funciona más como la de un novelista o un poeta que como la de un científico. Esto no tiene nada de extraño, puesto que un historiador es, después de todo, eso, un escritor. Aun cuando parta de la realidad, la manera en que recoge, selecciona y presenta los materiales va forzándole a entrar en un molde que los transforma en literatura. Se dirá que esto solo puede suceder cuando no hay documentos contemporáneos que permitan contrastar los datos. Lo curioso es que no. La intromisión del pensamiento metafórico en nuestra escritura de la historia es independiente de la calidad de la fuente original.

Para comprobarlo, lo que necesitamos es un hecho que haya sido mitificado pero del que tengamos un relato realista paralelo con el que compararlo. Puede servirnos una famosa anécdota de Hernán Cortés y su desembarco en la costa mexicana, en el año 1519.

Para evitar la tentación de una retirada e indicar claramente a sus soldados que no había marcha atrás, nos cuenta la historia, Cortés ordenó quemar sus naves. En este caso sí tenemos fuentes de primera mano que nos deberían permitir conocer la verdad. Y no una, sino varias. Por una parte está el cronista Bernal Díaz del Castillo, que acompañaba a la expedición. Por otra, el propio Cortés, que cuenta la historia en una de sus cartas privadas. El caso es que ninguno de los dos menciona la quema de las naves. La historia que cuentan es parecida, y sin embargo diferente en un aspecto crucial: Cortés no quemó las naves sino que las «barrenó», es decir: hizo que las hundieran en aguas poco profundas junto a la costa. Era una práctica relativamente habitual en estos casos. De este modo, al parecer, se evitaba tener que dejar un destacamento vigilándolas y siempre podía recuperarlas más tarde si era necesario. Reparar, e incluso construir barcos, no era tan difícil para una expedición de aquellos tiempos. Lo hacían con frecuencia. De hecho, Cortés no tuvo dificultad en construir más tarde trece embarcaciones, más de las que tenía inicialmente, para botarlas en el lago de Texcoco. Más que una muestra de determinación propia de un iluminado, la decisión de Cortés habría sido, por tanto, una medida de precaución práctica y bastante lógica, encaminada a proteger una posible huida.

Lo que ocurre entonces es la clave para entender cómo funciona la analogía en la mente del historiador. El éxito de Cortés hizo que toda su peripecia pasase a leerse retrospectivamente de otra manera, en busca de elementos que la profetizasen y la explicasen. En esa operación de «construcción del héroe» participan de manera muy señalada un grupo de intelectuales del círculo de Cortés. Veintisiete años después de los hechos, uno de ellos, Cervantes de Salazar, repara en esta anécdota menor de los barcos y la retoca para convertirla en un momento clave. En esta ocasión, su modelo es clásico: el «paso del Rubicón» por Julio César, magnificado en la literatura latina como un punto de no retorno en su carrera a la fama.[12] La presencia de los barcos trae inmediatamente a la memoria de Cervantes de Salazar otro cliché historiográfico que también está muy presente en la literatura clásica: precisamente el de la «quema de las naves». Se decía que Alejandro Magno había ordenado incendiar sus barcos al desembarcar en la costa de Fenicia para así dejar a sus soldados sin alternativa. Pero ¿estamos seguros de que era un cliché? Sí: la misma anécdota se cuenta del propio Julio César en Britania y de Agatocles en Sicilia. Y de Juliano en el Tigris. Y del duque de Normandía en Inglaterra, y de Pompeyo, y de Bohemundo durante las Cruzadas. Incluso se contaba ya contemporáneamente, en tiempos de Cervantes de Salazar, de Barbarroja durante la guerra de Argel. Guerra, en la que, por cierto, participó el propio Hernán Cortés.

Aquí no hablamos ya únicamente de una buena idea copiada por autores que se leían unos a otros, como en el caso de Numancia. La demostración de que este cliché es un «universal literario» y no un simple topos está en que la misma historia la encontramos en una fuente que difícilmente podría conocer esos referentes clásicos. Una historia china nos cuenta cómo el general Sun Tzu hizo incendiar sus barcos ante la mirada atónita de sus hombres mientras les decía que «el único camino hacia casa es si derrotamos al enemigo y tomamos sus naves». Por si fuera poco, la misma anécdota vuelve a atribuirse en otra crónica china a otro general, Xiang Yu, de la dinastía Qin.

Evidentemente, la historia no es verdadera en ninguno de todos esos casos, como no lo es en el de Cortés. Simplemente es una «buena historia». ¿Y por qué es una buena historia? Precisamente porque es contraintuitiva e improbable, el tipo de decisión que solo puede explicarse si el que la toma es una persona fuera de lo común. Cervantes de Salazar sabía muy bien lo que hacía, y su relato se convirtió en un éxito. Ya en vida de Cortés se dieron imitadores, como el explorador de Francisco de Montejo, que decía haber quemado sus naves también él en la costa de Yucatán en 1527. Con el tiempo, su importancia en el imaginario colectivo llegó a ser tal que en el siglo XIX el pintor Federico de Madrazo propuso el tema de la quema de las naves de Hernán Cortés para presidir el Congreso de los Diputados.[13] De hecho, una vez puesta en circulación, la anécdota se ha convertido en indestructible. Ha borrado todas las otras variantes y es sobre todo a Cortés a quien se atribuye, no solo en España sino quizá en todo el mundo. Si una persona solo sabe una cosa acerca de Hernán Cortés, será la historia de la «quema de las naves».

La vida secreta de las grandes palabras

Vamos ahora a obrar en sentido contrario, eligiendo un cliché literario y buscándolo en un episodio de la historia de España. Para ello tomaremos uno bastante evidente: el de la «tormenta milagrosa». Se trata de una de las historias recurrentes más habituales en cualquier historiografía o cronística. En la historia clásica grecolatina se nos cuenta hasta en tres ocasiones la desaparición de la flota persa en una tormenta. Ocurre, al menos, alrededor del 492 a. C. junto al monte Athos, en el 480 a. C. en la costa de Magnesia y en otra ocasión también en Eubea. También las crónicas chinas recogen este mismo asunto, y lo hacen por cierto con una regularidad que llega a hacerse monótona. La variante más conocida es la destrucción de la flota del Imperio mongol en el 1281 frente a las costas de Japón por un tifón, al que los nipones llamaron «viento sagrado» (*kamikaze*); pero también hay intentos de invasión desbaratados por tormentas repentinas en otros años.

Las tormentas son frecuentes, ciertamente, y a veces hunden barcos, pero hay razones para sospechar que estamos ante otro cliché literario, ya que en épocas históricas no se han dado muchos casos de una flota entera destruida por una tormenta. Quizá significativamente, los tres episodios de esta clase más famosos en la Antigüedad nos han llegado a través de un mismo autor, el siempre imaginativo Heródoto.[14] Esto invita ya al escepticismo, sobre todo viendo las cifras que nos ofrece, de cientos de barcos destruidos, que son simplemente imposibles para la época. Las historias chinas a las que nos hemos referido, por su parte, nos hacen dudar mucho también, con sus repeticiones estereotipadas y la ausencia de textos alternativos que permitan contrastarlas.

En la historia de España existe un episodio de «tormenta milagrosa»: el fracaso de la Armada Invencible en su intento de conquistar Inglaterra. En la historia popular y de divulgación (y hasta hace poco en la académica) se atribuye a una tormenta inesperada. Esa idea de la «tormenta devastadora» que destruyó la Armada Invencible existió también en el imaginario inglés, hasta que fue sustituida por una leyenda patriótica: la de que la victoria se debió exclusivamente a la participación de sir Francis Drake. Esto parecería que añade credibilidad a la historia, junto con la célebre frase literal pronunciada por Felipe II, y que casi todo el mundo conoce: «Yo no envié a mis barcos a luchar contra la tormenta». Primero desmontaremos brevemente la historia de la tormenta y luego nos fijaremos en la frase.

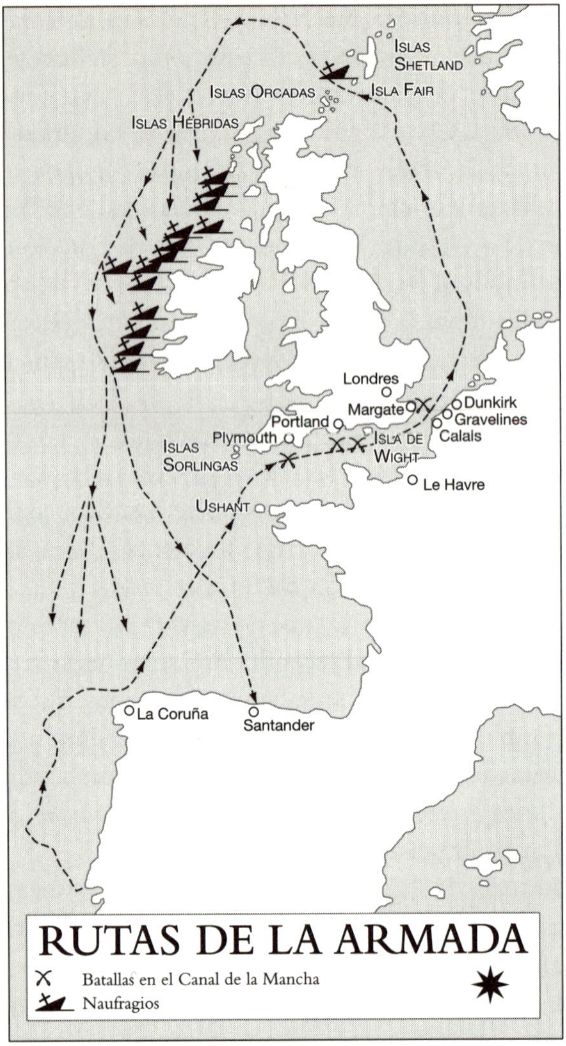

FIGURA 4. Metáforas y realidades: naufragios de los barcos de la Armada Invencible.

La tormenta devastadora de la Armada Invencible es una leyenda. No figura en los textos de la época. La realidad es que la flota de Felipe II fue derrotada en una batalla en la que los ingleses lograron dispersarla con barcos incendiarios, y rematarla con su superior artillería y número de embarcaciones. Sí es cierto que se produjo una tormenta menor al final del encuentro pero, curiosamente, sirvió para *salvar* lo que quedaba de la Armada Invencible. Es bastante más tarde, en el tortuoso viaje de vuelta, circunnavegando Escocia e Irlanda, cuando la flota sufre, entonces sí, tormentas y mar gruesa, lo que por otra parte no tiene nada de excepcional en esas latitudes. El verdadero problema, sin embargo, era la falta de provisiones, y fue intentando acercarse a la costa para conseguirlas como se produjeron los naufragios. Nada que ver con una tormenta destructora concreta. Tampoco fueron tantos los barcos que se fueron a pique de esta manera: poco más de una docena de los sesenta y tres que perdió la Armada en total. Estudios más recientes reducen la cifra total a treinta y cinco.

Igualmente, Felipe II no tuvo oportunidad de pronunciar ninguna frase lapidaria sobre el desastre porque las noticias le fueron llegando muy lentamente. La confirmación definitiva de que la batalla se había perdido le llegó a finales de agosto por medio de una carta del duque de Medina Sidonia, quien además le enviaba su diario para que estuviese informado con detalle de lo sucedido. En él no se menciona ninguna tormenta ni tempestad. La información circulaba despacio, lógicamente, y no es hasta dos meses después que el rey ya tiene noticia de los naufragios que se han sucedido en el viaje de vuelta de la flota. Conocemos su reacción porque en esta ocasión sí que la dejó escrita de su puño y letra, y es muy distinta a la que cabría imaginar. En una carta a los obispos informándoles de lo sucedido, termina diciendo:

> Debemos loar a Dios por cuanto Él ha querido que ocurriera así. Ahora le doy las gracias por la clemencia demostrada. Durante las tormentas que la Armada tuvo que soportar [en el viaje de regreso] esta hubiera podido correr peor suerte.[15]

Es la reacción lógica, y nos sitúa en la retórica interpretativa de la época: los grandes éxitos y grandes catástrofes han de ser atribuidos a la Providencia divina, aunque sea de una manera formularia. El rey no culpa a la tormenta, ni siquiera de las pérdidas en el viaje de vuelta, sino que agradece que Dios no le haya exigido un sacrificio mayor.

En Inglaterra, el episodio también se contempló en términos de profecía e intervención divina. Los ingleses eran ya entonces la primera potencia naval del mundo y su triunfo sobre la flota de Felipe II fue relativamente cómodo (la mayor parte de las bajas que sufrieron lo fueron a consecuencia de una epidemia de tifus). Era preferible, sin embargo, atribuir el éxito a Dios, así que la victoria se celebró con misas de gracias. Se acuñaron monedas conmemorativas en las que puede verse una flota en un mar tormentoso adornada con la inscripción *Flavit Jehovah et Dissipati Sunt*, «Jehová sopló y los dispersó». Pero hay que tener cuidado porque se trata, una vez más, de una metáfora, no de una explicación objetiva de lo sucedido. Esto queda confirmado cuando damos la vuelta a una de estas monedas y observamos que, en el reverso, la tormenta sopla sobre un templo (la Iglesia anglicana) que se mantiene incólume. El estudio del pasado está lleno de esta clase de malentendidos y errores de apreciación. A veces las cosas no son lo que parecen, y a veces ni siquiera *son*.

¿De dónde sale entonces la frase de Felipe II que todos conocemos? El proceso por el que se crea y se desarrolla es un ejemplo paradigmático de la forma en la que los clichés literarios se reproducen y se retroalimentan, «parasitando» la historia académica y, a partir de ahí, la popular.

Puesto que se trataba de una derrota, la historia de la Armada Invencible no tuvo apenas reflejo en la historiografía española. Como es lógico, apenas se habló de ella durante siglos. No es hasta el Romanticismo, con Modesto Lafuente, inventor y difusor de una buena parte de las leyendas históricas que hoy conocemos, cuando aparece la famosa frase de los barcos y la tormenta. Es Lafuente, con su imaginación característicamente romántica, el que hace decir a Felipe II:

> Yo envié a mis naves a luchar contra los hombres, no contra las tempestades. Doy gracias a Dios de que me haya dejado recursos para soportar tal pérdida, y no creo importe mucho que nos hayan cortado las ramas con tal de que se quede el árbol de donde han salido y puedan salir otras.[16]

Del texto de Felipe II al de Lafuente la frase ha cambiado completamente de sentido. Lo que era la aceptación resignada y cristiana de una decisión divina se convierte en una explicación de la derrota que deja a salvo el honor de España. La flota no ha sido derrotada por los ingleses, pero tampoco por un castigo de Dios, que en esta reelaboración sigue estando de parte de Felipe II y sus planes de invadir Inglaterra. Lafuente, al tanto de la historiografía inglesa, toma de ella la metáfora de la «tormenta milagrosa» y la transforma en una explicación racional del desastre.

Pero se observará que esta no es todavía la frase que todos conocemos. La segunda parte, que siempre se suprime al hacer la cita, cambia bastante el sentido. Lafuente sabía que después de la Armada de 1588 hubo otros intentos parecidos en 1596 y 1597, y quería mostrarlo en su frase. No fue hasta cuarenta años más tarde, tras el Desastre de 1898, cuando el pasaje de Lafuente empezó a citarse en una forma abreviada que realmente viene a decir lo contrario de lo que él pretendía. Es fácil entender el porqué del cambio: la frase pasó a ser una manera de referirse metafóricamente al reciente hundimiento de la flota española en Cuba y convertirla en una derrota digna. Se le atribuyó al almirante Cervera en forma de paráfrasis como «más vale tener honra sin barcos que barcos sin honra». Esta ya había sido atribuida años antes al almirante Méndez Núñez en la batalla de El Callao. ¿Quién de los dos la pronunció? De nuevo, nadie. En ninguno de los dos casos figura en texto contemporáneo alguno y se trata posiblemente, a su vez, de un reciclaje de la frase inventada por Lafuente para Felipe II cruzada con otra atribuida a Hernán Cortés («Más vale morir con honra que vivir deshonrado») y que, por cierto, Cortés tampoco pronunció nunca sino que fue inventada por sus hagiógrafos. Lo que contemplamos aquí es un juego constante de espejos: analogías que nacen y se desarrollan en el discurso histórico sin tener una relación más que indirecta con la realidad.

Dejemos ahí esa cuestión un tanto farragosa. Hemos visto cómo se fabrican las piezas que forman la base del mito histórico. Ahora vamos a ver cómo se ensamblan para completar el rompecabezas.

5

Estructurando el discurso

La narrativa tipo

Cualquier persona familiarizada con la historia de España reconocerá el siguiente relato. Un país europeo que había sido visitado por pueblos comerciantes en la Antigüedad, logra crear un reino al comienzo de la Edad Media, pero repentinamente es víctima de una invasión a cargo de un pueblo de jinetes nómadas extranjeros que practican otra religión. Partiendo de una victoria milagrosa, comienza entonces un largo proceso de reconquista, que desemboca en el siglo XV en una cierta reunificación del territorio. Entonces asciende al poder un monarca que toma el título de emperador, bajo el que se exploran y colonizan tierras extrañas, casi todo un nuevo continente al que este país traslada su lengua y la religión cristiana. Mientras tanto, en Europa este imperio tiene que hacer frente a guerras continuas con el país vecino y con el Imperio otomano, al que logrará derrotar en una batalla decisiva en el siglo XVI. Pero el desgaste de los conflictos termina por hacer mella y arrastra a ese imperio al cansancio y el declive. La dinastía reinante es sustituida por otra nueva que aporta modas ilustradas venidas de Francia, aunque sin lograr frenar esa decadencia. A esto sigue una invasión a cargo de los ejércitos de Napoleón, a los que el pueblo opone una resistencia heroica en forma de guerra de guerrillas que le conduce finalmente a la victoria. Algunos líderes de esta guerra, liberales, esperan una apertura política en premio a estos sacrificios. Pasado el peligro, sin embargo, el monarca reinante impone de nuevo el absolutismo del antiguo régimen. Este se prolonga hasta casi mediados del siglo XX, cuando finalmente es sustituido por una dictadura tutelada por el ejército.

El lector habrá reconocido, quizá, la narrativa tradicional de la historia de España. Las colonizaciones griegas y fenicias de la Antigüedad, la invasión musulmana y la Reconquista, la casa de Habsburgo, Lepanto, los Borbones y los ilustrados, la decadencia y la invasión napoleónica, los pronunciamientos del siglo XIX... Parece la historia de España.

Pero no lo es.

Es la historia de Rusia. En realidad es el relato, la narrativa tradicional, de la historia rusa tal y como se enseña en las escuelas desde hace un siglo. Los «pueblos comerciantes» son aquí los vikingos varegos y los bizantinos: el papel de pueblo nómada invasor de religión diferente lo interpretan aquí los mongoles. El monarca que logró la reunificación en el siglo XV no es ni Isabel I ni Fernando el Católico sino Iván III el Grande, cuyo hijo Iván IV se proclamó emperador (zar) e inició la colonización de Siberia. La batalla en la que los rusos derrotaron definitivamente a los otomanos, casi contemporánea de Lepanto, fue Molodi. La nueva dinastía no son los Borbones sino los Romanov. La ilustración no es la de Carlos III sino la de Pedro el Grande. La invasión napoleónica de Rusia, por supuesto, fue prácticamente contemporánea de la de España. El zar Alejandro es aquí el monarca reaccionario en lugar de Fernando VII, y los militares rebeldes rusos son los decembristas en vez de los liberales españoles.

Este parecido no es completamente casual. Más o menos, todas las «grandes narrativas» de los Estados tradicionales europeos se parecen mucho, y en este capítulo veremos por qué. No se trata de que unos países copien a otros ni de que la historia «se repita», como tantas veces se dice. La explicación es otra, y no tiene mucho que ver con los hechos en sí, sino con la forma en la que se recuerdan, se seleccionan y se cuentan. Después de todo, el relato histórico no deja de ser precisamente eso, un relato, una historia, y por tanto está sometido a las reglas de la narración, en la misma medida que cualquier otro relato, ficticio o real. Para que pueda ser comprendido y asimilado por los lectores, es necesario darle una forma que lo haga interesante y mantenga una cierta lógica narrativa. Esta última admite distintas posibilidades, pero no muchas. Baste pensar en cómo se parecen y se repiten las estructuras de todas las obras de ficción que leemos en los libros o vemos en la televisión o en el cine. La historia, aunque maneje materiales supuestamente verdaderos, también termina por organizarse con base en esas pocas formas; de ahí que tienda a parecerse en todas partes.

Pero primero veamos el extraño fenómeno de las formas fijas del relato, y luego cómo estas se aplican a la historia.

La estructura de la narración histórica

En la década de 1920, el lingüista ruso Vladimir Propp hizo un descubrimiento en apariencia menor, pero muy fértil en consecuencias. Analizando colecciones de relatos folclóricos, Propp se dio cuenta de algo sorprendente. Todos ellos, sin excepción, y en todas las culturas del mundo, compartían los mismos elementos y la misma estructura. Muchos estudiosos eran ya conscientes de que los cuentos se parecían mucho entre sí, pero hasta entonces esto se había atribuido a la influencia de unos en otros por medio de una especie de «contagio» cultural. Esta es todavía la idea más extendida entre el público lego. Pero Propp demostró que no era así. Lo que explicaba que los cuentos compartiesen los mismos asuntos era otra cosa: sus historias estaban construidas a partir de una serie de piezas fijas y universales. Propp llegó a calcular el número exacto de piezas que componían todos los cuentos. A esas piezas las llamó «funciones» y comprobó que eran exactamente treinta y una, ni una más ni una menos. Esto ya es en sí bastante llamativo, pero más sorprendente aún era que esas piezas se combinaban siempre en el mismo orden y siguiendo unas mismas reglas sencillas. Propp pudo incluso desarrollar una especie de álgebra que permite reducir a ecuaciones las estructuras de todos los cuentos. [1]

Con el tiempo, muchos acabaron viendo que los fundamentos teóricos del método de Propp iban mucho más allá. La única explicación posible para el fenómeno que había descubierto era que la manera en que organizamos un relato y lo contamos está regida por reglas universales. Es decir que, más allá de modas o gustos personales, nuestra mente tiende, de manera instintiva, a organizar los relatos de determinada manera, con lo que la realidad que queremos contar se transforma por obra de la forma que le damos. Los cuentos folclóricos no son más que una de las muchas variedades en las que se expresa el deseo humano de narrar historias, por lo que cabría pensar que los principios serán los mismos para cualquier otra narrativa, la historia incluida.

Lo cierto es que, sin ser algo tan estricto y computable como en los cuentos fantásticos, todo relato histórico *tiende* también a ajustarse a un esquema predeterminado que lo condiciona, a veces hasta el extremo de deformarlo. Esto, en el fondo, no debería sorprendernos. El relato fantástico que estudió Propp no es sino la forma más simple del género de la narración, del que la historia no es sino una variante. Y en algunos casos, ni siquiera es una variante. Ya hemos visto cómo al menos una parte de lo que entendemos como historia «seria» no son sino cuentos fantásticos como los que Propp estudiaba. Las peripecias de Pelayo y Abderramán, por ejemplo, pueden reducirse sin más al álgebra de Propp. Serían así, respectivamente:

1. $\alpha\ Rs_8\ \uparrow\ a_5\ Q\ J\ \varepsilon_1\ \theta_1\ L\ D_9\ F_4\ J_1\ U\ W_0$
2. $\alpha\ \eta_3\ B_2\ \uparrow\ B_5\ a_5\ Q\ J_1\ W_0$

Donde $\uparrow$ es el viaje que hace el héroe, ε_1 «el antagonista interroga al héroe» (Oppas interroga a Pelayo), Q «el héroe es reconocido», W_0 «subida al trono del héroe», y así sucesivamente. Todo lo que ocurre en esas historias lo encontramos sin dificultad en la lista de los treinta y un elementos fijos del cuento mágico.

Por supuesto, este es un caso extremo; pero nos sirve para asomarnos al armazón en el que se sostiene el discurso histórico que, siendo mucho más complejo, no es, en esencia, muy diferente. Efectivamente, incluso cuando su materia prima no tiene procedencia literaria, la narrativa histórica adopta fórmulas de «contar historias» tomadas de la literatura: presentación y caracterización de personajes, progresión dramática, puntos de giro de la trama, curva de interés, clímax, resolución, narraciones en paralelo, subtramas, etc. Todo el utillaje del guionista de televisión o del novelista de aventuras se encuentra sobre la mesa de trabajo del historiador. La historia, lo mismo que la literatura, hace verosímil el material que utiliza porque emplea recursos para hacerlo verosímil.

Esto es algo que todos los historiadores saben, consciente o inconscientemente. Cuando transforman sus investigaciones en un relato para su publicación, el resultado es «otra cosa». Muchos, también consciente o inconscientemente, rehúyen la publicación precisamente por ese motivo o se refugian en un lenguaje exageradamente científico y frío, en un esfuerzo por distanciarse del de la literatura. Generalmente, solo consiguen ser áridos, porque no hay escapatoria: relatar es transformar en relato. Nosotros mismos, como individuos, reescribimos constantemente nuestras memorias porque en el momento en que ocurrieron los sucesos no sabíamos qué iba a suceder después. Pero al conocer la consecuencia y buscar hacia atrás la causa, modificamos el recuerdo sin querer. En la vida real no experimentamos un flujo de tiempo sino solamente una sucesión de situaciones y acontecimientos, y de manera intuitiva les atribuimos un orden que no es nunca el de la realidad. De ahí que nuestras memorias no coincidan nunca exactamente con las de los demás y debamos reajustarlas constantemente para que tengan sentido.[2] La historia puede considerarse una forma erudita de esa actividad diaria.

Ciclos imaginarios

El marco que se elige para organizar el relato ya condiciona fuertemente su sentido. Pensemos en la Cruzadas. Para sus contemporáneos no existieron como tales, es decir, como campañas militares diferenciadas y numeradas, sino que fueron un continuo de escaramuzas a lo largo de varios siglos, para las que ni siquiera había un término específico («Cruzada» es una invención de los historiadores del siglo XVIII). La decisión de numerarlas es igualmente reciente, y tan arbitraria que todavía no hay acuerdo acerca de cuántas Cruzadas hubo o qué número debe llevar cada una. Algunos ven la Cruzada de 1228-1229 como la sexta; otros la consideran parte de la quinta; otros no aceptan las numeraciones de la séptima, la octava y la novena.[3] Pero el hecho de que exista una numeración, por caprichosa y fantasiosa que sea, convierte a las Cruzadas en una secuencia que termina por dotarse de una lógica propia, del mismo modo que la denominación «Segunda Guerra Mundial» la vincula con la Primera, y refuerza la idea de que fue una consecuencia de esta. Esto quizá sea cierto, pero tiene el efecto de separar a la Primera Guerra Mundial, por ejemplo, de la Guerra Franco-Prusiana, con la que también se podría establecer una relación causal. Como dice Lowenthal, «los hechos contingentes y discontinuos del pasado solo se vuelven inteligibles cuando se entretejen formando historia»; esto relativiza los accidentes y hace que la historia resulte más «lógica» y predecible de lo que fue.[4]

Dentro de la historia de España, un buen ejemplo sería la Reconquista, uno de los episodios más invocados de todo el relato nacional. No sería exagerado considerarlo, de hecho, su eje. La expresión misma de «Reconquista», y la estructuración del tiempo que implica, transforman por completo la realidad de ese largo período de ochocientos años, minimizando las guerras, frecuentes, entre reinos cristianos y exagerando las relativamente escasas guerras contra los musulmanes. Esa terminología le da al conjunto una unidad de propósito que raramente tuvo y «teledirige» todo el curso de los acontecimientos hacia la conquista de Granada, como si este fuese el final que tenían en mente todos los participantes a lo largo de ocho siglos. La necesidad de simplificar y de dar sentido a ese relato se impone, y todo lo que no ayuda a esa progresión hacia el final esperado se suprime o se deja en un segundo plano, ya sean los retrocesos de las fronteras cristianas o las estrategias que no conducían a la conquista de tierras musulmanas, como la preferencia por tasar las taifas en vez de conquistarlas, etc.

La realidad es que la peripecia de los reinos cristianos medievales en la península fue cualquier cosa menos una progresión lineal. La Reconquista como tal no comenzó hasta bastante tarde, en el siglo X, y no se dan éxitos militares de importancia contra los musulmanes hasta cien años después. Desde 1264 a 1492 los movimientos fronterizos se producen con cuentagotas.[5] Sobre todo, el proceso, lejos de caminar hacia la unidad peninsular, se dirigió hacia una fragmentación cada vez mayor (llegó a haber hasta siete reinos cristianos simultáneamente). Incluso entre la conquista de Córdoba y Sevilla por Fernando III, considerada como el clímax reconquistador, y la desaparición del reino de Granada, pasan todavía dos siglos y medio.

Como sucede con las Cruzadas, la palabra misma «Reconquista» es una invención muy tardía. Existía el concepto de «pérdida y restauración de Hispania», que generalmente se traduce como un sinónimo pero que en realidad se refería a algo muy diferente: a la restauración de la autoridad eclesiástica y la reorganización de las parroquias en los territorios que se iban tomando a los musulmanes. «Reconquista» solo se empezó a utilizar en el siglo XIX por analogía con la guerra de la Independencia, a la que se llamó inicialmente así. El término era apropiado para ese proceso de pocos años, que sí se desarrolló como una progresión con un fin concreto.[6] Su éxito marcó, sin embargo, de tal manera el imaginario de la generación que la vivió, que el historiador Modesto Lafuente, una vez más a la cabeza de la creación de mitos, adoptó el término para la Edad Media peninsular. Con ello pudo convertir a la Reconquista en un gran ciclo épico de redención que resolvía, de paso, el problema de qué hacer con la España musulmana. El concepto de Reconquista encajaba y daba sentido a sus ideas previas: convertía la presencia musulmana en algo provisional y en constante retirada, y desplazaba el foco de la acción hacia los reinos cristianos. El resultado es una «gran narrativa» clásica, de unidad, pérdida, lucha y redención.

Unidad (reino visigodo) → *Pérdida* (conquista musulmana)
→ *Lucha* (Reconquista) → *Redención* (toma de Granada)

La secuencia «funciona» con las piezas que se eligen para sostenerla, pero también funcionaría con otras piezas, siempre y cuando se respetasen las reglas de la narración.

Miremos donde miremos, todo el relato nacional está construido con artificios parecidos: el período de los Austrias se explica mediante la secuencia *esplendor* (Carlos V y Felipe II) - *declive* (Felipe III,

Felipe IV, Carlos II). Esta pauta parece perfectamente lógica cuando se argumenta, como suele hacerse, comparando los inmensos territorios que gobernaban los dos primeros monarcas con las bancarrotas, la inflación y las derrotas militares de sus sucesores. Los especialistas que han estudiado el período con detenimiento se encuentran sin embargo con que, contrariamente a lo que se ha supuesto siempre, las bancarrotas fueron más frecuentes bajo los dos primeros Austrias, y las cuentas comenzaron a mejorar sustancialmente con Felipe III. No hubo un empobrecimiento repentino de la sociedad española. La economía siguió una línea más o menos constante desde el período de los Reyes Católicos hasta el siglo XVIII. A pesar de lo que tantas veces se dice, los ciclos inflacionistas *no* se corresponden con la llegada de metales preciosos de América. Incluso la imagen mítica que evoca la expresión «oro de América» es exagerada; no suponía un porcentaje importante de las rentas totales del emperador, a veces menos del 12 por ciento del total, y siempre menor que los impuestos que se cobraban en Castilla.[7] Esa idea de que «el oro empobreció a España», con su mensaje moralista (la corrupción del «vil metal») tienta a muchos historiadores, pero no es nada fácil de demostrar con los datos en la mano.[8]

Si la idea de Reconquista es reciente, esta otra de la decadencia del siglo XVII todavía lo es más. Se le ocurrió a Antonio Cánovas del Castillo, que además de político era historiador. Esa distinción entre Austrias mayores y menores que se repite en tantos libros, y que es completamente arbitraria, es suya. Como tantos historiadores de finales del XIX, escribía de manera intuitiva, con un alegre desinterés por los datos. En realidad, lo que hacía era trasladar al pasado sus preocupaciones del presente: la crisis que siguió a la guerra de Cuba, los problemas dinásticos de los Borbones... Esa idea de decadencia resonó también con fuerza para toda la generación del 98, que la fortaleció con una lectura selectiva de los escritores del Siglo de Oro. Se privilegiaron entonces los textos pesimistas de Quevedo y se hizo una lectura metafísica del *Quijote* que hubiese dejado boquiabierto a Cervantes. No es que no haya existido esa literatura «de la decadencia», pero, si uno quiere, puede encontrarla en todas las épocas sin excepción. Que el siglo XVII en particular se interprete así tiene que ver más que nada con la lógica narrativa que se le ha querido dar a la historia de España.[9]

Afinando y ajustando el discurso

El empleo de esta clase de estructuras cíclicas de caída-lucha-redención, o binarias, como la de esplendor-decadencia, son tan solo dos de las muchas técnicas narrativas que ahorman (y por tanto deforman) el relato. Como sucede con cualquier otro texto creativo, a partir de ahí es necesario reajustar el material para que fluya con lógica, lo que lo aparta cada vez más de la realidad. La necesidad de transformar el tiempo real en tiempo narrativo fuerza a los historiadores a dedicar más páginas a un hecho de duración más corta que a otro, ralentizando de esa manera el relato. En muchos casos, es necesario suprimir las partes que contradicen el discurso.

En los manuales de historia de España, por ejemplo, se abrevian sistemáticamente (o se eliminan sin más) los doscientos años que van de Alfonso X el Sabio hasta al ascenso de Isabel la Católica. La razón es que consisten en una deprimente serie de guerras civiles y dinásticas que rompen la lógica de lo que hasta ese momento parecía un proceso ascendente hacia la unificación de la península. Una vez llegados a los Reyes Católicos, sin embargo, opera el principio contrario: se privilegia y se detalla más ese período de unidad. Unidad relativa, porque no incluye Portugal, Navarra y Granada, pero sí Sicilia. De este modo, dos períodos bastante breves de sesenta y treinta años, respectivamente (el dominio peninsular godo y el de los Reyes Católicos), ocupan un espacio desproporcionadamente mayor que varios siglos de acontecimientos que se desechan porque carecen de utilidad para el discurso.

Esta progresión narrativa del relato histórico hace también necesaria la singularización, la mitificación de episodios concretos. Estos momentos definitorios son generalmente batallas o bodas reales, y cumplen la función de los «puntos de giro» con los que los guionistas de televisión construyen las estructuras de sus relatos. De todos los millones de posibles eventos, el cronista que los relata tan solo se interesa por algunos miles, entre los que recoge y transmite unos pocos cientos, que son todo lo que queda al historiador posterior, que a su vez los reduce y simplifica al explicarlos. En este proceso de concentración y simplificación, el material acaba centrándose en un número muy reducido de hechos.

La batalla de Las Navas de Tolosa, por ejemplo, debe mucha de su fama a su fecha (1212), fácil de recordar, y también al hecho de que fue la primera operación militar castellana de envergadura contra un reino musulmán. Pero sin duda influyó también mucho que Ximénez de Rada, el cronista de la época en el que se basan los historiadores posteriores, participase en ella en persona. Debió de ser una batalla de cierta importancia, porque asistieron a ella caballeros de distintos países, y se produjo además en el contexto de un llamamiento del Papa a la Cruzada. En el momento, se esperaba que fuese el arranque para una campaña de conquista, si no definitiva, sí muy ambiciosa. La mitificación de la que fue objeto posiblemente responde a esas espectativas. El hecho objetivo, sin embargo, es que la batalla de Las Navas de Tolosa no tuvo apenas consecuencias. Lo que se produce inmediatamente después del encuentro es en realidad un largo frenazo en la expansión de Castilla. Como sucede hoy en día, con tantos hechos que se proclaman prematuramente como «históricos», confundimos lo que es realmente importante con lo que es importante para un observador contemporáneo.[10]

Otro ejemplo. La derrota imperial en la batalla de Rocroi (1643) se ha convertido para historiadores y novelistas en la gota que colma el vaso de la decadencia de la España habsbúrguica y da inicio a la descomposición del Imperio. Sin embargo, es difícil probar que tuviese mayor importancia que cualquier otro encuentro armado. Hasta es discutible que se pueda considerar una derrota para las tropas imperiales. La expedición de la Armada Invencible de 1588, de la que ya hemos hablado, fue, sin duda, un evento espectacular en la época, pero sus consecuencias prácticas fueron escasas. No solo no supuso una catástrofe irreparable sino que vino seguida de varias expediciones igual de nutridas (e igual de fallidas) que no suelen figurar en el relato histórico para no restarle singularidad a la más conocida de todas ellas.

Las treinta y seis situaciones dramáticas

Que estos puntos de giro son en gran medida artificiales e inducidos por las necesidades de quien cuenta la historia, y no por la realidad en la que se basa, se deja ver en el número tan limitado de variantes que existen. Cuando los antiguos escolares se quejaban de que la historia les parecía una sucesión de «batallas y reyes» tenían razón. No hacían sino apuntar, inconscientemente, a esta escasa variedad de motivos. De todos los millones de eventos posibles, la historia parece estar obsesionada con unos pocos. Incluso si vamos a los detalles de los eventos concretos, nos encontraremos con que el número de «cosas diferentes que pasan» en el relato histórico, es decir, aquellas que nos han legado los cronistas y testigos, es más bien escaso.

Mucho antes de que Propp se diese cuenta de lo limitado que era el universo narrativo de los cuentos mágicos, el escritor francés Georges Polti ya había descubierto que en toda la historia de la ficción universal las «situaciones dramáticas» posibles no eran muchas. Polti las contó y vio que eran treinta y seis, un número muy similar a las treinta y una funciones de Propp. Las combinaciones de estos elementos dramáticos permiten 1.332 tramas (36 × 36), a partir de las cuales se hace inevitable la repetición. Ya en el siglo XVIII el dramaturgo italiano Gozzi había calculado, intuitivamente, que las tramas de teatro «serían como mucho unas treinta». Goethe cuenta que el matemático Leibnitz intentó poner a prueba esa teoría y no fue capaz de encontrar ninguna más. Maquiavelo, que era historiador, debía sospecharlo también cuando, al comienzo de su *Historia de Florencia*, presenta una lista de «tipos de personajes» y «tipos de situaciones» con los que va a elaborar su narrativa.[11]

Naturalmente, no se trata de que en la realidad solo puedan ocurrir una treintena de cosas diferentes, sino que del casi infinito número de hechos que componen el pasado, el historiador selecciona unos pocos que se ajustan al repertorio de asuntos arquetípicos y los organiza de acuerdo con una estructura casi predeterminada. Como dice Barthes: «Simplemente mirando a su estructura y sin fijarse en el contenido, el discurso histórico es en esencia una forma de [...] elaboración imaginaria».[12] Tampoco esto quiere decir que todos esos eventos que se corresponden con categorías de la ficción no ocurriesen. Está claro que en algunos casos sí y en otros no. Carlos V fue coronado emperador, Granada fue conquistada, un vecino de Burgos murió y dejó una herencia... No se trata de que esos hechos no sucediesen sino que se seleccionan y se colocan en un determinado orden, siguiendo criterios literarios. Como decía Nietzsche, «los hechos por sí mismos no existen a menos que se los convierta en hechos dándoles un significado».[13]

Esta es la razón por la que las narrativas nacionales se parecen tanto. Si transformamos el relato nacional español en una trama novelesca, obtenemos una secuencia característica de relato dramático. Si seguimos el mismo proceso con el relato nacional de Inglaterra o Francia, por ejemplo, obtenemos un relato muy parecido, con similares elementos narrativos, a veces idénticos, así como puntos de giro, clímax y catástrofes aproximadamente en las mismas escalas de tiempo.

Las tres historias comienzan con una especie de «infancia» o período primigenio, el «aprendizaje» o llegada de una cultura superior a la que se ofrece una «resistencia» que prueba el vigor esencial de la nación, y que se simplifica en una batalla y un héroe arquetípico, para terminar aceptando la cultura superior y sus frutos. El ciclo recomienza cuando se produce un «cataclismo», con la llegada de un antagonista invasor al que de nuevo se ofrece resistencia en una batalla única y con un héroe arquetípico. Sigue entonces una larga lucha por la unidad y un clímax monárquico cuando esto se logra. Entonces el ciclo se reinicia por tercera vez, con una nueva secuencia de cataclismo, lucha por la unidad y una nueva apoteosis de poder. Y así sucesivamente. Podemos verlo con detalle en el cuadro de la página siguiente.

El esquema no funciona exactamente igual para todos los países, pero sí para muchos; en particular aquellos que formaban el exclusivo club de los Estados-nación a finales del siglo XIX, cuando se crearon, siguiendo los mismos principios, las historias nacionales. ¿Por qué iba la historia a adoptar la misma forma y el mismo ritmo en países tan diferentes? Digamos que en todos ellos se producen a lo largo de la historia muchos acontecimientos contradictorios, pero los cronistas entonces, y los historiadores ahora, tienden a fijarse en aquellos que responden a la estructura clásica del relato mítico. También hay una cierta competición para «igualar» otras historias nacionales rivales. El interés por María Pita en España, por ejemplo, fue un reflejo del culto a Juana de Arco en Francia.

		España	*Gran Bretaña*	*Francia*
Primer ciclo	Pueblo primigenio	Celtíberos	Britanos	Galos
	Cultura superior	Romanos	Romanos	Romanos
	Resistencia heroica	Numancia	Malvern Hills	Alesia
	Héroe arquetípico	Viriato	Caractaco	Vercingétorix
Segundo ciclo	Cataclismo	Musulmanes	Vikingos	Musulmanes
	Batalla singular	Covadonga	Edington	Poitiers
	Héroe arquetípico 2	Pelayo	Alfredo el Grande	Carlos Martel
	Lucha por la unidad	Reconquista	Guerras con los daneses, escoceses y galeses	Guerras civiles
	Clímax monárquico	Reyes Católicos	Isabel I	Enrique IV
Tercer ciclo	Cataclismo 2	Decadencia de los Austrias	Fin de la dinastía Tudor	División religiosa
	Lucha por la unidad 2	Guerra de sucesión	Guerra civil inglesa	Guerras de religión
	Clímax monárquico 3	Carlos III	Jorge I	Luis XIV

Cuando nos encontramos con que un universo de datos tan caótico como la historia repite siempre una pauta, podemos estar casi seguros de que estamos ante un fenómeno construido, en el sentido de que no refleja la realidad sino nuestras expectativas. «Lo que reconocemos como el Imperio romano eran una serie de experiencias deslavazadas para las generaciones que formaron parte de él —escribía Gordon Leff—, somos nosotros quienes les damos coherencia.»[14] Pero esa construcción es a su vez *natural*, en el sentido de que resulta inevitable para los historiadores recurrir a estas categorías mentales para tratar de reflejarla.

Se dirá que hay miles de monografías sobre aspectos concretos de la historia que no adoptan esta pauta en sus relatos, y es cierto, pero son los árboles que no dejan ver el bosque. El historiador Marc Ferro ha estudiado centenares de manuales escolares de historia de una veintena de países y ha encontrado que todos cuentan una historia similar de orígenes seguidos de una invasión positiva, seguida de una invasión negativa, de un largo proceso de unificación con un clímax, etc.[15] Si nos alejamos lo suficiente, es decir, si contemplamos a vista de pájaro un relato completo de la historia nacional, surge esta pauta una y otra vez.

6

Construyendo el pasado

Cómo se cambia el pasado

¿Para qué sirve la historia? La respuesta puede parecer una ironía: sirve para cambiar el pasado. Veámoslo con un ejemplo completo. Lo hemos elegido porque es además una pieza crucial en el discurso histórico español, quizá la más importante. Algunos lo han llamado «la invención de Castilla». No es tanto una invención como una construcción, puesto que Castilla, evidentemente, existe. Pero no es la Castilla actual, ni siquiera la Castilla del pasado, de lo que se trata aquí, sino de su *imagen histórica*. Eso es lo que es una construcción, y de lo que nos vamos a ocupar en las siguientes páginas.

La mayoría de los lectores habrán estudiado que Castilla se convirtió en reino en el siglo XI (en 1038, concretamente) al coronarse «rey de Castilla y León» el conde Fernando de Castilla, elevado al trono con el nombre de Fernando I. Otros llevarán la fecha bastante más atrás: habrán oído que Castilla era ya un condado independiente, o semi-independiente, un siglo antes, en tiempos del conde Fernán González. E incluso los más mayores puede que recuerden que hasta no hace muchos años se decía en los manuales de historia que los orígenes de la Castilla independiente se encontraban aún otros cien años más atrás, en el siglo IX, cuando los llamados «jueces de Castilla» la gobernaban al margen de los reinos circundantes. Estas tres ideas contradictorias delatan ya, por sí mismas, una fuerte construcción historiográfica, es decir, un esfuerzo por reelaborar el pasado.

¿Cuál de las tres es la correcta? Como suele suceder en estos casos, ninguna. Ni siquiera es un asunto complejo ni que pueda suscitar grandes debates. Simple y llanamente, no tiene sentido hablar de Castilla como reino hasta el siglo XII, es decir cien años después de la más reciente de esas fechas. Es en 1158, concretamente, con Alfonso VIII, cuando aparece por primera vez un monarca que reina sobre Castilla de manera inequívoca, que mantiene corte en Castilla y que se denomina a sí mismo, y es reconocido por los demás, como «rey de Castilla».[1] Pero es también entonces cuando surge la necesidad de reescribir el pasado, porque, aunque inicia su andadura como un reino bastante rico y relativamente importante, a Castilla le falta algo. Como recién llegada, carece del abolengo de otros reinos europeos, y esto era esencial en una sociedad, la medieval, que valoraba lo antiguo y desconfiaba de lo nuevo. Tengamos además en cuenta que estamos ya en el siglo XII, cuando la mayor parte de lo que se llamará Reconquista ha sido completada y Castilla apenas ha participado. Ha estado siempre a la sombra de León y Navarra. Es necesario crear un pasado a la altura del presente, y esa es la misión de los cronistas. Es en especial uno de ellos, el obispo Ximénez de Rada, quien recibe el encargo de hacer de Castilla un reino antiguo y glorioso.

Ximénez de Rada no trabaja en el vacío. Existía ya una historia, la leonesa, obra de otro obispo, Lucas de Tui, y que cumplía exactamente la misma función, solo que al servicio del reino de León. Ximénez de Rada la toma como punto de partida, pero la modifica allí donde lo considera necesario y, cuando esto no basta, crea material completamente nuevo. De lo que se trata es precisamente de anular esa otra versión oficial en la que Castilla aparece como un pequeño y oscuro condado fronterizo. Lucas de Tui había construido una narrativa que hacía entroncar a los reyes de León con los de Asturias, los cuales a su vez enlazaban con los visigodos. Ximénez de Rada se apropia de esa continuidad, haciendo que, en vez de derivar en los reyes de León, lo hagan en los de Castilla.[2] Es una reelaboración radical. Hasta él, las historias castellanas no afirmaban nada parecido.[3] Luego incorpora algunos mitos que le permiten crear la ilusión de que Castilla, contrariamente a lo sabido hasta entonces, no había sido realmente una parte de León ni de Navarra sino un territorio libre. Es ahí donde entran los jueces de Castilla y el conde Fernán González.

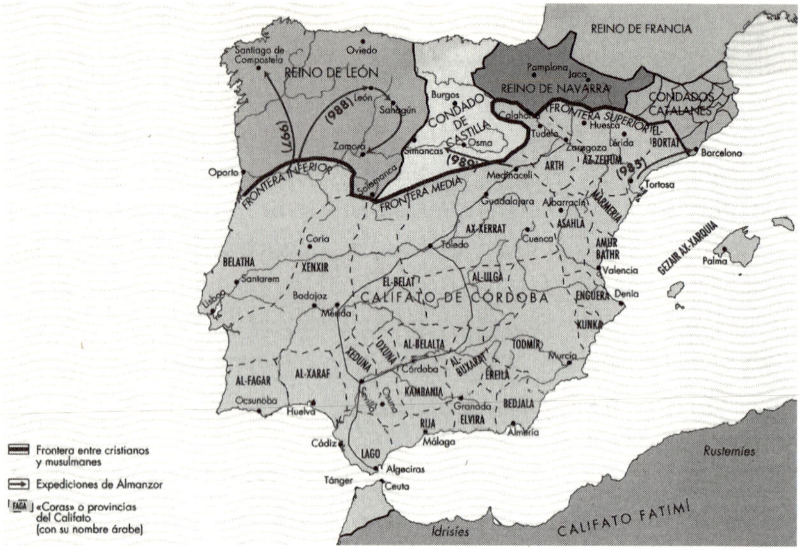

FIGURA 5. La rectificación del pasado: el condado de Castilla aparece aquí anacrónicamente como territorio independiente dos siglos antes de que lo fuera realmente.

Según esta nueva versión de la historia, los jueces habrían sido dos, Laín Calvo y Nuño Rasura, elegidos por el pueblo castellano para protegerles de la rapacidad de la corte de León. Ximénez de Rada no se los inventa. Aparecen en las crónicas navarras, donde primero se les menciona como simples guerreros. Es en textos posteriores cuando se les transforma en jueces. Se repite así la pauta: un material legendario termina convirtiéndose en historia y se va embelleciendo con detalles inventados.

Porque esto, desde luego, se trata de una leyenda. Los jueces no existieron nunca. Contemporáneamente, nadie habla de ellos y esa primera mención en las crónicas navarras es doscientos años posterior. Esto ya lo vieron claramente el padre Flórez en el siglo XVIII y alguien tan poco sospechoso de escepticismo como Claudio Sánchez Albornoz, quien, muy a su pesar, tuvo que reconocer que se trataba de una fantasía. Curiosamente, Sánchez Albornoz no renunció, sin embargo, a las implicaciones de esa leyenda, considerando que, aunque no fuese cierta, de alguna manera reflejaba una realidad subyacente. También Pidal acabó reconociendo que los jueces eran leyenda pero se aferró a lo que, según él, personificaban: la idea, completamente imaginaria, de una Castilla «libre» en un pasado remoto.[4] De hecho, la historia de los jueces de Castilla sigue apareciendo de vez en cuando en libros de historia de poca calidad e historias locales castellanas, testimonio de la fuerza del mito.

A pesar de que tampoco contemos con datos contemporáneos fiables, en el caso de Fernán González los historiadores creen, en cambio, que el personaje sí existió realmente. En todo caso, estaríamos ante otro «nombre vacío»: un personaje de la historia del que no podemos saber con seguridad más que cómo se llamaba. La totalidad de los treinta y cinco documentos actualmente conocidos que llevan la firma de Fernán González son falsos o sospechosos, y las hazañas que se le atribuyen proceden casi por completo de una obra enteramente de ficción, el *Poema de Fernán González.* Lo escribió un monje del monasterio burgalés de San Pedro de Arlanza, y no es difícil imaginar por qué. Baste decir que entre esos documentos falsos hay tres que conceden privilegios, precisamente, al monasterio de San Pedro de Arlanza. El cenobio decía albergar los restos del conde y la Virgen de las Batallas, una talla que se decía donación suya (tampoco lo es). Esto proporcionaba una importante fuente de ingresos a los monjes, con base en las contribuciones de los peregrinos. Era así como se financiaban muchos centros religiosos, sobre todo los que se encontraban a lo largo del Camino de Santiago.

En definitiva, ese *Poema de Fernán González* era, por decirlo en términos modernos, un prospecto de propaganda turística. De hecho, se cree que se concibió para contrarrestar el éxito de otra ficción literaria de un cenobio próximo: la *Vida de San Millán,* escrito en San Millán de la Cogolla, obra de Gonzalo de Berceo. Dado que también fue compuesto unos doscientos años después de los hechos que cuenta, no puede tomarse seriamente como fuente histórica (que es lo que suele hacerse).

Prácticamente nada de lo que se nos cuenta en el *Poema de Fernán González* acerca del conde es cierto: la toma de Caranzo, su infancia con el carbonero, la caza del jabalí, las batallas de Lara y de Hacinas, el

FIGURA 6. La historia inventada: un hecho ficticio, la Jura de Santa Gadea, en la portada de un manual de historia académica.

episodio del arcipreste, la guerra con Navarra y la captura consiguiente del rey, y así hasta sucesivamente… Todo son leyendas y cuentos populares. Fernán González y Almanzor nunca se enfrentaron, entre otras cosas porque, para cuando Almanzor empezó sus correrías, el conde llevaba casi una década muerto. Y, desde luego, Fernán González no «compró la independencia de Castilla» con un caballo y un azor. No «unificó Castilla» ni era más ni menos autónomo que otros condes del reino de León.[5] Todas y cada una de esas historias, y otras, han ido cayendo bajo la piqueta de la crítica historiográfica.

Entonces, como ahora, la historia era fundamentalmente un encargo para promover una visión concreta del pasado. A veces los intereses son sutiles, otras veces más prosaicos. Por ejemplo, si Ximénez de Rada tiene tanto interés en asociar a los godos la dinastía que le paga no es solo para satisfacer la vanidad de su señor, también se debe a que le iba en ello algo personal. En tiempos de los godos, Toledo había sido la sede primada de Hispania, pero a raíz de quedar bajo dominio musulmán pasaron a disputársela Mérida, Braga o Santiago de Compostela. Cuando escribe Rada, Toledo, cristiana otra vez, aspira a recuperar el prestigio perdido de su sede. ¿Y quién es su obispo? No es otro que... Ximénez de Rada, naturalmente. Así que este, en su reescritura del pasado, aprovecha para restar legitimidad a sus rivales. Para perjudicar a Sevilla, por ejemplo, hace que el traidor Oppas, el antagonista de Don Pelayo, sea, no obispo de Toledo, como se creía, sino de la sede hispalense. [6] O es curioso ver cómo, solo por dañar a Compostela, Rada pone en duda la predicación de Santiago Apóstol en Hispania o su participación milagrosa en la batalla de Clavijo. Ni siquiera menciona el fantasioso hallazgo de su tumba en Galicia (atribuye la catedral a Alfonso III), todo lo cual, de paso, demuestra que los cronistas podían ser escépticos cuando querían. Insistamos en que esta clase de textos son los que han condicionado de manera permanente nuestra imagen de esos siglos.

Este proceso de invención de un pasado antiguo para un reino nuevo no es, por supuesto, exclusivo de Castilla. Las crónicas aragonesas proponen una versión del origen del reino que es igualmente ficticia, una leyenda para disimular la procedencia bastarda del que será luego considerado su primer rey, Ramiro.[7] Las crónicas navarras inventan retrospectivamente los llamados fueros de Sobrarbe, supuestamente otorgados por Alfonso el Batallador en 1117, pero en realidad escritos doscientos años después para limitar el poder de la nueva dinastía francesa de Teobaldo I. De esos fueros sale la idea, muy utilizada a lo largo de los tiempos y todavía extendidísima, de que los reyes de Navarra tenían que contar con el asentimiento de los nobles, hecho que se resume en la famosa fórmula de la jura del rey: «Nos que valemos tanto como vos os hacemos nuestro rey». Esa fórmula, sin embargo, es apócrifa y parece ser que fue inventada en el siglo XVI, quizá por Antonio Pérez.[8] Y no sucede únicamente en la península. En toda Europa está sucediendo lo mismo en ese mismo momento. Buena parte de la confianza con la que algunos hablan de su «larga historia» está basada en esta manufactura del pasado en el siglo XIII, ese otro siglo de las falsificaciones.[9] Monjes como Richer o Aimoin, y sus continuadores, cumplen en Francia la misma función de Ximénez de Rada en Castilla: proporcionar una historia a la medida de la nueva dinastía capeta. Del «taller» de historia en la abadía de Saint-Denis salen las *Grandes crónicas de Francia,* que crean una continuidad histórica nueva saltándose cuatrocientos años de reyes carolingios para conectar a la nueva dinastía de usurpadores con el lejano Clodoveo, el primer rey franco convertido al cristianismo seiscientos años antes.

Numerando reyes

La de Ximénez de Rada es, en cierto modo, una historia de urgencia para un reino recién nacido. Pocos años después, Alfonso X el Sabio retoma su texto para darle una forma más oficial.

Decimos el rey Alfonso, pero hay que entender que más bien se trata de un taller que él supervisa; lo mismo que ocurría, posiblemente, con su poesía en lengua gallega y los otros libros de temática variada que se le atribuyen. La manera en que los colaboradores del Rey Sabio retocan el texto de Ximénez de Rada nos dice mucho de la función práctica de la historia. Un simple ejemplo: Ximénez de Rada, lógicamente interesado en exaltar a los visigodos (su historia se conoce, de hecho, como *Historia gótica*), había presentado a los romanos, a los que ellos reemplazan, como tiránicos y sanguinarios. Sin cambiar sustancialmente esta parte, Alfonso X corrige la inquina antiromana del obispo. ¿Por qué? Porque el rey alberga la ambición de hacerse coronar emperador del Sacro Imperio romano-germánico, el cual se tenía por una continuación directa del Imperio romano.

Pero hay otro aspecto muy concreto de esta *Primera crónica general* de Alfonso X que nos puede servir para subrayar otra de las funciones primordiales del discurso histórico: la de inventar una continuidad que no existe.

Es algo que se han venido preguntando sucesivas generaciones de escolares españoles: si Fernando I era rey de León y Castilla, Fernando II solo rey de León, y Fernando III solo rey de Castilla, ¿por qué sus numerales son correlativos? El problema se reproduce con los Sanchos: Sancho I era rey de León, Sancho II de Castilla y León, y la numeración continúa en Sancho III y Sancho IV, que lo eran de Castilla solo. ¿Por qué los numerales continúan de unos a otros si hablamos de reinos diferentes? La respuesta que suele darse es que «Castilla sucedió a León y León a Asturias». Esto es claramente absurdo. Resulta obvio que León y Castilla convivieron coetáneamente como reinos separados durante parte de ese período. ¿Cuál es, entonces, la explicación?

Empecemos por decir que, aunque hoy estemos acostumbrados a ver un numeral detrás del nombre de cada rey, se trata de una costumbre de los historiadores que no se generalizó hasta hace relativamente poco. Hubo algunos precedentes tempranos, y uno de ellos se encuentra precisamente en la obra de Alfonso X, quien empieza a usar numerales en el siglo XIII, y no solo por cuestiones mnemotécnicas. Para él era uno de tantos mecanismos para reorganizar el pasado. Es lo que permite a este tercer rey de una monarquía reciente crear la impresión de que su dinastía se retrotrae a tiempos inmemoriales, eliminando de paso de un plumazo al reino rival de León. Y todo esto Alfonso lo hace simplemente reordenando las listas de reyes de todo el oeste peninsular para que confluyan de manera natural en él.

Tomemos, por ejemplo, el nombre del propio rey, Alfonso. Veremos que Alfonso I, Alfonso II y Alfonso III eran reyes de Asturias; Alfonso IV, Alfonso V, Alfonso VI y Alfonso VII, reyes de León; Alfonso VIII fue rey de Castilla y Alfonso IX rey de Galicia-León. El esquema sería este:

Asturias	*León*	*Castilla*
Alfonso I		
Alfonso II		
Alfonso III		
	Alfonso IV	
	Alfonso V	
	Alfonso VI	
	Alfonso VII	
		Alfonso VIII
	Alfonso IX	
		Alfonso X

Al darles números sucesivos, Alfonso X (que en realidad debería de haber sido Alfonso II) consiguió apropiarse retrospectivamente de dos reinos, Asturias y León, además del suyo. Naturalmente, pudo hacerlo porque en ese momento controlaba sus territorios, un conjunto al que dio el nombre de «Castilla», aunque Castilla fuese una parte mínima del todo. De paso, al traducir abusivamente el término latino «Hispania» por «España», y usar este como sinónimo de Castilla, convirtió a todos los demás reinos peninsulares, presentes y pasados, en un propiedad potencial suya. Hay que recordar que Hispania, para los romanos, era un término puramente geográfico, como pueda serlo para nosotros Escandinavia o Centroeuropa, y que incluía además una parte sustancial del Norte de África (la Mauritania tingitana), y por supuesto Portugal.

La realidad que Alfonso estaba creando en su libro de historia es lo que hoy llamaríamos una «realidad virtual». Era más la expresión de un deseo que una realidad. Cuando nos dice, por ejemplo, que bajo su cetro se ha unificado toda la península, evidentemente habla de manera figurada: ni Navarra ni Portugal ni Aragón formaban parte de sus dominios.[10]

Que la numeración de Alfonso X es arbitraria salta a la vista, y así se lo pareció a sus contemporáneos y a muchos cronistas posteriores. Ni siquiera es coherente a lo largo de la obra del propio rey y cambia de unas copias a otras.[11] Para nosotros, lo interesante es ver cómo la lista se va modificando en función de las circunstancias: en el siglo XIV, cuando está claro que el proyecto de unificación peninsular que la numeración alfonsí predecía no iba a realizarse y Castilla se encuentra sumida en una crisis, los cronistas reordenan la lista pudorosamente. Eliminan a los reyes de León y de Aragón, y dejan únicamente a los de Castilla, con lo que Fernando III pasa a ser Fernando II y Alfonso X, Alfonso IX. Para poder seguir manteniendo la imaginaria conexión con los godos, se prefiere otra vía, haciendo a Don Pelayo hijo del «duque de Cantabria», porque esta era parte de Castilla (esta leyenda la retomaría luego Menéndez Pelayo, que por supuesto era cántabro).

En el siglo XV, cuando Castilla vuelve a verse poderosa con Isabel la Católica y se retoma el proyecto imperial, se reescribe de nuevo la historia para incluir todo lo que se pueda: reyes leoneses, gallegos, asturianos… pero no a Alfonso I el Batallador, sin embargo, puesto que Aragón es un aliado al que no se puede provocar de esa forma. Entonces la muerte de Isabel convierte inesperadamente a Fernando el Católico, un rey aragonés, en gobernante de Castilla. Esto hay que explicarlo para que no parezca que Castilla ha sido absorbida por Aragón, así que se rehace otra vez el pasado para incluir nuevamente a Alfonso I el Batallador y al propio Fernando, que figura en la lista como Fernando IV.[12]

Ha habido otras numeraciones, como la del padre Flórez, quien en el siglo XVIII, y llevado por un afán de precisión, pensó sensatamente en dar dos numerales a cada rey. Es lo que se hace en Gran Bretaña, donde los reyes que lo son de Escocia e Inglaterra, se conocen con numerales distintos para cada reino. También es lo que sucede con Carlos V, «Primero de España y Quinto de Alemania». Según esta doble numeración del padre Flórez, Alfonso VI sería Alfonso IV en León pero Alfonso I en Castilla (y Alfonso X de Castilla sería Alfonso IV de León).[13] Pero cuando se quiere reformar el pasado no es precisión lo que se busca. En tiempos del padre Flórez, España era un país unificado bajo una única monarquía, los Borbones. Cuando pasaron los Carlos, Felipes y Luises (de los que no había precedentes en el nomenclátor de reyes castellanos) y se volvieron a utilizar nombres antiguos, al primer Fernando se le llamó Fernando VI (Fernando el Católico había pasado a ser Fernando V de Castilla) y el primer Alfonso, Alfonso XII.

Historias que excluyen otras historias

La cuestión de los numerales de los reyes puede parecer una simple curiosidad sin importancia. No lo es. La historia consiste, fundamentalmente, en crear un orden selectivo para los acontecimientos del pasado. Ese orden es crucial, porque es el que encierra, supuestamente, el «significado» de la historia. La de la península puede contarse de muchas otras maneras, y de hecho se ha contado de muy distintas formas en diferentes momentos y lugares, pero es la que

Alfonso X concibió la que ha llegado hasta nosotros, y no las demás. La razón es evidente: la historia es un combate entre narrativas en conflicto en el que gana la que cuenta con más poder para imponerse. Una vez que esto sucede, las demás versiones dejan de repetirse y reproducirse, y se vuelven inverosímiles a fuerza de resultarnos poco familiares. Es de esta forma como se crea un *canon histórico*, la versión convencional del pasado.

Pero hay otros factores. En el caso de la historia de España, ese canon lo han escrito un número asombrosamente reducido de historiadores. Esto es así en todos los países, pero en pocos casos, quizá, el fenómeno es tan acusado como en España. Por decirlo de alguna manera, entre Ximénez de Rada y nosotros no hay más que cuatro grados de separación: Alfonso X, el padre Mariana, Modesto Lafuente y, por supuesto, Pidal. El proceso es lineal y bastante simple: Ximénez de Rada convirtió la historia de León en historia de Castilla. Alfonso X la transformó de historia de Castilla en historia de España. El padre Juan de Mariana la retomó en el siglo XVI y simplemente la continuó. Y cuando fue necesario renovarla, en el siglo XIX, Modesto Lafuente se limitó a reescribirla con un criterio más propio del Romanticismo. Finalmente, Pidal, a principios del XX, le dio un aspecto más científico. Pero el material, esencialmente, es el mismo, con casi todos los defectos que traía en origen.

Como se ha dicho ya, esta línea no triunfó porque fuese más convincente, sino porque es la que favorecieron las circunstancias y los vaivenes del poder. Hemos visto lo que sucedió en la Edad Media. Lo mismo ocurrirá más adelante con la obra de Juan de Mariana. En el contexto de un imperio multinacional, la historia que contaba Mariana halagaba a la nobleza castellana. No era solo una cuestión de preferencias. Las crónicas alternativas se rechazaron como «distorsiones» y «mentiras», y a veces fueron víctima de una política activa de supresión. La de Jeroni Pujades y Meneses, por ejemplo, fue confiscada por sus inclinaciones proaragonesas.[14] A Gregorio Mayans le llegaron a prohibir que publicase, y escépticos como Ferreras y Masdeu tuvieron problemas con la ley y con la Academia de la Historia, creada en 1738 precisamente para mantener un mayor control sobre el discurso histórico.[15] De este modo, y por increíble que parezca, la vieja historia del padre Mariana fue la única obra histórica importante entre el siglo XVII y el siglo XIX, cuando Modesto Lafuente se tomó por fin el trabajo de renovarla. Pero él también se veía como un continuador de una tradición que había que preservar, como queda claro en su elección de título: *Historia General de España*, un guiño a la *General Estoria* del rey y a la *Historia General* de Mariana. Lafuente tomó de ellas todo el material que pudo, sobre todo su concepción castellanocéntrica.

No todos estaban de acuerdo. La derecha católica desconfiaba de esta historia nacionalista, que se insinuaba como una alternativa a la idea de una España primordialmente cristiana. La propia peripecia de Lafuente, religioso exclaustrado para convertirse en patriota liberal, parecía simbolizar esta especie de «desamortización de la historia». Para los liberales radicales era sin embargo demasiado conservadora y religiosa todavía.[16] Y los historiadores catalanes, gallegos y vascos comenzaron a escribir sus propias historias nacionales en gran parte para contrarrestar este canon histórico que consideraban que les arrebataba su pasado.[17] Pero finalmente se impuso, como siglos antes la de Alfonso X, porque se convirtió en la historia institucional. Y cuando decimos «institucional» no es solo una manera de hablar. Nada más empezar a salir los primeros volúmenes, el gobierno, consciente de su utilidad en la guerra contra los carlistas, hizo casi obligatoria la adquisición de la obra por parte de ayuntamientos e instituciones públicas en general, y a Lafuente se le premió con cargos políticos, culminando con una vicepresidencia del Congreso.[18]

Sin transición alguna, se pasó así del dominio del libro de Mariana al de Lafuente. Incluso cuando se le dejó de respetar en ambientes académicos, su popularidad no disminuyó en absoluto entre el público en general.[19] Y como esto sucedió justo en vísperas de la introducción de la educación obligatoria, los textos escolares se basaron en su obra.[20] Había pocos manuales, y se reimprimían constantemente, lo que acentuó más si cabe esta claustrofobia historiográfica.[21]

Uno de esos primeros planes educativos en el que se contempla la historia como una asignatura fundamental es el de 1845. Se lo conoce como Plan Pidal, a partir del nombre de su ideólogo, Pedro José Pidal y Carniado. Era el tío abuelo de Ramón Menéndez Pidal, y su antecesor en la presidencia de la Real Academia de la Historia. Como decíamos, la historia de España ha estado tradicionalmente en muy pocas manos, incluso en manos de muy pocas familias...

Los inventores de España

Es, de hecho, a don Ramón a quien le corresponderá retomar el hilo de la construcción historiográfica de Lafuente. Con su gigantesca *Historia de España*, Pidal va a convertirse en el último gran eslabón de la cadena que comienza en Alfonso X, con la peculiaridad de que es un eslabón que vuelve a enlazar con el principio, en un elegante círculo cerrado. Porque Pidal es quien encuentra en los archivos los manuscritos más antiguos de la crónica alfonsina, los reordena y contextualiza. La versión de la *Primera Crónica de España* que todos manejamos es su edición crítica de 1906, reforzando así ese carácter seminal que él quería darle. Es una curiosa tautología: un historiador del siglo XX que escribe basándose en una historia construida por otro del siglo XIII, pero que a su vez él mismo ha reescrito.

Pidal no solo completó el círculo. Igual que el Rey Sabio había detectado incoherencias y dificultades en la obra de Ximénez de Rada, Pidal comprendió que si se quería convertir el relato medieval de Castilla en el elemento fundador de la nación española, era preciso mejorarlo con argumentaciones más sólidas en algunos puntos. Había vacíos que llenar, líneas sucesorias que reconfigurar de una manera más lógica... Sobre todo, y esta era una de sus preocupaciones principales, había que dotar al conjunto de un elemento espiritual, un «alma del pueblo», un *Volksgeist* castellano que desembocase y reforzase en el *Volksgeist* español.

En su opinión, esto solo podía hacerse por medio de la lengua. Como para tantos nacionalistas de su tiempo, únicamente podía existir una nación si se expresaba por medio de un idioma y una literatura. Tenía que ser, además, una literatura lírica pero también épica, a ser posible anterior y superior a las de los vecinos, puesto que en el mundo de Pidal las naciones competían una con otras por su lugar en la civilización desde tiempos inmemoriales.

Se nos ha legado, sobre todo por parte de sus discípulos, la imagen de un Pidal fundamentalmente liberal. Lo fue, al menos intermitentemente a lo largo de su vida. Pero si queremos entender su trabajo es preciso verlo a la luz de ese otro pilar de su visión del mundo: ese profundo, a veces exacerbado, nacionalismo. Aún hoy, este ingrediente esencial de lo que se conoce como la generación del 98 y la del 14, se disimula pudorosamente. Sin embargo, sin él no pueden entenderse figuras como Unamuno, Ortega y Gasset, y por supuesto Pidal. Inman Fox los ha llamado, a ellos y a algunos más, «los inventores de España», y aunque de nuevo la palabra «invención» debe entenderse en un sentido figurado, no es ninguna exageración considerar que fueron estos intelectuales quienes crearon la mayor parte del imaginario histórico español actual.[22]

No hay duda de que Pidal contemplaba sus investigaciones como una misión para hacer renacer un espíritu nacional dormido, porque así lo dijo y lo escribió repetidamente. Era una tarea inmensa, porque la realidad no había sido muy generosa con el ideal que él se había formado en la cabeza. Castilla carecía casi completamente de una poesía medieval, lo que todavía resultaba más sangrante en vista de la abundancia de la lírica gallegoportuguesa, el trovadorismo provenzal y la lírica catalana medieval. En este campo, a pesar de sus esfuerzos, apenas fue capaz de reunir unos ejemplos escasos, insuficientes. Aun así mantuvo hasta el final el convencimiento de que esa lírica se encontraría algún día (como homenaje a él, los libros escolares de literatura española siguen reservándole un epígrafe, lleno de conjeturas).

No sería la única materia en la que Pidal se dejaría llevar por su entusiasmo. Cuando en 1911 apareció en el monasterio de San Millán de la Cogolla un texto con unas frases en una lengua romance desconocida, Pidal se apresuró a identificarlo como el primer ejemplo del idioma castellano, y lo dató en el siglo X. Esa cifra mágica lo convertía en una lengua con mil años de antigüedad. Desgraciadamente para él, filólogos extranjeros pronto descubrieron que las *Glosas emilianenses*, como se las llamó, no están escritas en castellano sino en navarro-aragonés, una lengua diferente. Ni siquiera son del siglo X, sino al menos del siglo XI. Pero de nuevo esto fue ignorado durante cien años en España. San Millán de la Cogolla ha seguido figurando como «la cuna del castellano» hasta hace muy poco, cuando la aparición de otros textos ha permitido por fin abandonar públicamente lo que para muchos filólogos era una incómoda «mentira piadosa». [23]

Pidal también trabajó a fondo la épica. A su juicio, era únicamente este género literario el que podía expresar la grandeza de un pueblo. Para él resultaba insufrible que Castilla apenas contase con un par de ejemplos incompletos de cantares medievales mientras que en Francia pasaban del centenar. Gran parte de su vida estuvo dedicada a buscarlos, con más ahínco todavía que la lírica castellana, pero con poco más éxito. Así que Pidal desarrolló una teoría famosa: Castilla *había tenido* una impresionante tradición épica. Desgraciadamente, se había perdido, pero quedaba algo: los romances. El Romancero castellano, fantaseó Pidal, no sería sino los restos de antiguos cantares de gesta medievales conservados por el pueblo y transmitidos sin modificaciones, de boca en boca, a lo largo de cientos de años.

Es una teoría extraña, pero durante muchos años ha sido, y sigue siendo, la manera como se enseña el Romancero a miles de estudiantes, a partir de versiones moderadas creadas por sus discípulos en el campo de la filología. En realidad, los romances son, en algunos casos, obras del Renacimiento y, en su mayor parte, del Barroco. El famoso romance de Abenamar, que Pidal se empeñaba en considerar medieval, es en realidad una creación del siglo XV en la que el autor, intencionadamente, utiliza arcaísmos para que parezca más antiguo.[24] La mayoría de los romances de tema histórico, que son en concreto los que interesaban a Pidal para su tesis, son aún más tardíos: surgen casi todos ellos a partir de un libro de historia, la crónica que publicó Florián de Ocampo en 1541.[25] Todo esto es sabido desde hace décadas en España, pero nunca se ha abierto paso hasta los libros de texto escolares, como si se tratase de un secreto vergonzante.

Pero al menos sí había una obra épica indiscutible en Castilla, y de una belleza comparable o superior a la de los cantares franceses: el *Poema de Mio Cid*. Esa fue la auténtica obsesión de Pidal. El Cid había sido el gran interés de su vida, y es fácil comprender la razón. El manuscrito del poema pertenecía a su familia. Lo había comprado en 1863 don Pedro José Pidal y Carniado, el primer marqués de Pidal, el ministro del Plan Pidal, de quien había pasado a su hijo Alejandro Pidal y Mon, y de ahí a sus nietos, los Pidal y Bernaldo de Quirós. A lo largo de su vida, don Ramón tuvo la posibilidad de leerlo y consultarlo en casa de sus parientes, e incluso guardarlo en la suya durante muchos años. La fascinación que muestra por la Tizona que empuña en la fotografía a la que nos referíamos al comienzo del libro, por tanto, no tendría por qué ser fingida. Pero no se trataba tan solo de una emoción personal. Pidal pensaba que el Cid podía ser la base sobre la que edificar su proyecto histórico, y es importante entender el porqué. Él no entendía el *Poema* como una obra de arte, e incluso despreciaba extrañamente su valor literario.[26] Para él el *Poema de Mio Cid* era más bien una crónica periodística, un relato compuesto por el pueblo en homenaje al Campeador poco después de su muerte y que, de nuevo, se había transmitido oralmente a lo largo de muchas generaciones. Esto permitía no solo contar con una obra épica que reivindicaba el espíritu guerrero de Castilla. Como obra contemporánea de los hechos, también era una ventana abierta para estudiar el siglo XI castellano, y hacerlo además a través del personaje perfecto para conocer el alma de Castilla y de España: un héroe, un soldado.

Pidal aceptó el reto. El resultado fue *La España del Cid* (1929), sin duda el libro más influyente en la historia del medievalismo español. Su publicación revistió el carácter de una auténtica revelación. Era la pieza que faltaba en el edificio del relato nacional, que quedaba ahora atado en todos sus extremos. Su éxito fue inmenso: se comentaba en los cafés, se citaba (y se sigue citando) con profusión. Hasta en la Academia Militar de Zaragoza se convirtió en texto obligatorio para los cadetes, de los que se esperaba que aprendiesen de él las viejas virtudes guerreras de la nación.

No todo encajaba, sin embargo. Y lo más curioso es que el manuscrito del *Poema* que Pidal guardaba en su casa contenía precisamente las pistas para comprender que su teoría era una fantasía, la quintaesencia del espejismo del pasado.

La cuestión es la siguiente: tenemos información sobre el Cid a través de fuentes realmente contemporáneas y los datos apenas coinciden con los del *Poema*, que, contrariamente a lo que defendía Pidal, es sin lugar a dudas una obra muy posterior. El texto refleja detalles legales, geográficos y de costumbres que solo eran posibles en el siglo XIII, y no antes. Está además escrito en una variedad del castellano que no podía ser la de finales del siglo XI. Esto es algo que Pidal difícilmente podía ignorar dada su gran talla como filólogo; lo que ocurría era que no podía aceptarlo. Para él era simplemente una puesta por escrito tardía de un poema oral y anónimo. Y ello a pesar de que el manuscrito dice que fue redactado por un autor identificable («lo escribió Per Abbat»), y en un año muy concreto, el 1207.[27] Esa fecha era una espina clavada en las teorías de Pidal. Por una parte, resultaba demasiado tardía (cien años) para que el *Poema* pudiese considerarse un «reportaje de actualidad» sobre la vida del Cid. Por otra parte, la fecha era en cambio demasiado temprana para considerarlo la transcripción de una tradición oral.

Lo que hizo entonces Pidal roza lo increíble, y de hecho sigue siendo una especie de pequeño secreto culpable de la filología española. Raramente se menciona o se imprime en un libro. Cuando Colin Smith lo desveló, hace de esto ya bastantes años, al gran filólogo británico se le hizo el vacío para siempre en la universidad española. Como demuestran los análisis de rayos X y de las tintas, Pidal «corrigió» el castellano del manuscrito para que pareciese más antiguo y coincidiese de este modo con sus teorías. Retocó incluso los finales de algunos versos que le parecían menos perfectos que los del *Cantar de Roldán,* y también la fecha que figura en el manuscrito.[28] Pidal era un sabio, un auténtico erudito dotado de un talento excepcional, pero ante todo era el activista de una causa, y esa parte de su ser predominaba una y otra vez en su trabajo.[29] Como escribió Colin Smith con fina ironía, Pidal era en el fondo «el último de los juglares».[30]

7

Miradas retrospectivas

Celtas, iberos, godos y nazis

A principios del siglo XX, el canon español, tal y como ahora lo conocemos, estaba constituido finalmente, resultado de las aportaciones del nacionalismo romántico de Lafuente y del nacionalismo étnico de Pidal y sus discípulos. Formaba de este modo un *continuum* coherente inspirado en los principios de unidad, antigüedad y continuidad, las tres preocupaciones fundamentales de sus autores y de su tiempo, además de los atributos ideales del Estado-nación. En ese sentido, no era en realidad una imagen del pasado sino una justificación del presente. Como escribió el filósofo italiano Benedetto Croce, toda historia es historia contemporánea; y la historia de España, tal y como la conocemos, no es sino historia del siglo XIX y principios del XX proyectada en el pasado.[1] Lo veremos con algunos ejemplos.

Podemos comenzar por la prehistoria, la última pieza que se incorporó al conjunto. Cuando Modesto Lafuente otorga a los celtíberos un papel crucial en la formación del carácter español, lo que le interesa es la idea (discutible desde el punto de vista de la arqueología) de dos pueblos diferentes (celtas e iberos) que son capaces de unirse en uno solo.[2] Esto es lo que Lafuente, como tantos otros liberal-conservadores, esperaban que ocurriese con las dos Españas que se habían enfrentado en la Guerra Carlista. De este modo, la unión entre celtas e iberos vendría a ser algo así como un «abrazo de Vergara» prehistórico, una reconciliación nacional.

La siguiente generación de historiadores, la de Cánovas del Castillo, prefiere en cambio olvidar el elemento céltico, que se suponía común al resto de Europa, y centrarse en lo ibero como singularidad española (son los años que culminarán en el Desastre de 1898 y la España replegada en sí misma). El enfoque vuelve a cambiar una vez más con el franquismo. Durante la década de 1940, los arqueólogos falangistas hacen hincapié en lo celta «ario» y minimizan lo «ibero», del que sospechan un origen africano. Pero luego, ese panceltismo cae en desgracia a su vez cuando Hitler pierde la guerra. Resurge así el interés por los iberos, llegando a extremos que rozan lo cómico, como cuando el gran arqueólogo Luis Pericot crea reconocer en un fragmento cerámico ibero hallado en Liria la estética de los *ninots* de las fallas valencianas.[3]

En definitiva, cada historiador ha visto en los celtíberos lo que quería ver. Pidal, por ejemplo, siempre obsesionado por Castilla, llamó la atención sobre el hecho de que se habían concentrado en la meseta, prefigurando el futuro papel de Castilla en España.[4] (Eso sí, le irritaban las insinuaciones, de Hume y otros, acerca de su origen africano o semita).[5]

La imagen que se ha proyectado de los visigodos tiene también mucho de circunstancial. La exagerada importancia que se les otorgó en el canon español se debía sobre todo a que fueron los primeros gobernantes que practicaron la religión católica, aunque fuese muy tardíamente. Esto tenía una importancia enorme en el pasado pero para una sociedad laica es más bien secundario. Como hemos visto, los cronistas medievales ya les habían dado también una relevancia excesiva a los visigodos por razones propias de su propio tiempo; concretamente, la necesidad de legitimarse creando una continuidad (imaginaria) con ellos. Pues bien, en esto no fueron muy diferentes los historiadores del XIX y XX. También ellos buscaban una legitimación en los visigodos, a los que se consideraba los creadores del primer «Estado español». Eran, además, la simiente de la «europeidad» de los españoles. Es esa preocupación la que explica la virulencia del célebre y extravagante debate que arrastraron durante décadas Sánchez-Albornoz y Américo Castro. El primero decía que la «esencia» de España era la germanidad visigoda (e implícitamente, el catolicismo). El segundo, que esa «esencia» era la «mezcla» de culturas (con la religión católica como un estorbo). El

FIGURA 7. El pasado ideológico: Himmler inspecciona las ruinas del Alcázar de Toledo durante su visita a España en 1940. La comitiva incluía arqueólogos de las SS.

debate tenía poco de historiográfico y era, fundamentalmente, una trifulca etnicista, porque para Sánchez-Albornoz, negar la herencia visigoda (como hacía Castro) era negar la europeidad de España. Presentarla como un «crisol de culturas» era proyectar de nuevo la (para él) inquietante sombra de África en la historia de España.

Hoy, lo que nos parece inquietante son muchas de las ideas de Sánchez-Albornoz. Para colmo, parte de los conceptos que manejaba procedían de una fuente también teñida de prejuicios contemporáneos: la historiografía alemana de las décadas de 1920 y 1930, fuertemente influida por el nacionalismo e incluso por el nacionalsocialismo. Aún hoy podemos detectarla en nuestra idea de los visigodos, empezando con la suposición de que eran «germanos puros» procedentes de Escandinavia o la creencia racista de que «no se mezclaban nunca» con la población local. La famosa «lista de los reyes godos» (por cierto, errónea) es una creación alemana de principios del XX.[6] El estudio clásico sobre el arte y la arquitectura visigodas es obra de Helmut Schlunk, y la primera sistematización de la arqueología visigoda la hizo el falangista Julio Martínez de Santa-Olalla bajo supervisión nada menos que de las SS. Aunque esto pueda parecer increíble, las SS tenían un servicio de arqueología propio, y Santa-Olalla, amigo personal de Himmler, al que acompañó a Toledo en su visita a España en 1940, puso las bases de nuestro conocimiento material de los visigodos con la ayuda de la arqueología nazi.[7]

La ironía es que hoy en día existen razones para sospechar que los visigodos podrían no ser de origen escandinavo, puede que ni siquiera de origen germano. Al parecer, la asociación entre Gothland, en Suecia, y los godos es un caso típico de «falsa etimología». Comenzó en torno al siglo XIII cuando a un franciscano inglés, Bartholomaeus Anglicus, se le ocurrió relacionar este topónimo con los godos basándose únicamente en su parecido fonético. Esto halagó a los escandinavos y luego a los humanistas alemanes del siglo XVI, que pasaron a suponer que no solo los godos sino *todos* los pueblos germánicos provenían de Escandinavia. Y esto a pesar de que para los romanos los germanos habían llegado del este de Europa. Pero en el siglo XVI el este de Europa era casi completamente eslavo y los alemanes preferían ser originarios de la entonces rica orilla comercial del mar Báltico.[8]

Ya puestos, es muy posible que los visigodos ni siquiera fuesen un pueblo como tal, sino simplemente un ejército mercenario nómada formado por individuos de diversas procedencias. Una analogía útil sería imaginarlo como los ejércitos revolucionarios mexicanos o las tropas multinacionales de la guerra de los Treinta Años, que incluían numerosos civiles en funciones logísticas. Esto explicaría su extraña itinerancia por Europa, un hecho para el que nunca se ha dado una explicación del todo convincente. De hecho, los «pueblos» germanos de los que tenemos noticia suelen tener un tamaño sospechosamente similar al de un ejército romano convencional.[9]

El mito del crisol

¿Quiere esto decir que era Américo Castro quien tenía razón en su debate con Sánchez-Albornoz? Más bien, cabría pensar que era el debate el que estaba equivocado. No existe un «origen de los españoles». La definición del término y la continuidad que queramos trazar a lo largo del tiempo entre el presente y el pasado es una construcción nuestra, no una realidad objetiva. En ese sentido, la teoría del crisol no era, en el fondo, mucho menos esencialista que el «germanismo» de Sánchez-Albornoz, porque, conservador como él (aunque laicista), Castro entendía que la España de las tres culturas no era menos europea, sino que era singular en Europa (y, por tanto, superior).

Esa tesis tampoco ha resistido bien el paso del tiempo, y se ha visto muy cuestionada por los estudios más recientes. El afán por encontrar una cultura plural en España llevó a Castro a exagerar, a veces hasta extremos disparatados, el componente converso y morisco de la población, mucho menos importante de lo que él creía. Los estudios demográficos nos dicen que la población judía en la península nunca llegó a ser muy numerosa, aproximadamente un 1 por ciento, tanto en Castilla como en Aragón. Incluso antes de las persecuciones, en Burgos, la mayor comunidad de la España cristiana, había unas ciento veinte familias en el siglo XIV; en Soria serían una cincuenta; en Ávila no pasaban de cuarenta. En Barcelona no llegaron a superarse las doscientas familias y en Ribadavia, donde se celebra cada año la Festa da Istoria, en la que se conmemora el supuesto origen hebreo de sus habitantes, nunca hubo más de unos pocos individuos.[10] Los mudéjares, es decir, los árabes que permanecieron en territorio cristiano, eran también una minoría muy pequeña, quizá veinticinco mil entre casi siete millones de habitantes, de los cuales tan solo un par de miles vivían en Andalucía.[11]

El intercambio entre culturas fue real, intenso y enriquecedor sin duda, pero no es necesario exagerarlo. Así, muchos de los rasgos que antes parecían importaciones de la cultura árabe, como el ideal caballeresco, la poesía trovadoresca o el averroísmo filosófico se ven ahora como universales culturales, comunes a estas tres culturas y muchas otras. En puridad, ni siquiera se puede hablar de la existencia de «tres culturas», puesto que, salvo por la religión, la población judía era culturalmente indistinguible de la cristiana o la musulmana según la parte de la península en la que habitase.

FIGURA 8. La moda neomudéjar: Salón Árabe, Ayuntamiento de Bilbao.

No es casual que estas teorías de Castro coincidiesen en el tiempo con la moda del neomudejarismo en arquitectura, que llenó España de edificios con aspecto de mezquitas o palacios persas (hay ejemplos incluso en el País Vasco). Como esas construcciones, la obra de Castro está llena de arranques de genio y arbitrariedades abusivas. En el fondo, lo que revelan es la fascinación por una estética recién descubierta. Porque la historia de la España musulmana era entonces una novedad. Hay que tener en cuenta que su fuente principal, los textos de al-Maqqari, no fueron descubiertos en Occidente hasta que Pascual de Gayangos los publicó en una edición inglesa en 1840.[12] Ni siquiera eran conocidos en Oriente y en los países árabes, donde el recuerdo de al-Andalus, hoy en día tan importante, había desaparecido por completo.[13] Fueron eruditos diletantes, como el hispanista francés Viardot, o escritores de ficción, como Washington Irving o Chateaubriand, quienes empezaron a difundir esta España islámica. En la propia España, la primera obra seria sobre el tema, la de Dozy, no se tradujo al castellano hasta 1877. Para su *Historia de España*, ya en el siglo XX, Pidal todavía se veía obligado a recurrir al francés Lévi-

Provençal para que escribiera los tomos correspondientes a la España musulmana.[14]

Asimismo, es interesante ver cómo también la historiografía árabe ha ido cambiando a lo largo de los años en función de las circunstancias: entre 1830 y 1860 era el juguete de los exiliados liberales como el propio Gayangos o Conde, que la utilizan para fustigar la intransigencia de la Iglesia católica en España (ahí nació la idea de la al-Andalus tolerante). Luego, la campaña de África de 1859-1860 transformó al arabismo español en una especie de ciencia auxiliar del colonialismo, y su sentido cambió completamente. El interés por los mozárabes, por ejemplo, es muy revelador: entran en el imaginario histórico durante la guerra de Melilla, y es difícil sustraerse a la impresión de que su «inventor», el encendido patriota Simonet, tenía en mente a los colonos españoles que se asentaban en África más que a los antiguos cristianos de al-Andalus. Por cierto que Menéndez Pidal formó parte, con estos «arabistas africanistas», de la Junta para la Enseñanza de Marruecos, creada en 1913 para enseñar historia a los nuevos súbditos españoles.[15] Una vez que la empresa colonial fracasó, el arabismo volvió a evolucionar en la dirección contraria. La exigencia, lógica, de dominar la lengua árabe acabó atrayendo a este campo a filólogos y amantes de la literatura más que a historiadores. El resultado es una historia de al-Andalus escrita a partir de extrapolaciones igualmente discutibles, solo que esta vez basadas en la poesía.

Solo en las últimas décadas han comenzado a cuestionarse seriamente los clichés y las fuentes de esta historia de al-Andalus, pero la imagen histórica popular sigue incólume, reforzada por novelistas y mixtificaciones institucionales.[16] En el nivel más popular, el «neomudejarismo cultural» de las décadas de 1920 y 1930 sigue vivo en muchas fantasías historiográficas erróneas, como la creencia de que el flamenco o los celos masculinos son una pervivencia árabe, que la costumbre de colgar jamones a la vista nació del temor de los conversos a la Inquisición, o la convicción, errónea pero extendidísima, de que los apellidos de profesión (Zapatero, Herrero, Carretero) o de lugar (Medina, Toledo, Tudela) son apellidos «judíos», en lo que constituye un ejemplo clásico de «elección de antepasados».[17]

FIGURA 9. Leyendas urbanas: el lema «Tanto monta», supuestamente expresión de la unidad entre los reinos de Aragón y Castilla, era un lema personal de Fernando II.

«TANTO MONTA»

Este descubrimiento repentino de un período del pasado para proyectar en él las preocupaciones del presente es una constante en el canon histórico y nos muestra con claridad lo que tiene de prefabricado. ¿Quién dudaría hoy en día de la importancia de Isabel la Católica en la historia de España? Sin embargo, el interés por su figura era más bien escaso hasta 1821, cuando Diego Clemecín publicó el primer libro de importancia que se le dedicó en cuatrocientos años.[18] Ese redescubrimiento respondió, una vez más, a factores del momento, en concreto al esfuerzo de los liberales, herederos de las Cortes de Cádiz, de encontrar un precedente que justificase la monarquía parlamentaria. La idea, difundida por Clemecín y otros, era que, en tiempos de Isabel, las Cortes castellanas habían tenido una autoridad equiparable a la de la reina.[19] Esta creencia entroncaba, de paso, con la tradición literaria de que Castilla había sido una especie de democracia primitiva (los jueces y Fernán González), y que esa libertad se había preservado a lo largo de los siglos hasta Carlos V. Por eso la historiografía del Romanticismo elogió tanto a Isabel y Fernando como fue dura con el emperador.

En el interés por Isabel I tuvo mucho que ver también el reinado de Isabel II. La coincidencia del nombre y el precedente servían para recordar que una mujer podía gobernar con éxito, aunque su reinado comenzase en medio de dificultades y amenazas, como había sucedido con Isabel II. El aparato de propaganda isabelino no perdió la oportunidad de mostrar el paralelismo siempre que pudo por todos los medios a su disposición. Todavía en 1858, perdido ya irremediablemente el favor del pueblo, se publicó en París un libro que se titulaba, de manera poco sutil, *Paralelo entre las reinas católicas Doña Isabel I y Doña Isabel II*, en el que se listaban todas las coincidencias imaginables (incluidas algunas ciertamente peregrinas, como la que relacionaba el descubrimiento de América a cargo de la primera y el impulso al ferrocarril de la segunda).[20]

Ese culto tomó gran parte de sus datos y conceptos de un autor extranjero: la monografía que sobre los Reyes Católicos dio a la luz el norteamericano W. H. Prescott, aparecida muy oportunamente en 1838.[21] Puesto que, como decíamos, no había prácticamente ningún libro sobre el tema en España, se tradujo al español en 1845, y reciclada por Lafuente, fue esa la imagen de Isabel la Católica que se popularizó entre los españoles. A pesar de las numerosas revisiones a las que la han sometido estudios posteriores, sigue siendo la dominante. Lafuente llegó a decir que bajo los Reyes Católicos, el período «más glorioso» de la historia de España, esta había llegado a ser la primera nación libre de Europa.[22] Más adelante, el pidalismo y el franquismo reforzaron esa idea de que bajo Isabel y Fernando se había forjado la unidad de España, que dura hasta la actualidad.

De nuevo, la ironía es que si algo podemos decir con seguridad acerca de la alianza entre Castilla y Aragón en aquellos tiempos es precisamente que no se trató de una unificación. Las capitulaciones se redactaron justamente para impedir que eso se produjese. Isabel y Fernando rechazaron expresamente llamarse «reyes de España» y tuvieron buen cuidado de no poner en común ningún aspecto importante de la soberanía. Isabel excluyó de forma terminante a Fernando de su testamento, por lo que, cuando ella murió, él tuvo que abandonar Castilla y los dos reinos se separaron sin más.[23] Ninguno de los dos reinaba en el reino del otro más que como consorte sin poder alguno, y solo la casualidad hizo que lo que era un arreglo provisional se convirtiese en permanente. El lema «Tanto monta», al que se ha querido dar un sentido de igualdad en el gobierno, pertenecía únicamente a Fernando de Aragón, no a los dos monarcas, y el remoquete que la completa («... monta tanto, Isabel como Fernando») es una leyenda urbana histórica nacida precisamente con el fin de reforzar esa creencia errónea.[24]

Curiosamente, el prestigio de Fernando en la historiografía ha seguido la dirección contraria al de Isabel. Durante siglos ocupó un lugar de honor en el relato histórico, en gran parte debido a los desvelos de los cronistas aragoneses. Pero en el siglo XIX su suerte cambió radicalmente cuando los historiadores regionalistas catalanes pasaron a culparle de haber arrebatado a Cataluña sus derechos. Como esto sucedió al mismo tiempo que entre los escritores nacionalistas españoles se instauraba el culto retrospectivo de Isabel I, Fernando ha quedado como una figura secundaria, cuando la realidad es que de los dos monarcas, objetivamente, era el más importante. Era él quien tenía un imperio mediterráneo y es él, posiblemente, en quien piensa Maquiavelo como el prototipo de gobernante poderoso cuando escribe su obra *El príncipe*.[25]

Es a la luz de esta distorsión del pasado como hay que contemplar el curioso fenómeno de la Leyenda Negra, la colección de historias, anécdotas, panfletos y material gráfico que atacan la imagen de los Habsburgo y que en España se combatían airadamente hasta hace poco como «insidias extranjeras». Nada puede estar más lejos de la realidad. La Leyenda Negra no es contemporánea del Imperio de los Habsburgo sino un producto característico del siglo XIX, y sus autores no fueron extranjeros sino los mismos intelectuales liberales, que criticaban ferozmente a los «extranjeros» Habsburgo para ensalzar, por comparación, a los «españoles» Reyes Católicos.[26]

La lenta recuperación de los Habsburgo, de hecho, no comenzó hasta casi el inicio del siglo XX y es también un ejemplo de historia retrospectiva. De nuevo, el cambio historiográfico no se corresponde con el descubrimiento de materiales que cambiasen la interpretación del pasado sino con cambios en el presente que hacen que se busque en la historia algo diferente. En concreto, fue la eclosión del nacionalismo español a raíz del Desastre de 1898 la que exigió un relato histórico que hiciese énfasis, ya no tanto en la libertad de Castilla o los derechos de las Cortes frente al monarca absoluto, sino en la unidad de España, su antigüedad como nación y su esplendor pasado.

Y de nuevo sería Pidal el encargado de llevar a cabo esta operación.

¿Qué imperio?

Efectivamente, según Kamen, fue Pidal quien dio sustancia, por primera vez, a la idea de un «Imperio español», otro de los conceptos esenciales del canon histórico, tanto que es imposible imaginar la historia de España sin él. «Hasta entonces —escribe Kamen— los estudiosos españoles habían prestado poca atención a la carrera de Carlos V, que se despachaba en los libros de historia de inspiración liberal como el instigador de la ruina de España.»[27]

Las circunstancias en las que Pidal concibió esa idea son interesantes en sí mismas. El erudito acababa de huir a Cuba desde el Madrid republicano en guerra, en parte por desánimo y en parte por temor. Invitado a pronunciar una conferencia en La Habana, Pidal eligió un tema inusual: «La idea imperial de Carlos V», y esa conferencia fue la que se convirtió más tarde en texto. En su discurso, Pidal se enfrentó a la tesis clásica, que veía en Carlos V un príncipe europeo cuya prioridad era el Imperio, y no Castilla y Aragón. Esta tesis, de consenso tanto en España como en el extranjero, acababa de verse reforzada por el libro definitivo sobre el asunto que el alemán

Karl Brandi había publicado ese mismo año de 1937.[28] Pidal sorprendió a todos con una teoría radicalmente distinta, una según la cual Carlos V se había «españolizado» rápidamente. Sostenía Pidal, además, que sus ideas acerca del imperio universal no las había tomado de sus consejeros extranjeros, como el saboyardo Gattinara, sino de fuentes españolas que entroncaban con la tradición política castellana de Isabel la Católica.

No hay ningún texto de Carlos V que permita sostener esta hipótesis, mientras que es muy abundante la documentación en contra. Casi como única prueba, el erudito esgrimía una anécdota circunstancial. En 1520, durante una reunión de las Cortes en A Coruña, el obispo de Badajoz había pronunciado las siguientes palabras ante Carlos V: «Este reino es el cimiento, el soporte y la fuerza de todos los otros». No era el emperador quien lo había dicho, pero Pidal inventó para el obispo la condición de portavoz del monarca e interpretó sus palabras del siguiente modo: «este reino» era «España», y «los otros», los futuros dominios alemanes de Carlos V.

Se trata de una hipótesis extremadamente débil, y es improbable que Pidal no se diera cuenta. El obispo de Badajoz no había hablado en aquella ocasión en nombre del emperador. Y con «este reino», se refería evidentemente a Castilla, y con «los otros» a los demás reinos de la corona castellana. Pero el prestigio de Pidal, una vez más, convirtió esta novedosa lectura del pasado en la dominante en España. Las circunstancias eran también propicias para ello. Muchos han querido ver un guiño al franquismo en el texto de Pidal. Años antes, en el prólogo de la primera edición de *La España del Cid*, Pidal había pedido el ascenso de una figura político-militar que gobernase España de la misma manera que lo había hecho el Cid, y ese mismo año de 1937 sus plegarias habían sido atendidas: Franco se convirtió en caudillo, envuelto en una retórica imperial tomada, supuestamente, de la herencia carolina.[29] El giro del erudito hacia la extrema derecha se había iniciado antes de la guerra, con un prólogo de 1935 a su *Historia de España* que contiene una exaltación del fascismo. La conferencia de Pidal, de hecho, se publicó en 1940 en la España de Franco, y su discípulo, Antonio Tovar, entonces vinculado a Falange, la desarrolló inmediatamente en *El Imperio de España* (1941).[30] Lo llamativo es que esa visión circunstancial y dudosa acerca de Carlos V sigue siendo la nuestra. Baste recordar que todavía en las celebraciones del quinto centenario de su nacimiento, el catálogo oficial de la exposición sobre el emperador publicaba el texto de Pidal de 1937 como la explicación definitiva de su figura.

Esta transformación de Carlos V en manos de los historiadores del siglo XX es uno de los fenómenos más fascinantes de la historiografía española. Pidal y sus discípulos siguieron afinando y embelleciendo esta tesis durante años, tratando de resolver sus contradicciones, expandiéndola y haciéndola más «útil» para el presente. Se revisó el episodio del saqueo de Roma por las tropas imperiales para que no pusiese en cuestión el plan católico del emperador, se inventó una falsa continuidad entre la Reconquista y la guerra contra los turcos en Austria. Se difundió la idea de que el español había sido «la lengua del imperio» a partir de otra anécdota que Pidal hizo famosa: Carlos V había hablado en español al Papa en Roma en 1536, convirtiéndola así, a su juicio, en

> la lengua común de la Cristiandad y el lenguaje oficial de la diplomacia, un hecho fundamental que nos permite entender su *Idea Imperial*. (Mayúsculas en el original)[31]

En consonancia con la cultura del régimen franquista, se acentuaron los aspectos militares del Imperio, haciendo de las guerras y las batallas casi su razón de ser. Desde principios de siglo se fantaseaba ya con las riquezas llegadas de América y, consecuentemente, se exageró la importancia de la piratería británica y holandesa como explicación del declive español.

Todo este esfuerzo de mitificación y transformación ha llegado hasta la actualidad. Como escribe Kamen, «el Imperio continúa siendo un motivo de orgullo para clérigos nostálgicos y novelistas populares, que encuentran en él el tema y la inspiración para recrear en sus páginas un mundo de gloria militar que nunca existió».[32]

¿Qué queremos decir con eso de que «nunca existió»? Merece la pena verlo con algo de detalle.

Por supuesto, caben muchas posibles interpretaciones de qué era exactamente el Imperio que fundó Carlos V, pero hay una que es claramente errónea: entenderlo como un país. Se trató siempre de un conjunto heterogéneo de territorios, una herencia dinástica perteneciente a una familia. Carlos era emperador, pero el «Imperio» era un concepto abstracto de autoridad, no una entidad política concreta. De hecho, apenas se utilizaba el término en sí (los contemporáneos lo llamaban «monarquía» sin más).[33] Tampoco existía un reino de España, como explica Bennassar, sino un conjunto de reinos.[34]

Ese Imperio no existió tampoco en otro de los sentidos que se le dio en el canon: el de un proyecto deliberado de conquista en Europa para ponerla bajo un solo emperador católico. De hecho, el Imperio no se amplió nunca. Aparte de excepciones insignificantes, los ejércitos imperiales se limitaron a proteger como pudieron una herencia a todas luces excesiva. En Francia, las tropas imperiales no hicieron sino apoyar a un bando en una guerra civil. Lepanto fue parte de una campaña defensiva. En América se prohibieron nuevas conquistas ya en 1571, y estas no habían sido llevadas a cabo siquiera por militares sino por colonos y aventureros sin ningún proyecto imperial, menos aún católico. Hernán Cortés fue enviado a México por el gobernador de Cuba no para conquistar nada, sino para conseguir oro y esclavos. Hasta el siglo XVIII ni siquiera llegó a haber tropas regulares en América. Es cierto que el control de las colonias, y de prósperos territorios en Europa como Flandes, aportó en principio metales preciosos a los cofres del Estado, pero ese Estado no era sino una vasta empresa multinacional encabezada por comerciantes italianos, banqueros alemanes y toda clase de intermediarios. La península estaba en la periferia de Europa y del propio Imperio, y este era un hecho que nada podía cambiar.

Como habían supuesto correctamente los historiadores románticos liberales, el propio emperador era, y se veía a sí mismo, como un extranjero. En el testamento que dejó a su hijo, Felipe II, le pide que defienda los intereses «de nuestra patria, Borgoña».[35] Carlos V pasó la mayor parte de su vida fuera de la península y si decidió morir en Extremadura fue por razones de índole práctica. Su lengua habitual era el francés y muy raramente se expresaba en castellano.

Para ocultar este hecho fue, posiblemente, para lo que se inventó ese chascarrillo que se le atribuye: «Yo hablo en latín a Dios, en español a los hombres, en francés a las mujeres y en alemán a los caballos». Existen, como suele suceder, un número considerable de variantes y combinaciones, y la misma anécdota se atribuye a otros personajes. El episodio que tanto fascinaba a Pidal entraña una confusión. Carlos V había utilizado el español precisamente para molestar a sus interlocutores, que no lo entendían, y las crónicas nos cuentan que cuando se le pasó el enfado volvió a emplear el italiano.[36] No podía ser de otro modo, porque esta era la lengua de la diplomacia entonces, y también la de la administración imperial, junto con el latín y el francés. Esto era así, entre otras cosas, porque la mayor parte de los diplomáticos y los funcionarios eran italianos, como también lo eran buena parte de los generales (Spinola) y los almirantes (Doria). El ejército imperial era mercenario, ostensiblemente extranjero. En Nördlingen tan solo la quinta parte de los participantes habían sido españoles, en Lepanto menos de un tercio. En San Quintín, poco más de la décima parte.[37] En los famosos tercios, los españoles no llegaron nunca a pasar del 20 por ciento de los efectivos. Incluso en tiempos de Felipe II nunca hubo más de veinte mil de ellos combatiendo simultáneamente fuera de España.[38] No estamos ante la historia de España, sino ante la de Europa.

Incluso la idea de un «imperio católico» está en cuestión. Hoy se duda de que la religión fuese, a fin de cuentas, un elemento tan importante para Carlos V como creían Pidal y sus discípulos, y como siguen creyendo tantos aficionados a la historia. El concepto, tan repetido por los historiadores, de *Universitas Christiana* lo invocó únicamente su secretario Alfonso de Valdés, y nunca tuvo sanción real.[39] En el ejército imperial había tanto católicos como protestantes, incluidos algunos príncipes luteranos como Mauricio de Sajonia. Sus contemporáneos dudaban mucho de que Carlos V actuase únicamente como un Defensor de la Fe y el papa Paulo IV llegó a acusarle incluso de favorecer el protestantismo. Aunque sin duda creyentes sinceros, ni Carlos ni Felipe eran especialmente católicos en el sentido estricto de obedientes a Roma. Además de que Carlos saquease la ciudad papal en 1527, Felipe II mantuvo un control sobre el Santo Oficio y la jerarquía eclesiástica que, como escribió Braudel, no tenía nada que envidiar a los monarcas protestantes que eran cabezas de sus propias Iglesias. La religión era, sin duda, algo omnipresente en la España del Siglo de Oro, pero lo mismo vale para cualquier otro país europeo de aquel momento, y seguramente fuese más cierto de los países protestantes que de los católicos. La idea misma de una España misionera, impulsora de la Contrarreforma y vanguardia del catolicismo, que Menéndez y Pelayo tanto hizo por difundir, requiere de matices. Las corrientes cruciales que crearon la Contrarreforma se generaron fuera de España o tuvieron un carácter internacional más que español. Incluso la Compañía de Jesús se fundó en París en 1534, de sus seis creadores tres eran extranjeros y su base permanente estuvo siempre en Italia.

El canon histórico

En todo caso, el hecho es que, como decíamos, a mediados del siglo XX quedó completamente establecido el canon histórico español. Las razones del triunfo de esa historia son las mismas que en el pasado. Pidal no solo gozaba de un enorme prestigio personal, fue además presidente de las dos academias cruciales: la de la Historia y la Real Academia de la Lengua. El hecho de que, a lo largo del siglo XX, casi todos los historiadores y filólogos españoles hayan sido sus discípulos, o discípulos de sus discípulos, dio lugar a un consenso sin fisuras en torno a sus teorías que contrastaba con lo que se había establecido en el resto del mundo. Cuando, todavía en 2011, la filóloga Inés Fernández-Ordóñez, especialista en varios de los asuntos que tocó Pidal, se atrevió a criticarle (afectuosamente), la noticia apareció en todos los periódicos como si se hubiese roto un tabú.[40] De hecho, así fue.

Sobre todo, la eclosión de esta historia pidaliana vino a coincidir con unas décadas cruciales porque en ellas se expandieron instrumentos de afirmación de la historia como la educación obligatoria, la industria editorial y los medios de comunicación y de entretenimiento de masas. La importancia del franquismo, que tantas veces se resalta, es en este caso relativa, porque la dictadura asumió sin dificultades la idea de España que habían creado Pidal y su entorno. No olvidemos que, incluso en el exilio, Américo Castro y Sánchez-Albornoz discutían sobre la «esencia» de España. El propio Pidal regresó pronto a la España de Franco y recuperó su cátedra en 1947. Sánchez-Albornoz y Castro prefirieron no regresar nunca, pero sus ideas sobre el pasado fueron las del franquismo (también las de Castro, más de lo que sus admiradores están dispuestos a aceptar).

Esas ideas siguen siendo las que dominan el imaginario colectivo hoy en día. ¿Por qué? Hemos hecho ya varias veces una distinción entre historia académica e historia popular. La primera se desarrolla en un ámbito reducido y cerrado, solo muy lentamente se van filtrando sus hallazgos hacia el público en general, y estos raramente corrigen del todo el pasado mítico e imaginario que nos ha legado la «historia vieja». La gente no aprende historia en los libros sino en el cine, la pintura, la novela y el boca a boca. Por eso una vez que el canon histórico está construido y armado, es preciso hacerlo visible, y eso se logra por medio de objetos, ceremonias, recreaciones. Es de ese «sentido del pasado» de lo que vamos a hablar ahora.

8

Visualizar el relato

Imágenes mentales

Si menciono en este momento el descubrimiento de América, en la mente del lector se formará de inmediato una imagen muy concreta, y creo poder decir exactamente cuál. En ella se ve en primer plano una playa de arena fina con palmeras. Al fondo, en el horizonte, están fondeadas la nao Santa María y las carabelas. En un plano intermedio, Colón, vestido con una casaca con hombreras, la melena cana, clava un estandarte en la arena. Un grupo de indios semidesnudos le observan agazapados en la maleza desde los extremos del cuadro. Un sacerdote, junto a Colón en el centro, alza la mano para bendecir.

Esta imagen le parecerá al lector banal de puro obvia. Pero eso es precisamente porque es la única que se nos viene a la cabeza. A todos, la misma. El lector se esforzará inútilmente en traer a la memoria una instantánea distinta de este episodio. Y eso que contamos con un relato muy variado en el diario de Colón. Sin embargo, ninguna de esas otras estampas se ha abierto paso en el imaginario colectivo.[1] De hecho, ese texto no es la base a partir de la que se ha construido nuestra imagen sino un cliché visual, similar a un topos literario, que se repite con frecuencia en las representaciones de descubrimientos de nuevas tierras y navegaciones. Pero lo que nos interesa aquí no es tanto esto como el hecho de que, aparte de este convencionalismo del navegante que desembarca en una playa, todos los detalles de la composición son también uniformes en la memoria colectiva. Por ejemplo: no había ningún sacerdote en el primer viaje de Colón. En nuestra imagen arquetípica, sin embargo, es un personaje fundamental. Tampoco Colón era entonces un hombre mayor de pelo cano sino que todavía era bastante joven. ¿Por qué, entonces, lo imaginamos todos así? ¿De dónde sale todo esto?

Ese «falso recuerdo» tiene una fecha de nacimiento muy precisa, 1862, y procede de un cuadro en concreto. De uno solo. Lo pintó el artista burgalés Dióscoro Teófilo de la Puebla Tolín para la Exposición Nacional de aquel año. A largo de los siglos había habido algunas otras representaciones de Colón, y, como decíamos, esta forma de presentar a un descubridor era uno de los clichés de la época del grabado y el dibujo; pero ninguna había logrado hacerse lo suficientemente popular. Así lo reconocieron los críticos del momento, que se quejaban de esta carencia, a pesar de los recientes intentos de Brugada (1850) y Espalter (1853), que se habían fijado en otros aspectos diferentes sin lograr captar la atención del público. Ese honor le correspondió a De la Puebla. «Cuando el extranjero llegue a nuestras puertas y pregunte por el recuerdo que España ha dedicado a la memoria de quien le trajo un mundo, diremos: ¡Ese!», escribió un visitante a la exposición de 1862.[2] Desde entonces, decenas de millones de personas han estado expuestos a la composición de De la Puebla en reproducciones gráficas de todo tipo, en el original o con algunas variantes menores, como postales, sellos o portadas de libros de historia de América. De manera crucial, sirvió de modelo para las películas históricas que se rodaron acerca del descubrimiento, sobre todo *Alba de América,* de Juan de Orduña, que lo tradujo y fijó para el lenguaje cinematográfico de un modo que se mantiene intacto hasta las versiones más recientes, como *1492: La conquista del paraíso* o *Cristóbal Colón: el descubrimiento.* Esto ha hecho que se grabe todavía con más fuerza en la imaginación colectiva a través de innumerables repeticiones, recreaciones, parodias y citas visuales; no ya en España, sino en todo el mundo.

Esta es la clase de imágenes con las que se nutre nuestra fantasía acerca del pasado. Constituyen el último paso en la construcción del mito histórico: su visualización. Atesoramos todo un arsenal de instantáneas mentales, muy vívidas, de cuadros y estampas, una especie de pasado implantado en nuestra memoria, y que es en gran parte

FIGURA 10. Una imagen mental: *Primer desembarco de Cristóbal Colón* de Dióscoro de la Puebla, 1862.

ficticio o distorsionado. Imaginamos a Isabel la Católica presidiendo la rendición de Granada, aunque no estuvo presente. Visualizamos la rendición de Breda como la pintó Velázquez, como un intercambio caballeroso de llaves en un entorno erizado de lanzas (no hubo tal ceremonia ni había lanzas). Rememoramos al Cid tomando juramento al rey en Santa Gadea de Burgos (tampoco ocurrió). Siempre «recordamos» a Colón con la misma casaca, a Jaime I con el mismo casco ficticio que no existía en su tiempo. Tenemos la vaga idea de que Viriato fue asesinado mientras dormía únicamente porque en el cuadro de Madrazo yace en el lecho, cuando ninguna fuente dice que fuese así (Madrazo en realidad reutilizó un cuadro a medio hacer sobre otro tema). «Vemos» a Torrijos morir en la playa mirando de frente a sus ejecutores, a pesar de que murió con los ojos vendados; a Don Pelayo enarbolando la Cruz de la Victoria, un símbolo que no existió hasta siglos más tarde.

Todas esas fantasías incontables que atiborran nuestra mente cuando pensamos en la historia son un producto artificial, el resultado exitoso de una campaña consciente para crear un pasado de apariencia real. Son el equivalente a las falsas frases célebres y anécdotas inventadas que hemos visto ya. Y se crearon de hecho al mismo tiempo, como una apoyatura para estas.

Relatos ilustrados

La mayor parte de esas imágenes mentales tan concretas proceden de un mismo lugar. Para muchos seguramente resultará inesperado. Se trata de la pintura de historia del siglo XIX, un género que estuvo muy en boga durante algunas décadas hasta que, hacia finales de siglo, cayó en el descrédito y desapareció casi por completo. Mientras vivió su momento dorado, sin embargo, se entregaron a él docenas de pintores ilustres. Estos eran los Madrazo, Pradilla, Gisbert, Casado de Alisal, Rosales y tantos otros que hoy son conocidos por el gran público solo a través del callejero de las ciudades (una señal clara de obsolescencia). Y sin embargo, podría decirse que, aparte de los grandes maestros como Goya y Velázquez, estos artistas han logrado perdurar más en el imaginario colectivo de la sociedad que los de cualquier otra generación, aunque no seamos demasiado conscientes de ello. Basta hojear un libro de reproducciones de pintura de historia para comprender que, como en un *déjà vu*, casi todas nos resultan familiares. Aunque no conozcamos los nombres de los cuadros, o incluso creamos no haberlos visto nunca, nos han acompañado toda la vida, en soportes menores como cajas de cerillas, posavasos, billetes, litografías... y desde luego ilustrando libros, sobre todo libros de texto.

La creación de este depósito de imágenes, que abarca desde la prehistoria hasta finales del siglo XIX, es toda una proeza cultural que se resolvió en apenas dos generaciones, en un esfuerzo deliberado por «visualizar la historia» para fijarla de manera definitiva. Igual que en el caso de la canonización de la historia escrita, se trató de una empresa pública, financiada desde las instituciones, parte de un programa de «nacionalización de las masas».[3] De hecho, la mayor parte de estos cuadros se encuentran todavía medio olvidados en las salas de diputaciones provinciales, ayuntamientos y ministerios (el de De la Puebla sobre Colón está en el Ayuntamiento de A Coruña).

Muchos fueron encargados directamente para ese propósito, de ahí su tamaño a veces descomunal, y de ahí también lo rentable que resultaba para los pintores dedicarse a este género, seguramente el mejor pagado en toda la historia del arte español. Los que hablan de la cultura subvencionada encontrarían aquí uno de los ejemplos más clamorosos.[4]

El principal centro de difusión de este arte institucional era la Academia de Bellas Artes, que lo promovía por medio de sus concursos anuales con premios en metálico, las llamadas Exposiciones Nacionales. Ganar uno de estos concursos era el sueño de todo pintor de la época, porque la Desamortización había puesto fin al mecenazgo de la Iglesia. El cambio brusco del gusto puede observarse siguiendo el palmarés: en la primera Exposición Nacional de 1858 había todavía quince pinturas religiosas frente a dieciocho cuadros de historia, pero estos se llevaron todas las medallas.[5] A partir de mediados del XIX ya se privilegiaba la pintura de historia sobre cualquier otro asunto, como queda claro en la dotación de los galardones (noventa mil reales frente a los diecisiete mil que se otorgaban al mejor cuadro de paisajes). De todos esos cuadros de historia que se colgaron en las Exposiciones Nacionales entre 1855 y 1867, el Estado adquirió la mitad.[6]

Los encargos de temas concretos, así como las bases de los concursos de tema fijo de la Academia de Bellas Artes, nos permiten conocer con exactitud qué historia en concreto se quería promover. No hay aquí ninguna sorpresa: Don Pelayo, Fernando III el Santo, los comuneros, los Reyes Católicos...[7] En el concurso de 1802 el asunto era «Numancia», que permanecería luego como tema fijo a lo largo de los años. En 1805 se propone «El recibimiento de Elcano por Carlos V» y en 1808, «El Gran Capitán».[8] Pero incluso cuando no hay temas fijos, los motivos son recurrentes: en 1881, 1884 y 1890, por ejemplo, hubo sucesivamente tres Viriatos (el de Oliva y Rodrigo, el de Barrón y el de Villegas).[9] La batalla de Covadonga, sin embargo, es un caso curioso. A pesar de la importancia que se le daba a este asunto en concreto, solo se premió una obra en una ocasión: la de Luis de Madrazo, que ganó la medalla de oro en 1856. Pero hay una explicación: en el jurado de las Exposiciones Nacionales se sentaban el padre y dos tíos del pintor, empeñados en que su *Don Pelayo en Covadonga* se convirtiese en la única imagen reconocible de un hecho histórico tan importante. Hasta 1871 nadie se atrevió a desafiar a la poderosa familia de artistas.[10]

En realidad, los motivos eran los mismos porque se inspiraban en los mismos libros. La inspiración no era visual sino literaria. Los cuadros de historia querían ser, y eran, simples traducciones al lenguaje plástico de las «verdades» contenidas en los libros de historia. En un reducidísimo número de ellos, por supuesto. Dos, en realidad: los inevitables padre Mariana y Modesto Lafuente, que están en la base de una abrumadora mayoría de las producciones de la pintura de historia. En el padre Mariana están directamente documentados, por ejemplo, cuadros como *La toma de la ciudad de Córdoba por san Fernando*, de García Ibáñez; *Episodio del reinado de Enrique III de Castilla*, de Fierros Álvarez; o *Doña María de Molina amparando al infante don Juan*, de Borrás y Mompó. Transcripciones literales de Lafuente son: *Los comuneros Padilla, Bravo y Maldonado en el patíbulo*, de Gisbert; *Doña María Pacheco recibiendo noticias de la muerte de su marido, don Juan de Padilla* y *El príncipe Carlos y el duque de Alba*, de Uría y Uría; *Prisión del príncipe Don Carlos de Austria*, de Oñate Ariño; *Toma de Loja por don Fernando el Católico*, de Eusebio Valldeperas; *La jura de Santa Gadea*, de Hiráldez Acosta; *Doña Juana la Loca*, de Pradilla... La lista sería interminable.[11]

A veces hay variantes, pero son pocas. *Isabel la Católica cede sus joyas*, de Muñoz Degrain, sale de la *Historia General de España* de Zamora Caballero, que es quien inventa este episodio completamente ficticio de la venta de las joyas para pagar la expedición de Colón que luego ha tenido tanto éxito popular. El resto de los pasajes de la vida de Colón se toman de Washington Irving, cuya biografía del navegante «inventó» el Colón visionario y rebelde frente al sistema.[12] Este Colón, que poco o nada tiene que ver con la realidad, ha entrado con fuerza en la memoria colectiva, en parte gracias a cuadros como *Colón pidiendo hospitalidad en el monasterio de La Rábida*, de Mercadé y Fábregas; *Cristóbal Colón partiendo en secreto de Lisboa*, de Masó; y *Colón conducido a España con grillos y esposas a las órdenes del capitán Villejo*, de Jover Casanova.

Lógicamente, esta dependencia tan estrecha entre la pintura de historia y unos pocos historiadores no hizo sino acentuar todavía más el sesgo que ya se encontraba en estos. Si la historia del padre Mariana y la de Modesto Lafuente ya habían simplificado y rectificado el pasado (a su vez simplificado y rectificado previamente), la pintura de historia dio otra vuelta de tuerca al proceso, pero siguiendo las mismas reglas. Porque esos cuadros no solo se parecían en sus temáticas y sus fuentes de inspiración. También se asemejaban en aspectos puramente formales, como el encuadre, el punto focal, la disposición de personajes, la perspectiva utilizada y el momento exacto del hecho histórico que se refleja en el cuadro.

Carlos Reyero, que ha estudiado a fondo esta pintura, llama nuestra atención sobre esos personajes que se repiten sistemáticamente en todos los cuadros. Está el escribano que toma nota de algo en un segundo plano, y que funciona como el equivalente del falso testigo ocular que ya hemos visto en la construcción de la historia escrita. Está, de manera recurrente, el fraile o sacerdote, incluso cuando al pintor le consta que no había ninguno, como en el que pintó Dióscoro de la Puebla en su «descubrimiento de América». Como en la narración histórica, en su versión visual los hechos se presentan de una misma manera: «Doña Elvira y doña Sol yacen siempre maltrechas; del Guzmán el Bueno de Utrera al de Martínez Cubells no hay ninguna diferencia iconográfica sustancial; en los cuadros del Compromiso de Caspe solo varía el punto de vista». Incluso el instante elegido y la composición se repiten lienzo tras lienzo: la rendición, los últimos momentos del monarca, el recibimiento a alguien que llega... Reyero señala también cómo, para hacerlos reconocibles, los personajes se vuelven estáticos. Son como los atributos de los santos, una nomenclatura que permite reconocerles. Por eso Jaime I el Conquistador lleva siempre su casco en la cabeza, no importa qué es lo que esté haciendo; Isabel la Católica luce en casi todas sus representaciones su velo transparente; Juana la Loca está siempre de luto; Felipe II lleva constantemente el mismo sombrero y Colón, como hemos dicho, viste el mismo abrigo, ya sea a su salida de Palos, en América, en Barcelona o hasta cuando está en la cárcel muchos años después.[13] Son como personajes de teatro, fantoches de un guiñol, iconos que tienen que ser reconocibles a simple vista porque no *son* sino que *representan*.

Falsos recuerdos

Sin embargo, aunque el imaginario estuviese ya fijado por los libros de Lafuente y el padre Mariana, existían recovecos y detalles del discurso que todavía quedaban por decidir, y por los que los artistas luchaban por medio de sus telas.

En la pintura de historia la elección del asunto era ya una toma de posición. Como ya hemos dicho, las representaciones de Isabel la Católica que proliferaron bajo Isabel II no eran inocentes. Las dos reinas habían llegado al trono mediante una dudosa interpretación del derecho dinástico y la coincidencia del nombre daba la posibili-

Figura 11. *Isabel II visita un hospital*; de Eusebio Valldeperas. La escena, en apariencia realista, recrea un episodio de la vida de Isabel la Católica.

dad de legitimar a la segunda Isabel a través de la primera. A veces, esto se hacía sin demasiada sutileza, como en la tela alegórica de Vicente López en la que la primera Isabel lleva de la mano a la segunda Isabel, niña (*Isabel la Católica guiando a Isabel II al templo de la Gloria,* 1833). O cuando se encargó un cuadro de Isabel II visitando un hospital que era prácticamente idéntico a otro de Isabel I visitando a los heridos de Loja.[14] Es la posición delicada de Isabel II la que explica, por ejemplo, la recurrencia del tema del «testamento», en el que un monarca (generalmente Jaime I, Felipe II o la propia Isabel la Católica) legitima a su hijo a la hora de su muerte. Todo el mundo sabía que Isabel debía el trono a un discutido cambio de testamento de su padre, y estos cuadros servían para grabar en la mente del pueblo que eso era una tradición perfectamente válida y con precedentes ilustres.[15] La insólita abundancia de cuadros acerca de una figura secundaria como María de Molina, por ejemplo, se explica igualmente por la necesidad de apoyar, tras la muerte de Alfonso XII, a la impopular regente María Cristina.

Otras veces eran los pintores quienes intentaban imponerles una determinada visión del pasado a los gobernantes. Es la razón de la llamativa profusión de cuadros sobre juramentos, acuerdos y concilios en el arte histórico español. Era la manera que tenían los artistas liberales de resaltar el ideal de la voluntad popular. Pero incluso en esos casos el enfoque podía ser muy distinto. Mientras que en su *Jura de Fernando IV en Valladolid*, el demócrata Gisbert eliminaba de la composición a los religiosos (y se inventaba de paso que las Cortes tomaron juramento a Fernando IV, lo cual no era cierto), el conservador Dióscoro de la Puebla centraba su *Compromiso de Caspe,* no en Fernando el Católico, sino en san Vicente Ferrer. El santo era en aquel tiempo un religioso sin apenas importancia y su participación en los hechos fue muy menor. Introducirlo en el cuadro, sin embargo, proporcionaba un marchamo católico a lo que se entendía como un hito en la unidad de España.

Estas reelaboraciones del pasado podían llegar a ser mucho más drásticas. Para reforzar el mensaje católico, Madrazo pone al obispo Urbano en el centro de la composición de su cuadro sobre Covadonga. Por la misma razón, Marceliano Santa María sustituye el pendón de Castilla por la cruz en su batalla de Las Navas de Tolosa.[16]

FIGURA 12. Recuerdos construidos: la rendición de Bailén tuvo lugar en Andújar, fue escasamente ceremoniosa y en ella no estaban presentes muchos de los personajes del famoso cuadro de Casado de Alisal.

Y cuando el Congreso de los Diputados encargó al conservador Casado de Alisal un cuadro de tema claramente liberal, como eran las Cortes de 1812, Casado logró darle la vuelta al encargo al centrarse, no en las deliberaciones o en la proclamación del texto constitucional, sino en la más bien irrelevante jura que tuvo lugar en una iglesia antes del inicio de las sesiones. De este modo, pudo llenar la escena de religiosos e insinuar la preeminencia de la Iglesia sobre las Cortes. Los progresistas armaron un escándalo. No muchos años después, sin embargo, un republicano como Castelar elogiaba ya la tela sin ambages, lo que muestra la fuerza evocadora que adquirían estas pinturas. Una vez puestas en circulación, se convertían en «la realidad». De hecho, todavía hoy ese cuadro manipulado de Casado se reproduce a menudo para ilustrar la historia de la democracia en España y es nuestra imagen mental de aquellas Cortes.

La pintura de historia permitía algo más: no ya dar vida y validar o modificar algunos episodios del pasado, sino incluso crear otros enteramente, o casi enteramente, ficticios. El mismo Casado de Alisal se dedicó a reinventar en clave conservadora la guerra de la Independencia. A él se debe el famoso cuadro sobre *La rendición de Bailén*, que ha quedado, sin lugar a dudas, como una de las estampas emblemáticas del conflicto. Esto era justo lo que pretendía Casado, que de este modo sustituía la imagen de una guerra popular y desordenada por el que era, prácticamente, el único éxito del ejército regular en la contienda. La cita expresa de *La rendición de Breda* buscaba reforzar, de paso, la idea de continuidad con el pasado y la tradición militar. De hecho, una de las críticas que se le hicieron a Casado fue que, al cambiar de lado a vencedores y vencidos, los espectadores familiarizados con el cuadro de Velázquez podían pensar que los españoles habían perdido. Esto nos muestra hasta qué punto las imágenes condicionaban la forma en que se leían las que llegaban después.

Lo más curioso, y es algo que se escapa a la mayor parte de los espectadores de *La rendición de Bailén*, es que la escena tal y como aparece reflejada en el cuadro no sucedió nunca. Dejando aparte que, como se criticó en su momento, Castaños fuese entonces mucho más joven de lo que aparenta en esta obra, el hecho es que no hubo rendición en Bailén. Todo lo más, existe constancia de una breve y escasamente solemne ceremonia en Andújar, y algunos de los personajes que están en el cuadro ni siquiera participaron en ella. Es el caso del general Teodoro Reding, que vemos detrás del general Castaños y con las manos en la espalda, y también el del marqués de Coupigny, en el lado español. El general francés Gobert, que aparece en primer plano vestido de húsar, no solo no estuvo presente en la rendición sino que no lo había estado ni siquiera en la batalla (para entonces, llevaba varios días muerto).[17]

Un caso todavía más interesante, porque cubre casi un siglo de evolución de una imagen histórica a través de la pintura y más tarde de las reproducciones en libros de texto, lo tenemos en las representaciones de la rendición de Granada. Como hemos visto, la importancia relativa de Isabel I y Fernando de Aragón fue en el pasado reciente un asunto bastante polémico, y esa polémica es bien visible en la siguiente secuencia de representaciones plásticas.[18]

Bastarán tres ejemplos. Un cronista casi contemporáneo, Jerónimo Zurita, nos ha dejado un relato bastante preciso de la rendición de Granada, en el que el protagonista es el rey Fernando I de Aragón. De hecho, apenas menciona a la reina Isabel la Católica, el personaje con el que se asocia ese episodio en la imaginación popular.

FIGURAS 13, 14 y 15. Cambiar el pasado con imágenes: de arriba hacia abajo, *La rendición de Granada* de Francisco Pradilla, 1882; versión modificada en un manual de 1939 y en otro de 1950.

Esto era esperable, porque Zurita era aragonés, pero también porque la reina Isabel no asistió a la rendición de Granada. Sin embargo, para cuando Francisco Pradilla pintó su famoso lienzo basado en ese relato, no podía por menos que incluirla en el cuadro, entre otras cosas porque se trataba de un encargo directo del Senado. Aun así, Fernando está claramente en el centro del cuadro de Pradilla (después de todo, también era aragonés). De hecho, si uno se fija bien, es a Fernando, y no a Isabel, a quien Boabdil entrega las llaves de la ciudad, lo cual tampoco es históricamente correcto, puesto que se las entregó al conde de Tendilla.

Esta interpretación de un hecho tan emblemático no pasó desapercibida en Madrid, donde no gustó demasiado. Pero los autores de manuales escolares tendrán la oportunidad de corregirlo en las décadas siguientes. En un manual de 1939 podemos ver que la colocación de los reyes ha cambiado: ahora es Isabel la que está en primer plano por delante de Fernando y es a ella a quien Boabdil entrega las llaves. En 1950, Fernando ha desaparecido por completo y ya solo figura Isabel.[19]

La pervivencia de un imaginario

Estas escaramuzas revelan hasta qué punto era importante el canon visual de la historia. Como el canon escrito, quedó también fijado a finales del siglo XIX en lo fundamental.

¿Qué influencia pueden tener hoy en día, después de tantos años, esta clase de construcciones mentales? Hemos hablado de la brusca desaparición de esta pintura de historia a finales del siglo XIX. Pero esa decadencia repentina es engañosa. Se debió exclusivamente a cambios en el mercado del arte y las modas estéticas, y no supuso el fin de la circulación de estas imágenes. Todo lo contrario, coincidió con el nacimiento de las rotativas y las revistas, el auge de las litografías y la producción en masa de objetos decorativos ilustrados, desde cromos a vitolas de puros, pasando por etiquetas de productos de consumo. En su «hambre de imágenes», esta nueva industria recurrió preferentemente a la pintura de historia, democratizándola mucho más de lo que nunca hubiesen podido imaginar sus creadores. Publicaciones como *La Ilustración Española y Americana* difundían masivamente estos cuadros, ya fuera por medio de reproducciones o ilustraciones basadas en ellos.[20] La llegada del cine, y más tarde de la televisión, no cambiaron esto apenas. Al contrario, el audiovisual se apropió sin mayores problemas de ese arsenal de imágenes para las que, en todo caso, ya no existían alternativas. El caso de *Alba de América* y la iconografía del descubrimiento es tan solo uno de tantos ejemplos. Para los directores artísticos del cine del siglo XX, documentarse era precisamente inspirarse en estos cuadros de historia, lo que vino a confirmarlos y legitimarlos aún más.

Vivimos todavía con esas imágenes, y es difícil imaginar que vayan a desaparecer algún día. Basta observar la perfecta continuidad entre la Juana la Loca que vemos en otro de los cuadros famosos de Pradilla y el personaje que interpreta Aurora Bautista en el filme de Juan de Orduña de 1948. Y la continuidad de aquellas con la Juana que interpreta Pilar López de Ayala en la posterior película de Vicente Aranda de 2001. Ese largo linaje de imágenes se corresponde con la repetición exacta del mismo relato histórico sobre la locura de la reina tal y como lo imaginó Modesto Lafuente, con muy ligeras variaciones, propias del comentario de costumbres de cada época: en el filme de Orduña, Juana está enamorada; en el de Aranda es una celosa patológica.

Escenas que tienen un origen literario se han convertido así en testimonios del pasado y se transforman en documentos.

9

Alegorías y malentendidos

Visto y no visto

Merece la pena profundizar un poco más en esta cuestión de la imagen y el pasado, aunque desde otro punto de vista. Cierto, la pintura de historia es una construcción, una recreación aproximada. Nunca pretendió ser otra cosa. Puede que haya inundado nuestra imaginación, que sea difícil desprenderse de ella, pero ¿no disponemos en todo caso de la pintura antigua propiamente dicha, la de Goya para el siglo XVIII y XIX, la de Velázquez para el XVII, las vitrinas medievales, las miniaturas, la estatuaria grecorromana? ¿Por qué no inspirarse en ese arte «auténtico» para recuperar un pasado más real? Eso es lo que piensan muchos directores artísticos del cine o la televisión, que reproducen, a veces con una fidelidad maniática, las ilustraciones que se conservan del pasado.

Es otro espejismo. La documentación por medio de material gráfico antiguo (cuadros, grabados, dibujos) no es mala idea, pero plantea problemas parecidos a los de los textos escritos. Mayores incluso, al tratarse de una forma de expresión todavía más subjetiva. Los ejemplos de manipulación y falsificación de la realidad con los que nos enfrentamos cada día en la prensa, la televisión o internet deberían habernos hecho más escépticos respecto al valor de prueba de las imágenes de cualquier época, pero curiosamente es al contrario. Cada vez creemos *más* en ellas. Lo que es todavía más llamativo: las seguimos empleando incluso cuando sabemos que son falsas, y lo hacemos por los mismos motivos por los cuales seguimos aceptando como válidos muchos textos del pasado: su fuerza evocadora y el lugar que la tradición les ha asignado en nuestro imaginario colectivo.

Lo que se llamó en su momento «fotografía documental» se nos revela hoy como una construcción ficticia, comenzando por lo que durante décadas se presentó como el primer ejemplo de documentación gráfica de un conflicto, las instantáneas realizadas en los campos de batalla de la guerra de Secesión Americana, y han resultado ser puestas en escena en las que soldados vivos se hacen los muertos para la cámara. El célebre mendigo de Rejlander, que llegó a simbolizar la miseria victoriana, es un niño de clase media al que el fotógrafo vistió con harapos y embadurnó de hollín la cara.[1] La fotografía de la toma de Porta Pia en Roma que se reproduce en todas las historias de Italia es en realidad una reconstrucción realizada al día siguiente; y la aún más famosa instantánea del izado de la bandera soviética sobre el Reichstag de Berlín el dos de mayo de 1945 se tomó varios días después (al fondo pueden verse los vehículos del ejército soviético aparcados ordenadamente).[2] Los ejemplos serían innumerables. Lo interesante para nosotros, sin embargo, es que todas esas imágenes trucadas no han podido ser desplazadas del imaginario oficial de esas épocas y siguen reproduciéndose sin mayores cautelas. La falta de alternativas de una fuerza expresiva similar las hacen insustituibles.

Y no es solo la falta de alternativas. Nos resulta insufrible la idea de que gran parte de nuestro imaginario consista en reconstrucciones y falsificaciones, con mejor o peor intención. Es más, transformamos las imágenes en ideas, en ideología. Es lo que sucede en España con la polémica fotografía del *Miliciano* de Capa: la cuestión de si se trata de una imagen genuina o no se transforma extrañamente en un debate sobre la legitimidad de la causa republicana. En la conciencia colectiva, ambas han quedado ligadas de forma arbitraria. Mientras tanto, pasa desapercibida la paradoja de que las puestas en escena, los retoques y la descontextualización de las imágenes son algo generalizado en el material gráfico de la Guerra Civil, como lo son en el resto de los casos. Y es lógico que sea así. La facilidad actual para tomar instantáneas en cualquier momento con nuestros teléfonos móviles nos hace olvidar las dificultades técnicas que limitaban a los fotógrafos y camarógrafos de hace tan solo sesenta años, y que llevaban a que muchas instantáneas o filmaciones tuviesen que ser preparadas. Otras veces somos nosotros quienes utilizamos material de stock para ilustrar episodios importantes de los que no hay suficientes imágenes, como sucede con frecuencia con los combates aéreos o los bombardeos, material genérico que con el tiempo acaba asumiéndose como auténtico. En otras ocasiones se trata simplemente de una cuestión de estética, del deseo de conformarse a nuestras expectativas, como las fotografías de Franco y Hitler en Hendaya, manipuladas por la agencia EFE para que el dictador no saliese con los ojos cerrados, o como en el caso menos banal de esa otra gran fotografía clásica de la Guerra Civil, *Los caballos* de Agustí Centelles. Por una parte, es una reconstrucción preparada por el fotógrafo para causar más impacto, como debería ser obvio por la hermosa construcción de planos.[3] Por otra, se la suele recortar para evitar a un personaje que aparece a la izquierda del plano y que delata que se trata de un posado.

El caso es que, una vez más, y como sucede con las «falsas anécdotas», se da la ironía de que son justamente las fotografías «preparadas» las que tienen más posibilidades de ascender al panteón de la memoria colectiva, precisamente porque incluyen un elemento de construcción que las hace más asumibles para nuestros criterios estéticos.

FIGURA 16. Edición de la memoria: *a la izquierda*, la famosa fotografía de Agustí Centelles tal y como se reproduce siempre, recortada. *A la derecha*, la fotografía original. La pose acartonada del hombre con la pistola delata que la fotografía es una reconstrucción para la cámara, por eso acostumbra a eliminarse.

«Yo lo vi»

Pero con los testimonios gráficos se da otro fenómeno aún más curioso, y es que, aun cuando somos conscientes de que no podemos confiar del todo en las imágenes de nuestro tiempo, tendemos a creer más en las que fueron creadas hace siglos. De hecho, creemos en ellas más aún que en las actuales, a causa de una de las paradojas de las fuentes históricas: cuanta menos información tengamos para contrastar la validez de un documento, más inclinados estaremos a aceptar su veracidad. Como escribió el historiador John Vincent, no sin ironía, nada otorga más credibilidad a una fuente que el hecho de que sea la única existente.[4]

Tomemos el cuadro *La rendición de Breda* de Velázquez, también conocido como *Las lanzas*. Puesto que es contemporáneo de los hechos y el pintor tuvo acceso a testimonios directos, es fácil caer en la tentación de considerarlo una ilustración realista de lo que ocurrió. De hecho, se ha utilizado para estudiar la indumentaria y el armamento de los tercios de Flandes. En una película reciente (*Alatriste*, 2006) se hace una cita literal del lienzo, reconstruyéndolo cuidadosamente, en parte como guiño al espectador, pero también, de una manera ambigua, como una introducción de un elemento de «verdad» en el relato.

Sin embargo, en tiempos de Velázquez, esas lanzas que dan título al cuadro y que dominan la composición habían desaparecido de los campos de batalla hacía ya muchos años. A pesar de la conocida expresión popular acerca de «poner una pica en Flandes», la picas habían sido sustituidas tiempo atrás por los arcabuces. Velázquez pinta lanzas únicamente porque esta era un arma de caballero, menos moderna y por tanto más noble. No es un cuadro documental sino, como tantas obras de apariencia realista en la historia del arte, una alegoría.[5] Es la misma razón por la que aparecen lanzas también en otros cuadros contemporáneos, como *El socorro de Breisach* de Giuseppe Leonardo. Se trata de toda una advertencia para los que creen haber «confirmado» un dato al encontrarlo en más de un cuadro.

Pero *La rendición de Breda* aún nos guarda otra sorpresa más: como sucede con la rendición de Bailén, el hecho que narra no ocurrió nunca. No hubo entrega de la llave de la ciudad ni homenaje caballeroso a los derrotados, porque no hubo derrotados. Ni siquiera hubo batalla. En Breda se llegó a un acuerdo mutuamente favorable según el cual a las tropas holandesas se les dejaba el paso franco a cambio de abandonar la ciudad en manos de las fuerzas imperiales. Según los testimonios de los presentes, Spínola se limitó a contemplar la salida de los defensores sin más ceremonias. Un general que estuvo allí, Carlos Coloma, describió con sorpresa el contraste entre las tropas holandesas, aseadas y bien vestidas, y la «miseria y desnudez» de las fuerzas imperiales, exactamente lo contrario de lo que refleja la tela velazqueña.[6]

Sabemos que circularon críticas por la decisión de Spínola de no luchar y es muy posible que el cuadro de Velázquez, encargo directo de la Corte, no fuese más que un intento propagandístico de reescribir el episodio y convertir así en un acto de generosidad lo

FIGURA 17. Realismo engañoso: *La rendición de Breda* o *Las lanzas*, de Diego Velázquez (1635). Las lanzas no se usaban en la época y la rendición no existió en realidad.

FIGURA 18 y 19. ¿Testigos oculares?: *arriba*, *Los fusilamientos de la Moncloa*, de Goya (1814); *abajo*, la estampa *Tres de Mayo*, de Juan Carrafa, publicada años antes. Nótese el detalle del fusilamiento en el centro, en un segundo plano.

que algunos empezaban a insinuar que rozaba la cobardía y la traición. Desde luego, Velázquez no debió considerarlo un trabajo importante porque se inspiró sin más en un grabado de Jacques Callot. También Calderón recibió el encargo de escribir acerca de esta «gesta» que luego se poetizó como «típicamente española», a pesar de que se trataba de un ejército formado en su totalidad por extranjeros (de hecho, ninguno de los personajes del cuadro es español). Como hará muchos años más tarde el director de *Alatriste*, Calderón da vida al cuadro de Velázquez, inventando un diálogo en el que Spínola le dice a Justino de Nassau:

> Justino, yo las recibo [las llaves] y conozco qué valiente sois: que el valor del vencido hace famoso al que vence.[7]

Como suele ocurrir en estos casos, la necesidad de dar mayor verosimilitud a *La rendición de Breda* hizo surgir la leyenda erudita de que el propio Velázquez había estado presente. Esto carece completamente de base histórica y también sirve de advertencia para tradiciones similares. Es una falsa deducción lógica que se apoya en un argumento circular muy habitual en el discurso histórico: puesto que el cuadro de Velázquez es, supuestamente, tan realista, entonces el pintor *tuvo* que estar presente; y, puesto que el pintor estuvo presente, el cuadro es realista.[8] La misma leyenda ha surgido en el caso de Goya, y por el mismo motivo. También se ha dicho, y se insinúa todavía a veces, que el pintor presenció la carga de los mamelucos en la Puerta del Sol y, desde la distancia, los fusilamientos de la noche del 2 al 3 de mayo. Estas anécdotas no son la causa sino la *consecuencia* de imaginar a Goya como «un reportero de guerra», el equivalente dieciochesco de Robert Capa.

Todo hay que decirlo, el propio Goya ayudó a crear esa leyenda al escribir en algunos de sus grabados de *Los desastres de la guerra* la frase «Yo lo vi». Esa afirmación tan solemne, rotunda y clara coloca a los estudiosos en una situación incómoda. Porque el caso es que sabemos con seguridad que Goya no presenció los episodios de la Puerta del Sol, aunque estaba en Madrid ese día. En su cuadro de *La carga de los mamelucos*, el fondo ni siquiera representa la Puerta del Sol y si se la sitúa en ese escenario es porque los historiadores, ahora, saben que las tropas egipcias de Napoleón cargaron allí. Goya tampoco se acercó hasta la colina de Príncipe Pío la noche de los fusilamientos. Su cuadro sobre ese asunto, lo mismo que el anterior, lo pintó por un motivo prosaico: quería ganar un concurso con premios en metálico. Se ha dado muchas vueltas al asunto de la ideología de Goya (generalmente para intentar absolverle de la acusación de afrancesado) pero de lo que no hay duda es de que la tela de los fusilamientos fue una obra de circunstancias, como tantas grandes obras de la pintura universal. La prueba es que está inspirado literalmente en un grabado que circuló algún tiempo después de los hechos ilustrando unos poemillas propagandísticos, y que Goya sin duda tuvo que conocer.

Todo esto no desmerece la genialidad del pintor (de hecho, *Los fusilamientos de la Moncloa* es posiblemente uno de los cuadros más importantes de la historia del arte) pero sí limita seriamente su valor documental. Lo mismo que Polibio, Goya no era un «reportero de guerra», ni siquiera una persona demasiado bien informada de lo que ocurría a su alrededor. Era un hombre aislado y sordo, un artista genial y original. Tenemos que considerar que su «Yo lo vi» es parte de la ficción de sus grabados, que difícilmente pueden representar escenas a las que el pintor haya asistido.[9] Por las mismas, no podemos tomar sus *Caprichos*, como a menudo se hace, como una documentación de las costumbres de su tiempo. Las torturas de la Inquisición que describe en ellos no existían entonces o no habían existido nunca, son producto de su fantasía. El grabado de la mujer encadenada *Por casarse con quien quiso* no es una denuncia de un hecho real, como a veces se presenta (no está documentado ningún caso semejante) sino que hay que entenderlo en parte como una crítica general a la Inquisición y en parte como un intento de conmover al espectador.[10]

Sin embargo, la capacidad del arte para forjar el imaginario colectivo es extraordinaria. *Duelo a garrotazos*, una de las «pinturas negras» de Goya, es un clásico en este sentido. La estampa de los dos personajes que se enfrentan a palos enterrados hasta las rodillas se ha convertido en el símbolo de «las dos Españas», una idea-fuerza fundamental en el discurso histórico español. El caso es que la obsesión por ver «realismo» en todo el arte español llevó a tomarla por una costumbre popular. Buñuel recreó una variante de la escena en *El perro andaluz* (1929) y Carlos Saura, en *Llanto por un bandido* (1964), la reconstruyó exactamente, con los bandoleros enterrados hasta las rodillas y golpeándose con garrotes. No se le puede culpar, porque para entonces algunos antropólogos extranjeros venían afirmando que se trataba de una tradición típicamente española (Yriarte llegó a identificarla con Galicia, para asombro de los gallegos). En realidad, todo es un gran malentendido. No solo no existe tal tradición sino que los personajes del cuadro de Goya ni siquiera están enterrados. Un estudio fotográfico del cuadro reveló, finalmente, en 2010 que Goya los pintó en medio de la hierba, pero el cuadro sufrió un desperfecto al trasladarlo de la pared a un lienzo.[11]

Solo hay un sentido en el que se puede decir que Goya era un fotógrafo de su tiempo, y es que en él encontramos todos los trucos que emplearían los fotógrafos del siglo XX para manipular las imágenes. En uno de sus lienzos sustituyó la cabeza de Godoy por la de Wellington; cambió el rostro de la *Maja desnuda* por otro (se ve que no coincide bien); cambió al rey de Sicilia, Renato de Anjou, por el rey aragonés Alfonso V en su *San Bernardino de Siena predicando ante el rey Alfonso V*… Goya, como todos los pintores, reescribía la historia al contarla o recordarla. Stalin no inventó la manipulación de las imágenes. Tampoco Goya, por supuesto. Es algo consustancial a la idea de ilustración. Velázquez borró a Olivares del retrato del príncipe Baltasar Carlos, en el que aparecía en un segundo plano, cuando cayó en desgracia.[12] Tiziano cambió la fisonomía de Carlos V, que conocemos por las cartas de los embajadores, que lo consideran casi monstruoso; el retrato de Colón que nos mira desde tantos libros, como la mayor parte de los retratos del pasado, es imaginario (nadie sabe cómo era el almirante); el recurrente cuadro de Pedro Berruguete que ilustra un auto de fe y que se ha convertido en la representación convencional de la Inquisición, refleja en realidad una conversión de herejes albigenses en Francia doscientos años antes…

El imaginario es realmente imaginario

En definitiva, las imágenes antiguas que nos rodean no son una ventana al pasado. A menudo son un obstáculo para conocerlo. Son una elaboración. Pero creemos en ellas, y esto provoca la distorsión y el malentendido. Es algo común a todas las historiografías. Las figuras de las vasijas griegas nos han transmitido la impresión de que en la Antigüedad los hombres llevaban con frecuencia el torso desnudo, y así siguen apareciendo en nuestras recreaciones cinematográficas, cuando más bien se trataba de escenas de carácter deportivo o ritual. Las cabezas descubiertas son una mala comprensión de la estatuaria griega y romana (en la Antigüedad todo el mundo llevaba algún tipo de gorro). El saludo romano no era un saludo sino un gesto que solo realizaba el emperador y, en circunstancias muy excepcionales, un general. Los especialistas creen ahora que las plumas para escribir eran solo tallos, la pluma gigantesca de oca

Figura 20. ¿Soldados o civiles?: la iconografía tardía presenta a los conquistadores españoles vestidos anacrónicamente con armaduras.

que vemos en los cuadros antiguos procede de la iconografía barroca de san Jerónimo y es metafórica (como la pluma de un ángel).[13]

No se trata de falta de documentación. A veces es el exceso de celo en la documentación el que nos engaña, porque la documentación es a su vez una construcción. Las detalladas ilustraciones de la *Enciclopedia* francesa, que producen una sensación tan vívida de realismo, por ejemplo, no fueron copiadas del natural sino de una serie de fuentes intermedias, lo que les resta valor documental.[14] No es tampoco una cuestión de falta de rigor. El problema es que a veces es el rigor precisamente el que conduce al error. Un director artístico de las primeras óperas wagnerianas se documentó en un museo en Dinamarca donde había un casco que parecía tener cuernos (no los tenía) y de ahí nació nuestra imagen de los vikingos. La que nos hemos formado de los conquistadores (Cortés, Cabeza de Vaca) con armaduras y cascos procede de los grabados y dibujos de cien años después, cuando ya no se recordaba que no habían sido soldados sino simples aventureros.[15]

El método científico aplicado a la historia no es una garantía, nunca lo ha sido ni lo será en el futuro. Incluso los hoy tan denostados pintores de historia del XIX eran, contra lo que suele pensarse, enormemente escrupulosos a la hora de documentar sus obras, a veces hasta caer en un perfeccionismo maniático. Pero los críticos contemporáneos también estaban muy atentos a los detalles. En el *Padilla, Bravo y Maldonado en el patíbulo* de Gisbert se criticó que fuesen vestidos ricamente, que los frailes sean dominicos (eran franciscanos) o que el cielo se viese azul (las crónicas dicen que llovía ese día). Para ahorrarse esa clase de comentarios, los pintores consultaban libros, visitaban colecciones particulares, copiaban ropas en los museos y viajaban a los escenarios de sus telas para inspirarse. Algunos incluso investigaban en los archivos en busca de testimonios oculares y se asesoraban con los expertos de la época. Siempre inseguros respecto a la correcta representación del pasado, recurrían como modelos a edificios conservados justamente porque pensaban que les ofrecían esas garantías. Desgraciadamente, el resultado era el inescapable anacronismo. El *Concilio IV de Toledo* de Baixeras transcurre en la iglesia románica de Sant Pere de Besalú; *Alfonso X y los sabios de su corte* se reúnen en Santa María la Blanca de Toledo; *Guillén de Vinatea se presenta ante Fernando IV* en un salón del palacio de Mosén Sorell en Valencia; la *Numancia* destruida de Alejo Vera no solo es demasiado grande para lo que habían encontrado ya entonces los arqueólogos, sino que presenta ya sillares romanos, como si el tiempo fuese en dirección contraria. Las ropas y corazas, que Vera copió cuidadosamente de la columna Trajana de Roma, son cuatrocientos años posteriores a los hechos.[16] ¿Y qué decir de las armas y los cascos griegos de los asesinos de Viriato en el cuadro de Madrazo?

Ni siquiera son esos errores donde el anacronismo se manifiesta con más fuerza. Como destaca Reyero, sus movimientos, la posición que adoptan en el cuadro, y hasta sus ceños y sus gestos faciales son inconfundiblemente del siglo XIX, algo que los actores del cine histórico actual tampoco pueden evitar.[17] ¿Cómo se gesticulaba en la Edad Media? Solo sabemos que era necesariamente de una manera diferente a la nuestra. Son demasiadas las cosas que no sabemos, muchas las que no sabremos nunca.

De hecho, en cierto modo, cada vez es *menos* lo que se sabe. Lo mismo que sucede con los textos, las imágenes del pasado que se conservan despiertan cada vez más suspicacias. Erich Schön ha estudiado la historia social del libro a través de las representaciones pictóricas de personas leyendo, pero otros especialistas llaman la atención sobre el hecho de que los retratos de hombres leyendo recostados en la hierba van vestidos demasiado elegantemente y es probable que se trate de alegorías.[18] Philipe Ariès quiso ver en la ausencia de niños en las representaciones medievales una prueba del poco valor que daba a la infancia; ahora se cree que esa ausencia solo nos habla de qué tipo de asuntos se consideraban dignos de ser representados.[19] Muchos historiadores de los animales toman al pie de la letra la presencia de perros y caballos en los cuadros, otros creen que en muchos casos un perro junto a su dueño representa la fidelidad y los caballos son simplemente metáforas del poder (Fernando VII, que apenas montaba, se hacía pintar en posición ecuestre por este motivo).

Si ni los textos ni las imágenes son una garantía, ¿qué nos queda entonces para poder imaginar el pasado? Hay objetos que han sobrevivido, hay edificios, incluso el paisaje es el que era. ¿No nos permite eso «tocar» el pasado? Veremos ahora que la cuestión no es tan sencilla.

10

Ver para creer

El significado de las reliquias

En 1941, gracias a un acuerdo con la Francia colaboracionista del mariscal Pétain, regresaba a la España de Franco la Dama de Elche. La famosa escultura había ido a parar al museo del Louvre apenas dos semanas después de aparecer en un yacimiento de La Alcudia (Alicante) en 1897. Entonces no se le había dado demasiada importancia. Pero a medida que la ciencia arqueológica fue saliendo de su oscuridad en España, y el discurso histórico se hizo cada vez más nacionalista, la falta de esta pieza en concreto se empezó a sentir como una mutilación. La Dama de Elche no solo era una parte importante del patrimonio nacional, era casi lo único que permitía imaginar un tiempo al que los historiadores habían pasado a considerar como el originario de todo lo español: el período de los iberos. La República había intentado recuperarla, sin éxito. Para Franco, que compartía con Pétain una alianza con Hitler, resultó, sin embargo, muy fácil, y se dispuso a sacarle todo el partido posible. A su llegada a España, a la pieza se la recibió con honores militares, en medio de un ceremonial y una pompa reservada a un jefe de Estado. Pronto empezó a aparecer reproducida en todas partes: cajas de cerillas, sellos, billetes de curso legal…[1] Aunque desde hace muchos años su presencia no es tan obsesiva, la Dama apenas ha perdido nada de su carga emotiva y patriótica. Tanto es así que cuando un estudioso extranjero suscitó dudas sobre su autenticidad, no hace muchos años, volvió a producirse una reacción visceral de indignación y orgullo herido.[2]

FIGURAS 21 y 22. El pasado encarnado en un objeto. *Arriba*, Falla de Benlliure en 1929 con la Dama de Elche como motivo; *abajo*, la efigie de la Dama en la emisión de billetes de peseta de 1949.

Este es un ejemplo característico del poder de algunos objetos para forjar el imaginario colectivo. Se trata de un aspecto particularmente interesante de nuestra relación con el pasado porque es tan antiguo o más que la propia historia. Desde la prehistoria se recopilan objetos a los que se confiere un valor especial, y esto claramente tiene algo de atávico, porque ha perdurado a pesar de la invención de muchas otras tecnologías de la memoria. También tiene bastante de mágico, puesto que es el mismo impulso que se encarnó en la obsesión medieval por las reliquias. Subsiste en la actualidad de varias formas, la más extendida de las cuales es el museo. Naturalmente, nos gusta imaginar que los museos son algo muy diferente al culto a las reliquias, una creación enteramente moderna y racional, una forma científica de asomarnos a los siglos pasados. Partimos del supuesto de que lo que conservamos en ellos (hachas de piedra paleolíticas, torques celtas, carrozas del siglo XVIII) son objetos *realmente* valiosos y que no tienen comparación con las extravagancias que se custodiaban en los museos catedralicios, con todas esas plumas de ángeles, espinas de la corona de Cristo y brazos incorruptos de santos. Los antiguos eran crédulos, nosotros somos objetivos.

Se trata de una suposición muy aventurada. El mismo año en que se condujo con honores militares a la Dama de Elche desde la frontera, se hizo otro tanto con la imagen de la Virgen de Covadonga. Esa idea de que reliquias y museos son dos maneras muy diferentes de relacionarse con el pasado malinterpreta tanto lo que son los museos como lo que eran las reliquias, porque cumplen una función parecida. Lejos de constituir una muestra de la superstición medieval, las reliquias eran más bien un síntoma de escepticismo. El mundo medieval era, por lo menos, tan descreído como el actual y requería de una constante estrategia de convencimiento para aceptar las ideologías que se le proponían. Las reliquias servían para demostrar «objetivamente» la realidad del Evangelio y de los milagros de los santos. Eran pruebas, evidencias forenses que acababan sacralizándose a causa de la puesta en escena y la solemnización que las rodeaba.[3]

Ese mismo proceso es observable en el uso que hacemos de los objetos históricos que se recogen en los museos hoy en día y es una prueba del elemento irracional que anida en la historia. Los museos son nuestros altares y nuestras máquinas de recordar. Como la propia historia, sirven para seleccionar aquello que cada época considera que *debe* ser preservado y lo que no; para distinguir lo que es anacrónico y lo que es actual; pero también, lo mismo que el arte, sirven para visualizar el pasado. Más aún, para tocarlo, físicamente. En otras palabras, igual que cualquier otra ideología, la historia necesita de reliquias. Hace falta un «ajuar» que lo ponga en valor: objetos concretos que nos permitan tocar, palpar, para que la ilusión de realidad sea completa. La historia, después de todo, es un *culto*, una creencia basada en grandísima medida en la fe.

Bienes de interés cultural

Volvamos a la fotografía de Pidal y Charlton Heston. La Tizona que empuña don Ramón es, como hemos dicho, una imitación. El original del que se copió se conservaba entonces en el Museo del Ejército, expuesto como la auténtica espada que había empuñado el Cid. A través de ella podemos observar de una manera muy clara esta continuidad entre la reliquia medieval y la pieza de museo moderna.

Decíamos que esa Tizona se copió de la original. Pero ¿era realmente la original? Para empezar digamos que era tan solo una de varias «auténticas espadas del Cid». Otros tres o cuatro ejemplares le disputaron ese título durante muchos años. Pero, como con las anécdotas repetidas, había que elegir una. Las reliquias, al igual que los milagros de los santos, permitían duplicaciones, pero la historia nacional, no. Solo un objeto podía ser el verdadero y se eligió este en concreto, sin más. La elección de una sola espada era una necesidad dictada por el rigor, pero la elección misma no se hizo siguiendo criterio riguroso alguno. Podría haber sido otra, la que se guardaba en Valencia, por ejemplo.

En vez de darle vueltas a cuál de las tres era la auténtica, hubiese sido más fácil decidir cuál era falsa, porque las tres lo son. La elegida, en concreto, tiene una historia francamente sospechosa. Su último

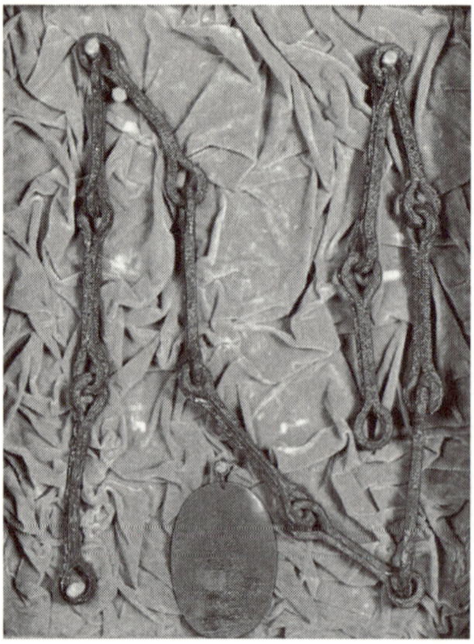

FIGURAS 23 y 24. Reliquias inventadas: las cadenas del rey Sancho, la cruz de los Ángeles.

propietario privado, el marqués de Falces, aseguraba que había llegado a su familia como un regalo del rey Fernando el Católico a uno de sus antepasados en agradecimiento por su mediación en la incorporación de Navarra. Fernando, a su vez, habría recibido la espada por una cadena iniciada por las hijas del Cid, «doña Elvira y doña Sol», casadas con sendos nobles catalanes tras el desgraciado primer matrimonio del que nos habla el *Poema de Mio Cid*. Esta conexión catalana era indispensable para hacer verosímil que la Tizona estuviese en manos de un rey de Aragón y no de uno de Castilla.[4]

El problema, entre otros, es que el Cid no tuvo ninguna hija, sino un hijo. Doña Elvira y doña Sol son una invención del *Poema de Mio Cid* (una de tantas). Todas estas historias familiares, sobre todo las de las familias aristocráticas, suelen ser mistificaciones, y esta no es la excepción.

No haría falta ni siquiera recurrir a ese análisis de la biografía del objeto, ya que la Tizona misma lo dice todo. Por su tipología, su forma, sus adornos y sus dimensiones, estamos claramente ante una manufactura del siglo XVI. Cuando Charlton Heston la empuña en

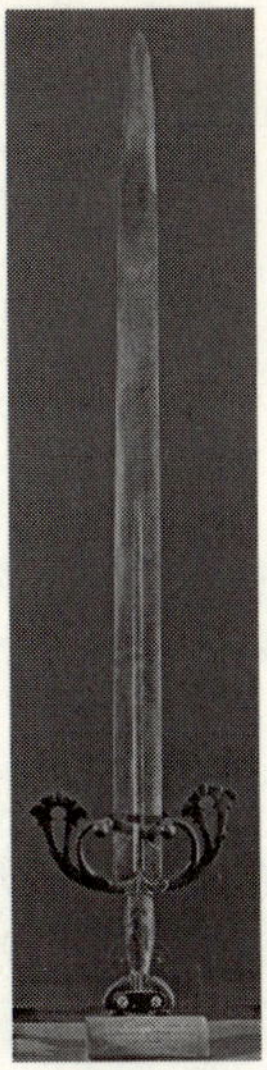

FIGURAS 25. La Tizona del Cid.

la película de Anthony Mann, en medio de otros guerreros que blanden las enormes espadas medievales, el efecto es casi cómico. Pero lo más interesante es que quien falsificó esa Tizona en el siglo XVI lo hizo conscientemente, y con voluntad de crear un objeto histórico. En este caso no estamos, como con tantas otras piezas míticas, ante una espada cualquiera que luego se atribuyó al Cid. El armero que la forjó trató de hacerla creíble. Para ello se inspiró en un ejemplar del siglo anterior al suyo, probablemente porque no conocía ninguna más antigua. Es un ejemplo práctico del «envejecimiento del pasado», que siempre se delata, tanto en la historia como en los objetos, por la enorme dificultad de acertar con el grado de anacronismo.

Hay que reconocerle a Pidal que él la identificó correctamente como una de tantas falsificaciones. Quizá no hemos entendido bien su gesto en la fotografía, cuando se la tiende Charton Heston. Puede que la mire con resignación. Pero el caso es que ni siquiera el dictamen de alguien tan poco sospechoso de querer desmitificar al Cid pudo nada contra la necesidad de poder *tocar* algo físico que nos relacionase con el héroe castellano, así que la espada se siguió exhibiendo como la auténtica Tizona del Cid durante décadas. ¿Por qué se creyó, y se sigue creyendo, que es la verdadera, si es tan obvio que es falsa? La respuesta debe ser ya más que evidente: la historia nacional es una fe que requiere de reliquias. Aunque los especialistas sabían la verdad, nadie expresaba sus dudas en los medios, por las mismas razones por las que los religiosos cultos de la Edad Media no expresaban las suyas sobre los huesos de los santos. Se entendía que esa era la forma, mala pero necesaria, de apuntalar un discurso (religioso en un caso, patriótico en el otro) entre personas que no leían. Cuando, a partir de la década de 1970, la historia nacionalista entró brevemente en crisis, el asunto tampoco se tocó demasiado. Los historiadores, con cierta condescendencia, consideraban que, puesto que el relato épico sobre el Cid y la Reconquista había perdido prestigio, no había necesidad de tomarla con estas inocentes tradiciones. Sobre todo, en la sociedad de la información, los datos decepcionantes, aquellos que no responden a las expectativas del receptor, se transmiten con mayor lentitud y menor eficacia que aquellos que las refuerzan. Una ley de la economía nos dice que «el dinero malo desplaza al bueno»; lo mismo se puede decir respecto a la historia «mala» y la «buena».

En todo caso, la crisis de la historia patriótica fue pasajera. En el cambio de siglo, bajo el gobierno conservador de José María Aznar, se puso en marcha una operación de «renacionalización» del imaginario español que abarcó casi todos los ámbitos, incluido por supuesto el de la historia. Se impulsó la celebración de congresos en clave reivindicativa de la historia tradicional, se alentó la formación de una escuela histórica «revisionista» que encontró mucho eco en los medios de comunicación públicos... Los responsables políticos, por su parte, se encargaron de remarcar la importancia de la historia para forjar un ciudadano más patriota, mientras la Real Academia preparaba informes sobre la «tergiversación» a la que se había visto sometida la asignatura en los sistemas educativos autonómicos. Quizá hubiese algo de premonitorio en el hecho de que el propio presidente Aznar, años antes, se había dejado fotografiar para las páginas de una revista vestido como el Cid.[5]

Fue en este contexto neonacionalista en el que a alguien, en el Ministerio de Cultura, se le ocurrió enrolar en la causa a la vieja Tizona. En diciembre de 2002 se la declaró bien de interés cultural mediante un real decreto. Para ello se preparó el terreno con un informe técnico en el que una universidad española certificó, para asombro de la mayor parte de los especialistas, que la Tizona era auténtica. Según los autores del informe, la hoja «habría sido forjada en el siglo XI».[6]

Pero ¿por qué, si es la auténtica, quinientos años después alguien había sentido la necesidad de grabar en ella textos que pretendían ser antiguos, además de falsificar la empuñadura para que pareciese más vieja? A veces, los informes científicos cumplen la función antaño reservada al milagro: la de autentificar la reliquia con un argumento de autoridad que nadie pueda discutir. Las conclusiones de aquel extraño informe no han podido ser replicadas (es decir, a ningún otro laboratorio le ha vuelto a salir la misma fecha). Sin embargo, al menos otros cuatro estudios sucesivos de expertos independientes, de Patrimonio Nacional, del Museo Arqueológico Nacional y del Museo de Armas de Ginebra, determinaron categóricamente que «no existían datos fiables para identificar esta espada como la auténtica del Cid». Los expertos criticaron duramente que a alguien se le hubiese ocurrido datar la hoja en el siglo XI, y la llevaron al XV, mientras que la empuñadura, como salta a la vista, es del siglo XVII. Otros elementos fueron falsificados tan tarde como el siglo XIX. Su valor quedó tasado en unos seis o siete mil euros.[7]

A pesar de todo esto, en el año 2007 el gobierno autónomo de Castilla y León expresó su deseo de comprar la Tizona para exhibirla como pieza central de las conmemoraciones del octavo centenario del *Poema de Mio Cid*. Se pagó más de un millón y medio de euros por ella. Para justificar la compra, la consejera de Cultura de Castilla y León apeló a «la tradición histórica» como la prueba última de la autenticidad de la espada.[8]

Es, de hecho, dudoso que la fascinación que despiertan las reliquias históricas se vea afectada por su grado de verosimilitud. En el mismo lugar donde se encuentra ahora la Tizona, la catedral de Burgos, se exhibe también el cofre del Cid, el cajón de arena con el que

Rodrigo, supuestamente, engañó a unos judíos de Burgos haciéndoles creer que estaba lleno de oro. Afortunadamente para la reputación del Cid, este episodio no es un hecho histórico sino otra de las ficciones del *Poema de Mio Cid* y se trata claramente de un cuento popular. Que el cofre no es el auténtico resulta a estas alturas obvio para casi todos los burgaleses. La propia catedral, en sus folletos explicativos, se muestra escéptica y reconoce que no es más que un viejo baúl en el que se guardaban documentos del cabildo. Las fotografías antiguas demuestran que incluso ha sido alterado a lo largo de los años, posiblemente por la necesidad de sustituir las maderas que se iban estropeando a causa de la humedad. Es como el chiste del hacha de Lincoln («es la misma hacha, pero ha habido que ir cambiando a veces el mango y a veces el filo»).[9] Y junto a la Tizona y el cofre se expone también la carta de arras, un documento relacionado con la boda del Cid que hasta hace poco se creía que era el original, pero que ahora se sabe que es otra falsificación. A pesar de todo esto, espada, cofre y carta siguen expuestos, y no dejan de atraer la atención del público. El poder evocador de un objeto mitificado, por la fuerza de su simple presencia física, es suficiente.

Objetos que crean su propio pasado

Al igual que la historia, la reliquia sirve en parte para confirmar el pasado, pero también puede llegar a inventarlo. En este sentido, el objeto histórico es similar a un texto que permite recrear retrospectivamente lo que no ocurrió.

Un ejemplo servirá para ilustrar este concepto un tanto farragoso, pero fundamental. En el siglo XII, Milán fue conquistada por las tropas imperiales y, como botín de guerra, varias reliquias milanesas fueron a parar a la catedral de Colonia. Entre ellas se encontrarían los supuestos «huesos de los Reyes Magos», que habían llegado a Milán desde Constantinopla muchos siglos atrás. Aparentemente, los milaneses tardaron en darse cuenta del robo, puesto que no lo mencionan como una afrenta hasta quinientos años después. ¿La explicación? Los huesos no habían estado nunca en Milán. La reliquia había sido creada en el propio siglo XII por el obispo Reinaldo de Colonia, deseoso de dar empaque a su sede. La historia del saqueo de Milán era tan solo una premisa necesaria para poder trazar, paso a paso y hacia atrás, el pedigrí de las reliquias. Cuando se inventa un hecho del pasado, es necesario inventar también sus precedentes, los cuales a su vez justifican las consecuencias. El resultado fue que en el siglo XIII los Reyes Magos eran ya los patronos de Colonia, en el siglo siguiente formaban parte del culto imperial y en el siglo XX Italia, tras una intensa campaña diplomática, logró que una parte de los restos «volviesen» a Milán.[10]

El imaginario de todos los países está lleno de esta clase de falsos talismanes, desde la falsa campana de la Libertad de Estados Unidos hasta la no menos falsa piedra de Scone que se emplea en la ceremonia de coronación británica.[11] El equivalente francés es la llamada «cadena de san Luis» de Vincennes, bajo la cual, supuestamente, el rey Luis IX administraba justicia. Pero las primeras alusiones a esta supuesta costumbre del siglo XIII no aparecen hasta el siglo XVII y la historia no se popularizó hasta el siglo XVIII, precisamente cuando los reyes de Francia dejaron de administrar justicia en público. «La cadena de san Luis —escribe Suzanne Citron— es un sueño ecológico y patriarcal desconocido en la Edad Media». Tres de cada cuatro representaciones plásticas de este episodio datan del siglo XIX, el gran siglo de la visualización (y falsificación final) de la historia.[12]

Nuestro viejo conocido, el obispo Pelayo de Oviedo, puede servirnos para observar este fenómeno en la historiografía española. En su catedral de Oviedo se encuentran dos objetos que se conocen como la cruz de los Ángeles y la cruz de la Victoria. Son especialmente interesantes porque, después de siglos de culto exclusivamente religioso, han adquirido también una simbología política al figurar una de ellas (la cruz de la Victoria) en el escudo y la bandera de Asturias. La historia tradicional que se ha venido contando es que la primera la confeccionaron unos ángeles artesanos (de ahí su nombre) y que la segunda era la que portaba el propio Don Pelayo durante la batalla de Covadonga. Durante siglos, la presencia física del objeto ha servido para confirmar esos dos relatos.

Pues bien, incluso después de desacreditadas estas leyendas por improbables, las han sustituido explicaciones más científicas, al menos en su lenguaje: la cruz de los Ángeles habría sido una donación de Alfonso II en el siglo IX (es lo que dice la inscripción que luce el objeto) y la cruz de la Victoria una donación de Alfonso III en el siglo X, con grandes discusiones acerca de si es la auténtica cruz que estuvo en Roncesvalles o solo una cruz votiva que se ofreció tras la batalla. Pero se trata de nuevas leyendas, esta vez leyendas historiográficas que pretenden, desesperadamente, mantener el valor de las reliquias en un mundo moderno. La historiadora Raquel Alonso ha demostrado que ambas cruces se confeccionaron en el siglo XII. Las mandó hacer, quién si no, el obispo Pelayo de Oviedo en su taller de falsificadores, y fueron parte de su extraordinaria campaña para «envejecer» el reino de Asturias, creando para ellas una «historia antigua» que las relacionase con hechos y monarcas del pasado.[13] Como en el caso de la falsa Tizona y de todos los objetos que ostentan un valor «fundacional», los historiadores dedican enormes esfuerzos a tejer teorías cada vez más complicadas para evitarse tener que aceptar la evidencia.

Las cadenas de Navarra son un ejemplo aún más complejo de cómo un objeto interactúa con su propio relato. Las crónicas antiguas contaban una extraña anécdota de la batalla de Las Navas de Tolosa (1212). Aparentemente, los guerreros musulmanes se habían atado con una cadena para convertirse en un muro infranqueable frente a los asaltos de la caballería. Según esas mismas fuentes, en un momento clave de la batalla, el rey Sancho VII de Navarra se abalanzó contra el enemigo y cortó la cadena de un mandoble. La anécdota fue tenida por cierta durante siglos, en realidad hasta hace poco. Los libros de divulgación todavía le dan más o menos credibilidad. Evidentemente, es una leyenda. Pero lo que importa aquí no es que sea falsa, sino el modo en que es falsa.

En sí mismo, ya es interesante ver cómo la anécdota va mutando a lo largo del tiempo. En sus primeras versiones del siglo XIII la historia no transcurría en Las Navas de Tolosa sino décadas más tarde, en Navarra, durante las llamadas guerras de la Navarrería. Aparecían ya las cadenas pero el rey no las cortaba. Fue más adelante cuando alguien, posiblemente pensando en la famosa historia de Alejandro Magno y el nudo gordiano (la historia tiene una larga tradición en otros lugares y con otros personajes), incorporó el detalle del mandoble. Luego, otro cronista posterior resituó la anécdota, pasándola de una guerra oscura entre cristianos, como había sido la de la Navarrería, a Las Navas de Tolosa, una batalla más famosa, y más apropiada para la mitificación puesto que había tenido lugar entre cristianos y musulmanes. Finalmente, se embelleció la historia con un añadido: junto con las cadenas, el monarca navarro habría capturado una esmeralda perteneciente al rey enemigo. Y lo más curioso es que, por lo que sabemos ahora, las cadenas figuraban ya como símbolo navarro en algunas representaciones *antes* de las batallas en cuestión. Aquí, por tanto, la referencia va en dirección contraria: el objeto no sirve para justificar la historia sino la historia para justificar el objeto. Algo existe y se le busca una explicación a posteriori, ajustando luego el orden del discurso para que parezca que lo que es posterior es anterior.

Existía el símbolo de las cadenas, pero no las cadenas mismas, que aparecieron entonces para dar credibilidad a la historia. Como con la Tizona, no surgió un único ejemplar, naturalmente. Hay un juego de cadenas en Roncesvalles y otro en Pamplona.

Pero el asunto todavía nos reserva otra sorpresa. En realidad, lo que se creía tradicionalmente que eran cadenas en el escudo de Navarra no son tales sino un carbunclo (una piedra preciosa), y así lo describen las primeras referencias de que disponemos. A alguien, en algún momento, debió de parecerle los eslabones de una cadena, un objeto preñado de simbolismos religiosos y místicos. El problema es que con el paso del tiempo se fue haciendo evidente que esas cadenas que se conservaban en Roncesvalles y en Pamplona no se parecen a las representaciones tradicionales del escudo de Navarra. Así que, puesto que era más fácil transformar un símbolo abstracto que prescindir del objeto concreto, en 1910 se tomó finalmente la decisión de redibujar el escudo de Navarra para que representase exactamente las cadenas que realmente existen. Hoy en día no pocas personas señalan el parecido como prueba incontrovertible, si no de la veracidad de la leyenda, sí al menos de la antigüedad de las cadenas y del símbolo. En cuanto a la esmeralda, los análisis revelan procede de Colombia, y evidentemente no fue tallada en el siglo XIII.

CULTURA MATERIAL

La Tizona, las cadenas de Navarra o el cofre del Cid nos muestran el lugar preciso en el que se abre la sima que separa la historia popular y la académica. No importa que la ciencia los desenmascare como objetos legendarios (o fraudes, si se quiere). Nuestra necesidad de reliquias es tal que hace que permanezcan ahí, junto con muchos otros símbolos parecidos, construyendo nuestras imágenes mentales del pasado; si hace falta, manteniéndose mediante coartadas difusas («según la leyenda», «según la tradición», «algunos piensan que...»), como si, aun cuando se sabe que no son verdad, conservasen *algo de verdad* en su interior. Es, de nuevo, una creencia mágica.

Volviendo a nuestra pregunta: ¿son muy diferentes los objetos que guardamos en los museos? ¿Son mucho más reales? Sí y no. No se trata de que sean falsos también (aunque los curadores retiran de vez en cuando discretamente de las vitrinas fíbulas visigodas falsificadas o figurillas iberas dudosas). De lo que se trata es de que la «verdad» que encierran las piezas que se guardan en los museos es, como ocurre con cualquier documento histórico, una verdad parcial y discutible. Como sucede con los textos, son el azar, el tiempo y el prejuicio los que hacen para nosotros una selección mínima de vestigios. Esos vestigios, en sí mismos, son mudos. Somos nosotros quienes hacemos que hablen dándoles un contexto en el que los interpretamos. Pero esa interpretación es la nuestra, y puede ser una u otra.

A veces, podemos llegar incluso a inventarnos todo un mundo a base de proyectar nuestros deseos en esos restos materiales. Es lo que sucede con el arte visigodo, ejemplo casi perfecto de fantasía histórica.

Siempre hipertrofiado en el imaginario español, el reino visigodo careció de una cultura material importante.[14] Los vestigios que nos han legado (edificios, joyas, armas) son escasos y de poco valor. El tesoro de Guarrazar y la corona votiva de Recesvinto, que se exhiben orgullosamente en el Museo Arqueológico Nacional como ejemplos de arte visigodo, deberían más bien considerarse como arte encargado o poseído por los visigodos, puesto que se trata fundamentalmente de piezas bizantinas. Pero era necesario ilustrar un período visigodo, porque era importante para el canon histórico, así que en su momento se inventó su arte correspondiente. Se le adjudicaron artefactos que no eran visigodos, como el arco de herradura romano. Las «escrituras nacionales», una caligrafía habitual en toda Europa en esa época, se convirtió en la «letra visigótica», lo cual a su vez llevó a denominar «códices visigóticos» a los textos que la utilizaban, y que generalmente nada tienen que ver con los visigodos.[15] El resultado es que el arte visigodo es hoy en día toda una realidad que tan solo algunos especialistas se cuestionan. Popularmente, incluso ha surgido toda una retórica de acompañamiento que lo elogia como especialmente original y rico.

Si es posible la «invención del arte visigodo» es porque los objetos históricos no tienen significado por sí mismos. Simplemente cambiar un objeto histórico de lugar, exponerlo junto a otro o hacerlo formar parte de una exposición (o excluirlo de ella) altera su significado. A veces ni siquiera estamos seguros de cuál pudo ser realmente su significado original, porque nuestra relación con esos objetos está llena de malentendidos que no acabamos, ni acabaremos nunca, de despejar. Las vajillas metálicas que aparecen en las tumbas antiguas han llevado a la confusión de creer que se bebía en cálices (en *El Cid* de Anthony Mann, por ejemplo, Rodrigo usa una vajilla metálica). En realidad eran vajillas rituales. Es muy posible que muchas de las armas que conservamos, las espadas en particular, fuesen objetos mágicos que nunca se emplearon en la guerra. Y puesto que esas armas, junto con joyas, eran fundamentalmente lo que se depositaba en las tumbas, nos hemos formado una imagen guerrera y aristocrática de aquellos pueblos; errónea por cuanto solo representa a un grupo muy reducido de individuos. Los objetos, en fin, no hacen sino devolvernos, como un espejo, las imágenes que proyectamos con nuestra imaginación; y los museos, que nacieron para preservar el pasado, son en realidad una forma de interpretarlo, y por tanto de cambiarlo.

11

Lugares de la memoria

Falsos históricos

El patrimonio arquitectónico amplía todas estas cuestiones, y es especialmente interesante porque suscita todavía más credulidad que los objetos históricos. El hecho de que los edificios antiguos «llevan ahí» muchos años es lo que, intuitivamente, refuerza su apariencia de autenticidad, cuando lo cierto es que debería ser al contrario porque, de todos los artefactos humanos, las casas son, quizá, el que más se repara y se modifica, precisamente porque permanecen en uso por períodos de tiempo a veces muy dilatados.

Esta fantasía acerca de la inmovilidad del pasado inmobiliario se manifiesta en su forma más naíf en las «casas natales» que hay desperdigadas por toda España y que nacen del deseo de situar la memoria en el espacio. Son un ejemplo menor, pero revelador. Desperdigadas

Figuras 26, 27 y 28. Creer contra toda evidencia: *de izquierda a derecha*, las supuestas casas de Cervantes en Alcalá de Henares, de Colón en Las Palmas y del Greco en Toledo.

por la península, se basan en esa quimera de que una vivienda puede ser vivida sin ser transformada. Un simple repaso sirve para desmentirlo. La casa de Goya en Fuendetodos había sufrido ya un siglo de reformas y cambios cuando la compró un grupo de entusiastas en la década de 1920, y luego fue destruida completamente durante la Guerra Civil. La actual es una reconstrucción. La casa de Colón en Las Palmas es tan solo una vivienda más o menos antigua «en la que pudo haber entrado Colón durante su escala en Canarias», según nos informa cautamente el prospecto turístico. La casa de Velázquez en Sevilla es una réplica moderna. En ella no vivió nunca el pintor, como tampoco el Greco vivió nunca en la casa del Greco construida, literalmente, por el marqués de Vega-Inclán a principios del siglo XX en Toledo.[1] Cuando en La Mancha se nos ofrece, además, la casa de Dulcinea, y en Zamora la casa de Viriato, comprendemos que estamos ante la variante arquitectónica de la historia mítica. Y como sucede con la historia mítica, esta manera de entender el patrimonio no es el producto de la ignorancia sino tan solo la exageración de un problema que afecta también a las apreciaciones supuestamente más rigurosas.

Vayamos con casos menos obvios. Incluso quienes sonríen ante la datación del cofre del Cid no tienen dudas respecto al carácter medieval de la catedral en la que se custodia. Pero esa catedral de Burgos, ¿podemos considerarla una obra del siglo XIII, como dicen los prospectos turísticos y las guías? Sí y no. Habría que decir que esa es la fecha de su comienzo, pero no la del edificio que tenemos ante nosotros, cuyo aspecto se ha ido configurando a lo largo del tiempo. Cuando los turistas lo contemplan desde el exterior, lo que hacen es *proyectar* su «idea de lo medieval» en lo que están viendo, una idea en gran parte retroalimentada por esta catedral, que se imagina como estática, inmóvil. La realidad es muy diferente, porque la catedral también es un edificio vivo. Poco o nada hay de medieval en esa silueta. Las características agujas son de los siglos XV y XVI, y las portadas de la fachada principal se modificaron sustancialmente en el XVIII. Hace falta un ojo muy entrenado en la historia del arte, prácticamente un ojo de especialista, para, mediante una abstracción, «ver» lo que tiene de medieval.

Pero incluso eso que tiene de medieval no permanece intacto sino que requiere restauraciones periódicas. Porque para conservar el pasado debemos inevitablemente modificarlo. Y esa modificación, por cuidadosa que sea, nunca es inocente. G. E. Street, precisamente escribiendo acerca de la catedral de Burgos, recordaba que los antiguos constructores lo trazaban todo a mano y lo disponían todo a ojo, con «un deleite instintivo —decía él— en que por todas partes hubiera superficies y contornos curvos, redondos e irregulares».[2] Ese elemento de azar, consustancial a toda construcción antigua, es irrepetible, imposible de imitar. Al contrario, cuanto más perfecta y acabada es una restauración, más se delata como tal. Por eso Palgrave, otro especialista, consideraba la restauración «imposible». Incluso cuando se utilizan el mismo material y las mismas herramientas que en la obra original, simplemente la manera en que se usan lo cambia todo y hace que «el anacronismo se perciba en cada piedra».[3] Es como en la escena de la ermita en *El Cid* de Anthony Mann, cuando vemos que el camino, el puente, los muros de piedra, todo, han sido pulidos y limpiados, no ya con técnicas modernas sino con una *mentalidad* moderna. Incluso nos damos cuenta de que alguien (probablemente los agentes del ICONA) ha trasplantado unos arbolillos en filas regulares para hacer una repoblación en torno a la iglesia. Nada más ajeno al siglo XI que esa geometría precisa, innecesaria, propia de un funcionario moderno.

El resultado es una especie de ingenuidad que nos lleva a creer que un edificio histórico, por el mero hecho de ser declarado como tal, y haber sido estudiado y autentificado por los expertos, ha quedado desprovisto de las adherencias del tiempo y restaurado a su condición original. La propia palabra «restauración» nos invita a imaginarla como un proceso por medio del cual se «devuelve» una construcción a sus orígenes. La implacable realidad es que no solo no puede abolir el paso del tiempo sino que lo acelera. Las ruinas de Medina Azahara *son* un edificio antiguo; la Alhambra, no. Sin embargo, nuestra mirada está tan condicionada por nuestra necesidad de ver algo como «real» que el turista que visita la una y la otra acaba pensando lo contrario: para él, Medina Azahara nos muestra los estragos del tiempo sobre el pasado y la Alhambra, ese pasado como era en realidad.

Sin embargo, nunca sabremos ya cómo era la Alhambra «en realidad». En el siglo XIX, cuando surge un repentino interés por ella, se encontraba en un estado ruinoso. Los grabados de la época no son de fiar, porque seguramente romantizan las ruinas, pero sabemos que de los siete palacios que comprende el complejo, cinco estaban completamente destruidos más allá de lo reconocible y los otros dos muy seriamente dañados. La mayor parte de la restauración la llevaron a cabo constructores sin una formación sólida en historia del arte, ya no digamos del arte islámico. Se destruyó toda la decoración que quedaba en la sala de las Camas y se rehízo de manera fantasiosa y en colores vivos. Hubo incendios provocados en las galerías del patio de los Arrayanes y en la sala de la Barca. La prensa local no dejó de denunciar durante años las destrucciones y el estado lastimoso del recinto, y la cosa no hizo sino empeorar cuando tomó las riendas el arquitecto municipal, Modesto Cendoya, quien llevó a cabo restauraciones «no poco engañosas y con su pizca de fantasía», en palabras de un experto moderno.[4] Es una manera muy suave de referirse a su labor en paseos y alamedas, en la torre del Cadí, en la escalinata frente al pilar de Carlos V, en la torre de las Damas, en el oratorio musulmán, en el patio de los Arrayanes, en el salón de Comares, en la sala de Abencerrajes, etc., etc. Cendoya llegó hasta el extremo de utilizar barrenos de pólvora para hacer desmontes en la Alamedilla.[5] El resultado es que, como afirma sin ambages Robert Irwin, «el aspecto que tiene hoy la Alhambra se debe más a las restauraciones efectuadas que a la construcción medieval».[6]

No solo no podemos devolver a la Alhambra el aspecto que tenía en el siglo XV, del que apenas tenemos algún pequeño indicio; ni siquiera estamos seguros de entender qué clase de edificio era. La suposición tradicional de que se trataba de un palacio es casi con toda seguridad errónea, lo mismo que la imagen sensual que nos ha legado la literatura. El patio de los Leones, que durante un siglo se ha querido imaginar como un harén, se tiende ahora a creer que era una madraza, una severa escuela islámica. La Alhambra está ahí, qué duda cabe. Pero no es un resto del pasado sino una recreación del mismo en la que nuestra imaginación participa más que la realidad.

Decimos querer preservar «lo auténtico», pero esa aspiración está siempre en conflicto con nuestro afán por transformarlo para que se adapte mejor a nuestros deseos. Pensemos en la catedral de Barcelona, con su engañoso aspecto gótico. Los prospectos turísticos nos informan de que se construyó entre el siglo XIII y el XIV, sobre la antigua catedral románica, lo cual es cierto. Lo que no se subraya lo suficiente es que su fachada y sus torres quedaron sin completar, y que no fue hasta el siglo XIX, cuando la burguesía barcelonesa sintió la necesidad de un templo a la altura de una gran capital europea, que se remedió esta carencia. El resultado es que tanto su fachada como sus torres son una creación completamente nueva, del siglo XX, directamente copiadas de modelos franceses (que irónicamente eran también reconstrucciones a veces no muy rigurosas). Sin embargo, imitan con tanto aplomo el estilo medieval, o mejor dicho la *idea* que todos tenemos de lo medieval, que suscitan la fantasía de que ese era su aspecto en el pasado. Los arquitectos llaman a esto «falso histórico», pero poca gente es consciente de que lo que está contemplando es un pastiche. Muchos otros lo saben, pero su «deseo de creer» hace que sea posible la «ilusión de verdad».

¿Y qué decir del Barrio Gótico, que rodea esa catedral? Ahí nos adentramos todavía más en la ceremonia de la fantasía histórica. Las frases ambiguas de las guías permiten hacerse la ilusión de que estamos ante una reconstrucción de algo que existía previamente, cuando la realidad es que el Barrio Gótico se creó de la nada en las décadas centrales del siglo XX, siguiendo criterios imaginarios teorizados a partir de la arquitectura medieval italiana. El nombre mismo de «Barrio Gótico» solo se generalizó en la década de 1950. La capacidad de sugestión del edificio histórico, sin embargo, es tal que incluso cuando los obreros todavía estaban trabajando los diarios barceloneses se referían ya a uno de sus edificios como «las antiguas edificaciones de la calle del Obispo».[7]

Nos gusta lo antiguo, pero solo porque transmite un mensaje determinado sobre nosotros mismos, y lo que nos interesa, en el fondo, es ese mensaje. Por eso a los turistas se les sigue contando que la ciudad vieja de Varsovia fue reconstruida siguiendo fielmente fotografías anteriores a su destrucción en la Segunda Guerra Mundial, cuando lo cierto es que se prefirió como referencia la pintura idealizada del paisajista italiano del siglo XVIII Bernardo Bellotto. Se trataba, pues, de «envejecer», y embellecer, la imagen de la ciudad, no de recuperarla tal como había sido.[8] Como siempre, nuestro interés por el pasado es inseparable de nuestro deseo de cambiarlo, o de inventarlo.

Sin duda el Barrio Gótico o la ciudad vieja de Varsovia son casos extremos, pero deben llevarnos a entender que la realidad es que *todo* pasado es reconstruido, en mayor o menor medida. ¿Cómo, si no debemos considerar, por ejemplo, el casco histórico de Toledo tras sus innumerables destrucciones y rehabilitaciones? ¿Qué puede decirnos realmente del pasado la sinagoga del Tránsito, cuyas transformaciones apenas permiten relacionarla con la original? Cerca de ella, el alcázar de Toledo delata nuestra relación cambiante con lo construido y lo reconstruido. Durante el franquismo interesaba exagerar la gran cantidad de restauraciones que había necesitado el alcázar tras la guerra (cuanta mayor la destrucción, más heroica su defensa), era una especie de «orgullo de la reconstrucción».[9] Mientras tanto, interesaba minimizar las restauraciones en el resto de la ciudad, a veces mucho mayores.[10]

La consecuencia es que gran parte de nuestro paisaje mental del pasado está afectado por esta misma irrealidad, y es así en todos los países. Basten algunos ejemplos. Es preciso hacer todo un ejercicio de descifrado de los prospectos, páginas web y guías turísticas europeas para deducir que el icónico castillo de Liechtenstein es en realidad de 1840; que el de Stolzenfels, en Alemania, no es «del siglo XIII» sino que fue destruido completamente en 1689 y reconstruido partiendo de cero en 1830; que el castillo de Karlstein, en la República Checa, que se presenta como del siglo XIV, es en su mayor parte del XIX, y que el de Konopiste es todavía posterior. Pierrefonds, uno de los castillos medievales más emblemáticos de Francia, es del siglo XX.[11] Los edificios del Parlamento junto al Támesis, el edificio «antiguo» más conocido de Londres, se empezaron en 1836.[12] Por no hablar del palacio de Knossos en Creta, un pastiche inventado por el arqueólogo Arthur Evans, lo mismo que son recreaciones, en Grecia, el Erecteo, el templo de Niké, el tesoro de Delfos...[13] El mundo, y nuestro imaginario, están llenos de réplicas ficticias que harían de Disneylandia un casco histórico.

Historias del arte a medida

Reconstruirlo físicamente no es la única forma de cambiar el pasado. Puesto que no es algo que tenga una existencia objetiva sino que se trata de una metáfora de nuestros deseos, podemos cambiarlo también por medio del lenguaje. Es lo que hace la historia del arte, que es nuestra forma de dar sentido a ese palimpsesto, a ese caos de reconstrucciones que es un edificio histórico. Nuestro «dar sentido» se convierte, en la mayoría de los casos, en la imposición del canon histórico sobre el patrimonio monumental, lo que irremediablemente lo modifica, le da un significado concreto entre los muchos posibles, a veces uno que no tiene base real. Porque la historia del arte, y este es uno de sus grandes problemas, no es autónoma. Igual que la arqueología, está al servicio de la historia que ya existe y trata de conformarse a ella.

El arte asturiano, el arte mozárabe y el arte visigodo son buenos ejemplos de esta necesidad, problemática, de ilustrar y visualizar la historia por medio del patrimonio arquitectónico. Cuando Jovellanos inventó la etiqueta de «arte asturiano», esta tenía una justificación relativa, porque ese pequeño conjunto de edificios parecía una singularidad de la región de Oviedo. Hoy sabemos sin embargo que este estilo no es exclusivo de Asturias (su edificio más importante está en Santiago de Compostela) y que en realidad no es un estilo, sino una variante poco diferenciada de la arquitectura europea de la época. Quizá sería más lógico estudiarlo como una variedad de la arquitectura carolingia, con la que está claramente relacionado, pero existe una resistencia a hacerlo porque entonces el arte asturiano no podría cumplir la función que se le ha asignado: probar la continuidad visigoda e ilustrar el reino de Asturias. Como hemos visto, ambas cosas son más que dudosas, pero los historiadores del arte se ven obligados a trabajar dentro de los límites que han dejado establecidos los medievalistas, y no los actuales sino los del pasado, antes de que esas teorías fuesen cuestionadas.

En el caso del arte mozárabe son los medievalistas quienes se han visto obligados a encontrar una explicación a una anomalía encontrada por los historiadores del arte: la presencia, en la parte cristiana de la península, de iglesias con decoraciones que, a simple vista, parecían árabes. Con el apoyo de unas pocas citas encontradas en los textos antiguos se inventó una emigración en masa de cristianos que habrían huido de al-Andalus a raíz de las persecuciones. Pero esa explicación, que ha funcionado durante algún tiempo, hoy se tambalea. No se entiende muy bien por qué si este arte era característico de los cristianos que vivían en las zonas musulmanas de la península, apenas existe en esas zonas. Tampoco sus elementos más característicos, como el arco de herradura visigodo, tienen demasiado que ver con el arte islámico en el que, en teoría, tendría que haberse formado. Últimamente, ha surgido la sospecha de que los ejemplos de emigración mozárabe documentados podrían no ser representativos. A pesar de ello, también en este caso el concepto de arte mozárabe ha tenido tanto éxito, y funciona tan bien por sí mismo en la historia del arte, que se ha convertido en un obstáculo para revisar lo que empieza a parecer a todas luces un error.[14]

Al menos en el caso del arte asturiano y mozárabe existen algunos edificios que se pueden agrupar, si se quiere, bajo esas etiquetas, por abusivas que resulten. Eso es algo que no se da ni siquiera cuando hablamos de arquitectura visigoda. Esta nos muestra hasta qué punto se puede inventar una realidad en el pasado partiendo de la nada. Hemos hablado en el capítulo anterior de la «invención del arte visigodo», y debemos añadir ahora que es precisamente en la arquitectura donde esa invención ha llegado más lejos, y también donde ha tenido más éxito. En el franquismo, Serrano de Haro llegó a escribir en un manual educativo:

> En España, la arquitectura floreció potente en la época visigoda. En tanto que en Italia y Francia los edificios eran pobrísimos, en España se construyeron monumentos de grandiosidad y perfección extraordinarios.[15]

FIGURAS 29 y 30. Estilos artificiales: *A la izquierda*, la iglesia de San Juan de Baños y *a la derecha* San Pedro de la Nave. Nada justifica que se hable de una arquitectura visigoda diferenciada.

Esta clase de comentarios son todavía bastante habituales en libros de divulgación y textos turísticos. Lo cierto es que los edificios que podrían datarse en el período visigodo se cuentan con los dedos de la mano. Pero, la pregunta es: ¿son siquiera visigodos? Tomemos el ejemplo prototípico de arquitectura visigoda del siglo VII: San Pedro de la Nave (Zamora). Preferimos olvidar que fue desmantelada en la década de 1930 para construir un pantano. Ni siquiera está en su emplazamiento original, y la reconstrucción se hizo con tan poco cuidado —como ha escrito Roger Collins, «alguien dejó volar su imaginación»— que resulta irreconocible cuando la comparamos con fotografías antiguas. Si quisiésemos datar esta iglesia tendríamos honradamente que considerarla una obra del siglo pasado. En el caso de Santa Comba de Bande (Ourense) tenemos documentación que explica que fue reconstruida en el 872 *a fundamentis*, es decir «desde sus cimientos». Buscar en ella elementos visigodos, si alguna vez los tuvo, es inútil. Las diferencias estilísticas en las decoraciones añaden aún más confusión a este edificio, lo mismo que en el caso de Santa María de Quintanilla de las Viñas (Burgos), donde los frisos externos y los relieves del interior hacen cuestionar seriamente su datación tradicional. De San Juan de Baños (Palencia) al menos tenemos una datación precisa gracias a la inscripción de la dedicatoria. Desgraciadamente, han aparecido grabados del siglo XVIII que muestran que el edificio era entonces poco menos que una escombrera. Lo que tenemos es, pues, otra restauración reciente a la que además se superpuso otra bastante profunda en 1865. Fue entonces, por ejemplo, cuando se la dotó de unos nichos que las guías consideran «característicamente visigodos» y que, para ser justos, habría que atribuir a la época del gobierno moderado de Narváez.[16] Por si fuera poco, la lápida de dedicatoria, que se utiliza para datar no solo esta iglesia sino toda la tipología de la arquitectura visigoda, podría proceder de otro edificio, por lo que la cronología saltaría por los aires.[17]

Para decirlo con las palabras de Collins:

> La evidencia indica que el arte y la arquitectura del período visigodo no fueron más que una continuación de sus equivalentes de la época romana tardía. Con respecto a las construcciones de los siglos de dominación visigoda no hay nada lo suficientemente nuevo como para justificar el hecho de que se les conceda una denominación propia.[18]

Espacios protegidos

Nuestro deseo de experimentar un pasado auténtico se ha extendido incluso fuera de los edificios, a los paisajes y los parajes. El conservacionismo, o simplemente un interés renovado en la naturaleza en el seno de una sociedad hiperurbanizada, nos lleva a tratar el paisaje como una pervivencia, un espacio nostálgico que se supone intacto. Por supuesto, nada permanece intacto y ese afán por «preservar» oculta en realidad el deseo de otorgar un significado nuevo a un lugar, no por cómo es sino por cómo «debería ser».

Su actual importancia no permite imaginar, por ejemplo, que el santuario de Covadonga, en Asturias, era un lugar prácticamente olvidado hasta el siglo XIX. No volvió a adquirir relevancia, incluso para la Iglesia, hasta la restauración monárquica de 1875, cuando se rescató como antídoto contra el espíritu revolucionario y republicano anterior. Para aquel entonces, el lugar apenas era accesible y el culto a la Virgen de Covadonga no estaba extendido ni siquiera en Asturias, donde se preferían otras advocaciones marianas. Solo a partir de una campaña eclesiástica que exigió colocar imágenes de la Virgen de Covadonga en todas las iglesias parroquiales, ya en el cambio de siglo, se generalizó el nombre «Covadonga» para las mujeres y la devoción por la que se pasará a llamar «la Santina». El paraje de la cueva en sí, no solo era impracticable sino que se encontraba gravemente afectado por la deforestación. Su recuperación —o más bien «invención»— como parque natural fue iniciativa fundamentalmente de una ilustre familia asturiana.[19]

Sí, esa ilustre familia eran los Pidal. Alejandro Pidal y Mon, tío de don Ramón, fundador de Unión Católica y prócer conservador, fue quien impulsó la declaración de Covadonga como monumento nacional, y su hijo Pedro Pidal («Perico»), compañero de cacerías e íntimo de Alfonso XIII, logró convertirlo más tarde en el primer parque nacional de España. La relación de los Pidal con Covadonga fue aún más lejos: es allí donde se encuentra el panteón familiar. Como sucede con el *Poema de Mio Cid*, ¿quién puede reprocharle a don Ramón Menéndez Pidal su defensa a ultranza de la figura de Don Pelayo y de la historicidad de la batalla de Covadonga si el lugar es prácticamente el cementerio de su familia?[20]

El hecho de que el primer parque natural protegido de España tuviese que ser un paraje entonces desolado, en el que no había realmente nada que proteger, es revelador acerca de lo que el historiador francés Pierre Nora ha llamado «paisajes de la memoria»: no es el lugar en sí el que importa sino lo que representa, o se cree que representa. En este caso, el valor «natural» del parque de Covadonga era en realidad su condición de suelo sagrado para la historia nacional, un hecho, como hemos visto, enteramente imaginario. De hecho, a su declaración como parque nacional en 1918 siguió la de Ordesa, en Huesca, porque hubo protestas en Aragón, donde este otro lugar se consideraba como «su» inicio de la Reconquista.[21] Del mismo modo que la historia se impone al pasado y lo deforma, también se impone a la naturaleza y la transforma.

Ya hemos hablado de la realidad histórica de Numancia. En su caso, no solo el significado del lugar, sino incluso su emplazamiento mismo, ha ido cambiando con el paso del tiempo. Durante la Edad Media, su recuerdo se perdió hasta el punto de que se creía que Numancia estaba en Zamora, no en Soria. Es donde la sitúa Alfonso X el Sabio, que nos habla de una guerra de «*çamoranos* contra Roma», a la que, por cierto, no da demasiada importancia. La localización actual se decidió en el siglo XV, pero su primer arqueólogo, Juan Bautista Erro, volvió a cambiar la memoria del lugar al identificar a los numantinos como vascos. Luego, el patriotismo desatado por la guerra de la Independencia recuperó este «lugar de la memoria» para Castilla y lo popularizó hasta el extremo de que aparecieron grupos de guerrilleros que se llaman a sí mismos «los numantinos», mientras que en la Zaragoza sitiada el general Palafox hacía representar la *Numancia* de Cervantes para remarcar ese paralelismo (volverá a hacerlo Rafael Alberti en el Madrid cercado de la Guerra Civil).[22] Este numantinismo se reforzó durante la Guerra Carlista, al convertirse Soria, durante un tiempo, en frente de guerra. De ahí sale la epidemia de alusiones «numantinas» en los nombres de los comercios y las cafeterías, los diarios y las sociedades recreativas. También durante la Guerra Civil, hubo batallones bautizados «Numancia» en ambos bandos, y la simbología del yacimiento se complicó aún más cuando a los voluntarios fascistas italianos se les ocurrió erigir allí un monumento a los romanos que habían destruido Numancia, monumento que Franco no se atrevió a retirar hasta terminada la guerra.[23]

En la actualidad, Numancia se encuentra amenazada por el proyecto de construir un polígono industrial (Soria II) en la zona del campamento romano. Se trata de una ironía que parece haber pasado desapercibida.

Pasos perdidos

Más recientemente aún, la moda del turismo rural, el senderismo y la promoción de nuevos productos culturales, como las rutas temáticas, han extendido al paisaje la fantasía historiográfica de localizar el tiempo pasado en el espacio presente. La Ruta del Quijote invita al excursionista, según dice su prospecto, a recorrer «los mismos lugares que inspiraron a Cervantes» y a vivir la experiencia de viaje del hidalgo de La Mancha. De hecho, muchos la recorren libro en mano, tratando de encontrar en el paisaje lo que está en la página. La sugestión es tan poderosa que muchos creen reconocer ese ideal literario;

empezando por Azorín, el escritor que inauguró y fijó ese recorrido en su libro titulado precisamente *La ruta del Quijote* (entonces era un camino tan desolado que encontró oportuno llevarse un revólver). «Yo amo esa gran figura dolorosa que es nuestro símbolo y nuestro espejo. Yo voy —con mi maleta de cartón y mi capa— a recorrer brevemente los lugares que él recorriera», escribió al comienzo del libro.[24]

La realidad es que Cervantes, como los demás escritores de su tiempo, no describe prácticamente ningún paisaje, y cuando lo hace no es de manera realista sino a través de los clichés de la literatura de caballerías y de la novela bizantina. Es un peligro muy habitual cuando se usan fuentes literarias como testimonio histórico: tomarse en serio todo lo que dicen. Cervantes parodia el género de caballerías haciendo ridículo y feo lo que en aquella novelística era sublime, y esto es lo que se ha tomado, erróneamente, por «descripciones realistas». Es por eso que no describe nunca lugares yermos ni descampados, sino bosques frondosos; porque en la novela bizantina y de caballerías los bosques son el lugar propicio para las aventuras. A muchos historiadores, sin embargo, esto les ha llevado a suponer, equivocadamente, que La Mancha del siglo XVI era boscosa.

Aunque hubiese querido describir La Mancha, Cervantes no hubiese podido, porque apenas la conocía, como se deja ver en la enorme cantidad de errores que comete. Si eligió ese escenario para las aventuras de su personaje fue por razones puramente humorísticas (entre otras, el juego de palabras La Mancha = Mancha en la ropa). Por eso no tiene sentido tratar de localizar los escenarios de la novela, porque estos estaban tan solo en la imaginación del autor.[25] Igual que sucede con Goya, han corrido ríos de tinta sobre la «modernidad» de Cervantes, de su actitud (una vez más) de «periodista» al situar la aventura más famosa del hidalgo en el Campo de Montiel y sus molinos de viento, una novedad entonces. Sin embargo, sabemos por otras fuentes que, precisamente, *no* había molinos de viento en el Campo de Montiel. En realidad, no los había tampoco en ningún otro sitio en el número que él los imagina de «treinta o cuarenta».

Cervantes trabajaba con la imaginación: era un escritor. Sucesivas generaciones de eruditos se han negado a aceptar esta evidencia y han preferido desplegar la «estrategia de validación» que nos resulta ya tan conocida. Fermín Caballero, en su entusiasmo, había llegado a decir que «ningún geógrafo aventajó a Cervantes en describir con ligereza y maestría».[26] Astrana Marín supone que «ninguna región de España... era tan conocida de Cervantes» como La Mancha.[27] Sus errores al situar la toponimia se convierten, por tanto, en «enigmas que le propone al lector». «Como la geografía la conocía tan bien —escribía Agostini Banús en 1958—, hay que admitir en todos estos contrasentidos una deliberación bien planeada.»[28] La necesidad de hacer de la geografía del Quijote un paisaje real llevó incluso a rectificar la realidad cuando no era coincidente con las novela. Así, el Campo de Montiel, que Cervantes había situado erróneamente en La Mancha (en el siglo XVI, no formaba parte de esa región) fue incorporado como territorio manchego en sucesivas reorganizaciones administrativas. Don Quijote no era «de La Mancha» cuando Cervantes lo creó, pero ahora sí lo es. Ahí tenemos un ejemplo más, este particularmente simpático, de modificación retrospectiva del pasado.

La Ruta del Cid también es una invención reciente. Probablemente el primero en intentar hacer el recorrido fue Archer Huntington, el fundador de la Hispanic Society en Estados Unidos. Pero el verdadero «inventor» de la ruta fue otra persona. El lector ya sabe quién.

Ya dijimos que Ramón Menéndez Pidal hizo ese recorrido en su viaje de novios con su mujer, María Goyri. Era la peregrinación de un creyente, porque Pidal estaba convencido entonces de que el *Poema de Mio Cid* era un documento casi exacto de los pasos de Rodrigo Díaz de Vivar por el mundo. Por eso Pidal no tuvo dificultad en encontrar todos los lugares que se mencionan en el poema, que iban apareciendo ante sus ojos como revelaciones. Tendrían que pasar muchos años antes de que don Ramón tuviese que reconocer, con gran pesar (y nunca con una aceptación total) que el robledal de Corpes que él había identificado y visitado no podía ser el verdadero porque el crucial episodio de la Afrenta, en el que las hijas del Cid son humilladas y abandonadas por sus maridos, simplemente no había ocurrido nunca.

El hecho de que hoy sepamos que el *Poema de Mio Cid* es una obra tardía y enteramente de ficción sigue sin tener importancia a efectos de la ruta turística. Esta, tal y como se presenta en los prospectos oficiales, añade a su vez nuevos elementos de distorsión. La información geográfica que contiene el poema no estaba pensada para que nadie hiciese el recorrido, por lo que ordenarla y «hacerla encajar» en un trazado lógico y lineal obliga a crear un recorrido todavía más arbitrario. Zamora, que se supone que tuvo tanta importancia en la vida del Cid histórico, no figura en la ruta, para evitar prolongarla demasiado hacia el oeste. Se han añadido, sin embargo, lugares como Sigüenza o el cañón de Río Lobos, que no están en el *Poema* pero son interesantes para el turista actual. El *Poema de Mio Cid* no ayuda, bien es verdad. A veces es completamente incoherente, como cuando los personajes se desvían extrañamente por el Jalón, Henares y Montalbán. Parece que, como Cervantes, su autor tampoco conocía bien la geografía que utiliza. Pero en vez de suponer que simplemente se inventa los topónimos, como era tan habi-

FIGURA 31. La peregrinación hacia el pasado: Pidal y su mujer recorren la ruta del Cid en 1900, durante su viaje de bodas.

tual, se deduce que había razones militares para esos rodeos absurdos. La necesidad de simplificar el trazado, de hacerlo accesible y asumible para una marcha a pie, de aprovechar la red de carreteras secundarias, de incorporar paisajes hermosos y evitar los que no lo son tanto, más los intereses comerciales de las localidades de paso y los intereses políticos de los organismos locales y regionales, no dejan de «reescribir» este itinerario. En cuanto al robledal de Corpes, la cuestión se ha complicado mucho desde los tiempos de Pidal. Cada vez hay más parajes que aspiran a ese dudoso honor (al fin y al cabo, fue el escenario de una violación). Ante la imposibilidad de decidirse por uno en concreto, se ha terminado bautizando a varios lugares con este nombre (los que más éxito tienen son el de Soria y el de Guadalajara).

¿Hay algo de malo en que la gente «juegue» a recorrer lugares asociados con un personaje que les fascina o al menos les interesa, aunque sea solo de forma poética e imaginaria? Evidentemente no. Pero la pregunta no es esa sino esta otra: si se trata de un simple juego, y no tiene importancia, ¿por qué tantos esfuerzos por hacerlo creíble? ¿Por qué suscita tanta ansiedad en muchas personas que se desvele que nuestro «pasado preservado» no es real? ¿Por qué se dedican tantos recursos públicos y académicos para intentar probar la veracidad de las leyendas históricas y las tradiciones?

La respuesta es que el aparente relativismo ingenuo con el que se defienden las leyendas históricas no es sincero. No es verdad que «no importe» si son ciertas o no. Importa, y mucho, a quienes creen o quieren creer en ellas. No es cierto que nuestra relación con esas leyendas sea tan casual ni tan superficial. Forman parte de la manera en la que se construye la identidad colectiva y cuando esos símbolos se ven amenazados, la reacción es tribal e irracional. Y esto, por mucho que se pretenda disimular esa reacción como disgusto ante la «pedantería» de los que señalan su falsedad. Como con las creencias religiosas, existe un fondo de inseguridad en el creyente de la religión de la historia. Es el temor a estar equivocado en su imagen del mundo. El relativismo fingido y el «¿qué más da si es cierto o no?» es un acomodo, una estrategia para proteger esa fe.

12

Recordar y conmemorar

La señalética de la memoria

En los jardines del palacio de Oriente de Madrid se acumulan las estatuas, un conjunto de piezas desordenadas y desiguales en las que se mezclan reyes de las distintas dinastías con personajes famosos, algunos reales y otros ficticios. La gente los llama «los reyes godos» a causa de los nombres extraños de muchos de ellos, pero no son solo reyes godos. Hay un poco de todo. Su aspecto tosco, inacabado, tiene una explicación: inicialmente se pensaron para los frisos de la fachada. Luego, el temor de que cayesen accidentalmente hizo que se los bajase al suelo. Esculpidos para ser contemplados desde lejos, estos reyes, vistos de cerca, parecen deformes, y el relato que querían contar sus creadores, el de la continuidad de la monarquía española a lo largo de sus diferentes dinastías, resulta confuso y caótico. No es precisamente un éxito.

Sin embargo, en tiempos de los primeros Borbones, fue el primer intento, muy temprano, de iniciar el último paso de la construcción del mito histórico: la memorialización. Una vez que el relato histórico se ha convertido en mito; una vez que ha sido simplificado, corregido y pulido, es necesario repetirlo insistentemente para que se fije en la imaginación colectiva. Esto se hace mediante una serie de técnicas y mecanismos que nos resultan tan familiares que pocas veces los contemplamos como lo que son en realidad: una operación coordinada y sostenida a lo largo del tiempo para reforzar unos recuerdos y eliminar otros. No es un sistema perfecto, y a menudo no logra su propósito completamente, como en el caso de «los reyes godos» del palacio de Oriente; pero funciona como un filtro, como un etiquetado del recuerdo. Su peso en nuestra imagen de la historia no debe desdeñarse.

Aparte de estos primeros escarceos, en España esta memorialización sistemática comenzó de forma relativamente tardía, con la politización del callejero, en torno a 1840. La Guerra Carlista y la Desamortización crearon a la vez la necesidad y la posibilidad de cambiar los nombres de las calles. La transformación de las huertas de los conventos urbanos en plazas requería gran cantidad de nombres nuevos que los liberales utilizaron para hacer un discurso patriótico y anticarlista. Más adelante, en Madrid, la urbanización del barrio de Salamanca en las décadas de 1850 y de 1860 permitió sobreponer a ese mapa liberal otro opuesto, cuando los ayuntamientos conservadores aprovecharon para honrar a generales y a los suyos: O'Donnell, Serrano, Narváez, Diego de León.[1] Casi en paralelo se fueron alzando en los parques y plazas de las ciudades centenares, miles de estatuas y monumentos, un *dramatis personae* de figuras públicas que interesaba recordar. Y ya a principios del siglo XX llegó la oleada de placas conmemorativas a millares, señalando, como hemos visto, las casas natales o residencias temporales de políticos, escritores, pintores o científicos.

Se trata, en definitiva, de toda una señalética de la memoria que nos indica el camino hacia el pasado. Poco importa que sea a menudo un camino equivocado, como esa placa que, en el exterior de la iglesia de Santa Águeda de Burgos, nos dice que allí «prestó el rey Alfonso VI ante el Cid Campeador su famoso juramento» (ni el hecho ocurrió nunca ni esta iglesia es aquella Santa Gadea de Burgos). Lo que importa es que la mera existencia de esas placas, de esas estatuas y calles termina por crear un «paisaje histórico» que nos lo hace familiar y por tanto creíble.

Los centenarios y los aniversarios, celebraciones «decimales» que se disparan automáticamente cada vez que los años transcurridos desde un hecho son múltiplos de veinticinco, son quizá la más visible de todas estas prótesis de la memoria, y sin duda la preferida hoy en día. Vamos a fijarnos especialmente en esta técnica de memorialización, precisamente porque es la que más vigor conserva en la actualidad. Posiblemente, es también la más eficaz porque permite desarrollar complejas campañas de relaciones públicas al incorporar, generalmente, todo un programa de actos, conferencias, seminarios, congresos o documentales. Incluso a veces se logra implicar a la población, a la que se invita a «revivir» el pasado, incluso disfrazándose y tomando parte en una representación, o cuando menos contemplando como lo hacen grupos de aficionados o profesionales en su lugar.

Los mecanismos de identificación, de fiesta ritualizada, que entraña la conmemoración tienen, de hecho, un enorme potencial de sugestión. Su repetición, similar a la de una festividad religiosa, crea fácilmente un «efecto tradición», la sensación de que esa conmemoración nos vincula directamente con un hecho muy lejano. Es fácil, por ejemplo, convencer a quienes contemplan una representación de las fiestas de moros y cristianos de que se trata de un recuerdo de las guerras de la Reconquista. Las ropas, las armas, la idea misma de conflicto entre cristianos y musulmanes, parecen confirmar esa idea de antigüedad. La realidad es, sin embargo, que la mayoría de esas festividades nacieron en el siglo XIX y lo que reflejan es el entusiasmo patriótico de las guerras coloniales en África. Eran una metáfora, una transposición de aquella guerra contemporánea con la imagen mítica de la Reconquista. Cuando la guerra de África cayó en el olvido, lo que era una metáfora se convirtió en una rememoración ficticia de un pasado diferente. Podríamos definir la conmemoración como una especie de «memoria supuesta» o «superpuesta».

La conmemoración no solo es engañosa, también suele ser arbitraria. Si la historia es la selección de unos pocos centenares de hechos para darles un orden y contextualizarlos, la celebración consiste en escoger tan solo uno, pero en este caso para *descontextualizarlo*. Esto hace que la memoria del pasado sea todavía más maleable, porque se puede elegir qué recordar y cómo recordarlo. Los franceses resumen el largo proceso revolucionario de finales del siglo XVIII en un episodio en cierto modo irrelevante (la toma de la Bastilla), Estados Unidos conmemora su independencia en un día en el que no sucedió nada de particular (el 4 de julio).[2]

España celebró en el 2010 el bicentenario de las independencias latinoamericanas. Sin embargo, en 1998 no se había recordado la de

Cuba o Puerto Rico sino el «Desastre» que su «pérdida» había supuesto para España (la terminología es reveladora). Se recuerda a los cuarenta fusilados la noche del 2 al 3 de mayo, pero por supuesto no a los cuatrocientos comerciantes franceses linchados por el pueblo en Valencia en los días siguientes, de los que solo los especialistas han oído hablar alguna vez. Se conmemora esa resistencia contra la invasión francesa de 1808 que depuso al rey, pero no la resistencia contra la también invasión francesa de 1823 que le restauró en el trono. Y puesto que la España actual es una monarquía encarnada por un descendiente directo de Fernando VII, se recuerda la firma de la Constitución de 1812, pero no su abolición y su quema pública poco después por el rey. El franquismo conmemoró con grandes fastos el milenario de Castilla en 1943 cuando nada especial había ocurrido en Castilla mil años antes; y el octavo centenario del *Poema de Mio Cid* se ha celebrado al menos dos veces: en 1940, cuando Menéndez Pidal insistió en que esa era la fecha correcta, y otra vez en el 2007, el aniversario de la fecha que *realmente* figura en el manuscrito y que él se negaba a aceptar.[3] La descontextualización permite, en fin, convertir el hecho clave en una especie de momento intemporal, en una cifra que no parece relacionada con nada anterior o posterior.

Memorias cambiantes

El episodio del Dos de Mayo nos ofrece un buen ejemplo para explicar el mecanismo de la conmemoración, porque existe la creencia de que ha sido siempre un suceso muy recordado. El hecho de que, al menos en apariencia, los protagonistas fuesen personas del pueblo, y sus antagonistas extranjeros, parece que invita al consenso. La realidad, en cambio, es muy distinta. El recuerdo del Dos de Mayo ha sido siempre polémico y confuso, por distintas razones. Casi siempre ha vivido en una agonía, a punto de desaparecer, y nuestra imagen actual de aquel episodio es el producto de un sinfín de cambios de opinión, agrios debates políticos y distorsiones de los hechos originales. Y lo más interesante es que esas distorsiones provienen, precisamente, del esfuerzo que se ha hecho por preservar su memoria.

Empecemos recordando brevemente los hechos. Los historiadores están hoy prácticamente de acuerdo en que lo que ocurrió aquel día en Madrid fue un motín con poco o ningún significado político.[4] Fue breve y minoritario. Comenzó en torno a las ocho de la mañana y a las dos de la tarde la revuelta ya había sido sofocada. Participaron en ella unas mil quinientas personas, en una ciudad que contaba entonces con unos doscientos mil habitantes. La cifra de muertos que se dio entonces, un centenar, era la de muchos episodios similares en aquellos tiempos en los que los motines no eran algo infrecuente. No está claro qué fue lo que causó este en concreto. La hipótesis más razonable es que fue una consecuencia del acuartelamiento de las tropas españolas y la tensión por la presencia de miles de soldados extranjeros, que condujo a un estado de paranoia. Desde luego, los testigos presenciales cuyos testimonios nos han llegado no lo vieron como algo heroico, sino más bien lamentable, y en los primeros años de la guerra nadie quería acordarse de lo sucedido. Las proclamas apenas mencionan este episodio, que permaneció en una relativa oscuridad hasta que, ya en las Cortes de Cádiz, lo retoman los liberales por razones políticas. Necesitaban un símbolo distinto al del trono y el altar, un episodio en el que el protagonista fuese el pueblo, y no los aristócratas y obispos que dominaban en ese momento las Juntas de Defensa. Quizá sea significativo que quien primero promueve el mito, Flórez Estrada, hubiese conocido los hechos de segunda mano desde su exilio en Londres.

Es a partir de aquí cuando comienzan los vaivenes. Christian Demange ha estudiado la manera como se ha celebrado el Dos de Mayo en el medio siglo siguiente, y el resultado es muy ilustrativo.[5] Al principio, nada más terminada la guerra, Fernando VII conmemora la fecha, pero lo hace con una misa. En un gesto que no puede ser más simbólico, las cenizas de los civiles muertos aquel día se mantienen separadas de las de los militares, a los que se rinden honores de manera especial. En los años siguientes, tan pronto como el rey se siente seguro en el trono, las celebraciones anuales se cancelan. Cuando el pronunciamiento de Riego lleva al poder a los liberales más radicales, en 1820, una de sus primeras medidas es recuperar el Dos de Mayo. Del mismo modo, cuando los Cien Mil Hijos de San Luis

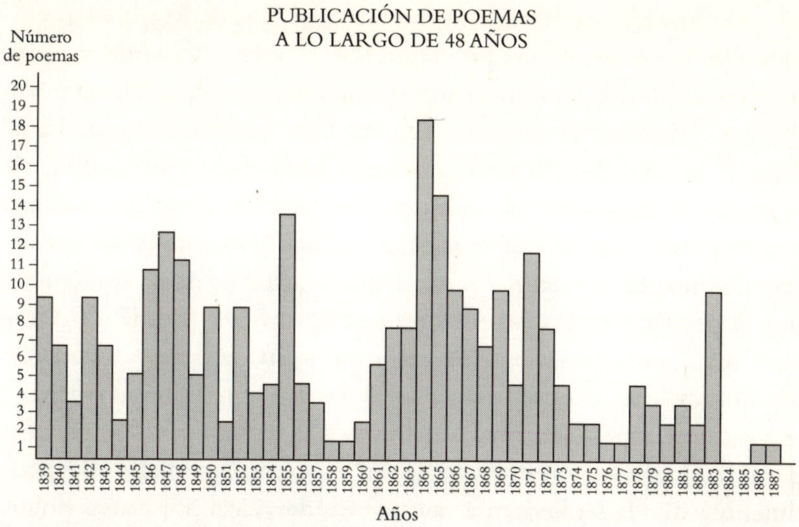

FIGURA 32. Memoria liberal, memoria conservadora: número de poemas dedicados al Dos de Mayo a lo largo del siglo XIX. 274 poemas publicados en 48 años, es decir, una media anual de 5,70.

restauren al monarca absoluto en el trono tres años después, lo primero que se hace es suprimirlo. Durante los siguientes diez años, el mito del Dos de Mayo decae, pero cuando Isabel II se ve obligada a pedir el apoyo de los liberales para enfrentarse a la amenaza carlista, vuelven las conmemoraciones (es entonces cuando se alza el obelisco de la plaza de la Lealtad, que tiene un significado claramente liberal).

Se puede enunciar una regla general. Entonces y después, en los períodos en los que gobiernan los liberales o los progresistas las conmemoraciones se centran en «el pueblo de Madrid». Cuando gobiernan los conservadores, la fecha no se recuerda en absoluto o se celebra únicamente a «Daoíz y Velarde», cuya condición de militares hacía la conmemoración más «respetable» y menos revolucionaria. También permitía, y esto era importante, dar la falsa impresión de que el ejército español se había sublevado en masa contra los franceses. La incómoda realidad, por supuesto, era que había colaborado en la represión del motín, y que los que no lo habían hecho, una fracción minúscula, habían desertado y desobedecido órdenes.

Dentro de este culto a los militares del Dos de Mayo, es interesante lo que ocurre con el teniente Ruiz. Hasta muy tarde, no se le incorpora junto a las figuras, mucho más conocidas, de Daoíz y Velarde. La razón es en principio estética: Ruiz había sido herido también el día dos, pero no había muerto hasta el día trece, lo que de alguna manera disminuía su estatura épica. Pero había además una cuestión más curiosa, digamos corporativa: el teniente Ruiz era oficial de infantería, mientras que el arma de artillería había conseguido una especie de exclusividad en estas celebraciones (Daoíz y Velarde eran artilleros). El teniente Ruiz no pudo incorporarse al panteón de héroes hasta que se dieron unas circunstancias muy concretas. Estas fueron que hacia finales del siglo XIX la infantería comenzó a ganar rápidamente prestigio a raíz de las guerras coloniales en África, mientras que la artillería fue cayendo en desgracia por causas políticas, hasta el punto de que llegó a ser disuelta brevemente en 1926 y de nuevo en 1929.

Parecidos vaivenes afectan a los otros protagonistas populares de la guerra de la Independencia, y muestran hasta qué punto su fama era más bien producto del momento, el fruto de campañas mediáticas. Agustina de Aragón, que hasta el siglo XX se presenta como una mujer de origen aristocrático, pasa a ser «una mujer del pueblo» cuando los periódicos radicales y republicanos revisan la historia para el centenario en 1908. Por la misma razón, es entonces cuando se recupera la figura de Manuela Malasaña, la costurera mártir de la que nadie había oído hablar apenas hasta entonces. Es de hecho un progresista de simpatías republicanas, Benito Pérez Galdós, quien fija de manera definitiva el mito del Dos de Mayo tal y como lo conocemos, con sus exageraciones y sus deformaciones, algunas conscientes y otras no. Y más tarde aún se formará nuestra imagen icónica de aquellos episodios, a partir de los dos famosos cuadros de Goya. Estos fueron completamente desconocidos para el público a lo largo de todo el siglo XIX. Considerados de mal gusto, estuvieron durante décadas olvidados en un almacén del Museo del Prado.

Síntoma de las dificultades en encontrar el lugar apropiado para este recuerdo lejano de un motín confuso, las cenizas de Daoíz y Velarde llegaron a trasladarse hasta *ocho veces* de lugar a lo largo de las décadas. Metáfora de su ambivalencia, durante la Guerra Civil de 1936, los dos bandos se valieron del mito del Dos de Mayo simultáneamente. En el Madrid asediado, se convirtió en un precedente de la lucha de ese mismo pueblo de Madrid que, sin medios, combate a un enemigo tiránico y en gran parte extranjero. Así, el vocero de la CNT, *Solidaridad Obrera*, glosaba en sus páginas «la lucha épica por la independencia nacional» que había supuesto el Dos de Mayo. *Mundo Obrero*, por su parte, proponía como modelo «el genio heroico de Daoíz y Velarde», algo muy conveniente en un momento en que los comunistas impulsaban la formación de un ejército popular disciplinado como alternativa a las milicias irregulares. Para el bando sublevado, en cambio, el Dos de Mayo era un precedente del Dieciocho de Julio, una guerra de independencia contra el dominio extranjero (se llegó al extremo de hablar de «la Internacional napoleónica»). Franco se hizo nombrar «alcalde honorario de Móstoles», recordando en su discurso a su antecesor, que había luchado contra «los masones, la anti-España y la Internacional».

FIGURA 33. Celebraciones opuestas: *Defensa del Parque de Artillería de Monteleón* (1884), de Sorolla. Durante décadas, la rememoración del Dos de Mayo oscila entre el homenaje al ejército o al pueblo de Madrid.

El Dos de Mayo es también un buen ejemplo de hasta qué punto la conmemoración es vulnerable. Cuando la fiesta dejó de celebrarse durante el período absolutista de Fernando VII, y luego en la Restauración canovista, bastaron unos años para que su recuerdo se desdibujase. Hasta tal punto fue así que hacia finales de siglo mucha gente confundía la fecha con el aniversario del bombardeo de El Callao (también un dos de mayo) o el del levantamiento del sitio de Bilbao (otro dos de mayo). Fue el centenario, en 1908, el que permitió revitalizar un poco esta conmemoración moribunda y, aun así, los fastos planeados fueron un fracaso. Lo fueron en particular en Cataluña, donde se prefirió conmemorar ese año a Jaime I en lo que era, ya entonces, un claro desafío catalanista.

Recuerdos selectivos

Algo parecido sucede con el descubrimiento de América, o el Día de la Hispanidad (o de la Raza). Un hecho al que no se prestó demasiada atención durante siglos, la va adquiriendo poco a poco por razones totalmente ajenas al hecho en sí. Contra lo que se pueda pensar ahora, Colón no era un personaje importante en el imaginario colectivo español hasta relativamente poco tiempo. Desde el siglo XVI, y hasta bien entrado el XIX, era Hernán Cortés la figura que resumía la idea de la conquista y colonización de América. El descubrimiento, que ahora nos parece casi lo único digno de celebración, fue irrelevante para las sucesivas generaciones de españoles. Con algunas excepciones, la figura de Colón está casi completamente ausente de la literatura hasta el siglo XIX, cuando empiezan a aparecer las obras de Escosura, Ribot y Fonseré, Campoamor, Balaguer, Larra o el romance histórico que le dedicó el duque de Rivas. Pero esto es únicamente como reacción a la apropiación de la figura del navegante por los norteamericanos, en particular una vez que Washington Irving publica su biografía del almirante en 1828. En ella, por cierto, Irving inventa muchos de los mitos absurdos que luego se han convertido en lugares comunes acerca de Colón, como la idea de que solo él sabía que la tierra era redonda o que los sabios de Salamanca le trataron injustamente. Esta leyenda ha resistido tan bien el paso del tiempo que todavía se repetía, por ejemplo en *1492: La conquista del paraíso*, una de las películas encargadas por el gobierno español para conmemorar el quinto centenario de 1992, y que se abre con una escena en la que Colón demuestra experimentalmente la esfericidad de la tierra con argumentos pueriles, perfectamente conocidos por las personas cultas desde la Antigua Grecia.[6]

Pero el interés por la figura de Colón en Estados Unidos es muy anterior a Irving, y resulta un fenómeno curioso y poco conocido. El tricentenario del descubrimiento (1792) llegó en un momento en que el país, casi recién independizado de Inglaterra, buscaba héroes que añadir rápidamente a su panteón. Colón, un navegante italiano al servicio de la reina de Castilla, era preferible al descubridor oficial de Norteamérica, Sebastian Cabot, también italiano pero a sueldo de la monarquía inglesa. Esta es la razón de que en Estados Unidos existan tantos lugares que llevan el nombre del navegante, incluida la ciudad de Columbus (Ohio), el río Columbia y hasta el distrito de la capital, Columbia. Washington Irving hizo el resto con su biografía novelada, en la que «americanizó» al personaje convirtiéndolo en una especie de *self-made-man*, de hombre hecho a sí mismo que se enfrenta a la burocracia estatal para realizar su sueño de progreso.

A medida que se aproximaba el cuarto centenario de 1892, esta apropiación de la figura de Colón empezó a alarmar en España. El *Columbus Day*, impulsado por la comunidad italiana de Nueva York, había pasado a celebrarse anualmente. Presionado por la prensa, Cánovas quiso conmemorar la fecha por primera vez, pero no logró ponerse de acuerdo con las repúblicas latinoamericanas, entonces todavía muy antiespañolas. Esto solo cambió con la anexión de Cuba por Estados Unidos, cuando la hostilidad se desplazó hacia el vecino del norte. Es entonces, de la mano de escritores como Rodó y Rubén Darío, cuando surge el hasta entonces desconocido concepto de «madre patria». Aun así, hasta 1919 no se celebra en España el «Día de la Raza». La «Hispanidad», la palabra misma, es aún más tardía. No apareció hasta el año 1931, acuñada por el escritor de simpatías fascistas Ramiro de Maeztu, pionero en imaginar una visión de cercanía y comunión cultural (y sobre todo espiritual y racial) entre Latinoamérica y España que hoy se da por evidente, pero que no lo fue para nadie durante siglos.[7]

En todo caso, descubrimiento y conquista se enmarcaban siempre en el contexto preferido de la España de la época: la religión. En parte debido al auge de la Iglesia durante la Restauración y en parte para evitar fricciones con las repúblicas latinoamericanas con las que había que cocelebrar el descubrimiento, se reescribió la historia para convertir en un viaje de evangelización lo que había sido, simple y llanamente, una expedición comercial. Ahí tenemos finalmente la clave que explica el inexistente sacerdote que figura en el cuadro de Dióscoro de la Puebla.

Por supuesto, este proceso de transformación del pasado por medio de la conmemoración no se ha detenido sino que continúa en nuestros tiempos. El quinto centenario de 1992 nos trajo una lectura nueva de lo que pasó a llamarse «encuentro» (la palabra «descubrimiento» se había vuelto políticamente incorrecta para entonces). Se prescindió del ángulo religioso y se exageraron, en cambio, los aspectos

FIGURA 34. Conmemorar lo que no ocurrió: placa que recuerda el ficticio juramento del Cid en Santa Gadea de Burgos.

de intercambio cultural, mucho más aceptables en el mundo moderno y más fáciles de solemnizar entre naciones. El «gran regalo» de España a América, en la versión actual, ya no es la religión sino la lengua.

Es una interpretación tan ficticia como la anterior. Tanto el cristianismo como la lengua castellana se expandieron *después* de las independencias latinoamericanas, una vez que las nuevas repúblicas pusieron en pie un sistema escolar centralizado. Cuando los criollos se hicieron cargo de las colonias, pocos de sus habitantes (aparte de ellos mismos) habían sido cristianizados o hablaban español.[8] Si no prestamos atención a estos detalles es justamente a causa de la forma en la que conmemoramos el pasado.

También el bicentenario del Dos de Mayo en 2008 nos ha proporcionado una nueva reelaboración de su mito, esta vez en clave nacionalista y liberal. El resultado inevitable, como sucede con todo esfuerzo por recordar, es el anacronismo. La superproducción cinematográfica que coronó las celebraciones, *Sangre de mayo* (2008), mostraba a los amotinados enarbolando la bandera rojigualda, que en realidad no se empezó a utilizar hasta las Guerras Carlistas. En su discurso institucional, el rey Juan Carlos I elogió aquella rebelión basada «en las ideas de libertad, igualdad y solidaridad», y el lema de las conmemoraciones, «Nación y libertad», no dejaba de insistir en el mismo concepto. Esas ideas, incluso esas palabras, habrían chocado enormemente a los madrileños de 1808. «Nación», «libertad», y ya no digamos «igualdad», les habrían sonado a anatema; justamente el tipo de invenciones francesas contra las que ellos luchaban en nombre del trono y la cruz. Otro de los actos principales de aquel aniversario consistió en la lectura solemne del bando del alcalde de Móstoles, obviando la certeza de los historiadores de que se trata de otra de tantas falsificaciones (el bando fue escrito después de la guerra, por eso es tan rotundo). El resto del programa era toda una ingenua declaración de anacronismo: un «combate musical» entre grupos de música españoles y franceses, una corrida de toros en Las Ventas, para la que se contó con un diestro español y otro francés; y para los niños una representación de marionetas con la temática, poco infantil en principio, de los fusilamientos del tres de mayo. La conmemoración conlleva también, inevitablemente, la banalización.

13

¿Sirve para algo la historia?

En la fotografía de Pidal con Charlton Heston, no parece que el actor mire a la Tizona con admiración sino con una especie de curiosidad fingida. Heston había aceptado el papel a regañadientes, presionado por su agente. Entonces un demócrata liberal, al actor no le gustaba la idea de encarnar al héroe predilecto de un dictador militar. «No sé cómo podría aceptarlo sin prostituirme», cuentan que dijo a sus amigos. La lectura del *Poema de Mio Cid* le dejó un tanto desconcertado («Parece haber sido a menudo tanto un hombre malo como bueno», escribió en una carta), pero le interesó.[1] Su contrato le autorizaba a modificar el guion, así que se trajo a un escritor de su confianza para retocarlo (el comunista Ben Barzman, exiliado a causa de la Caza de Brujas). Tampoco Sophia Loren estaba contenta con su doña Jimena e impuso a otro guionista italiano. Se negó a que los maquilladores la envejeciesen al final de la película, lo que obligó a cambiar todas las edades de los personajes. El resultado es que las hijas del Cid son niñas durante décadas.[2] Mejor para ellas. Eternamente niñas, no hay matrimonio con los infantes de Carrión ni cobardía de sus maridos ni vil abandono en el robledal de Corpes…

Heston acabó aceptando ir a visitar la tumba del héroe dentro de la catedral en Burgos, pero durante todo el rodaje se sintió incómodo. También Pidal. El sabio tenía que ser consciente de que los productores de *El Cid* habían ido a buscarle para lograr el *nihil obstat* de las autoridades y la aceptación de esta intrusión hollywoodiense en un mito tan importante para los españoles. De hecho, al principio el proyecto iba a ser totalmente español. Se esperaba que la película la dirigiese Rafael Gil. Pero cuando entraron los norteamericanos el guion que había escrito Vicente Escrivá se desechó sin más, y Samuel Bronston, con su olfato de productor «duro», comprendió que tenía que anticiparse a las críticas. Sabía que estaba pisando en un terreno pantanoso y se le ocurrió una idea brillante: utilizar las armas de seducción del propio cine. Organizó una puesta en escena destinada a embelesar al sabio. Eso es de lo que dan testimonio las fotografías. Era una autorización en toda regla por parte del hombre que, a ojos de todos, ostentaba la propiedad de esa parte de la historia. Y era una autorización, en cierto modo, a la manera de la Edad Media, porque en las fotos parece que don Ramón está armando caballero a Heston. Pidal se rindió ante la magia del cine: incluso aceptó que sus apellidos apareciesen en los títulos de crédito como «asesor histórico». Sus apellidos, no su nombre, porque el que aparece es el de su hijo Gonzalo.[3]

¿Le gustó el resultado? No lo sabemos con seguridad. Pidal era un hombre discreto, y entonces ya muy mayor. Cuesta trabajo imaginar que le pueda haber gustado de verdad. Su hijo dice que no tenía al cine en gran estima. Y eso que los guionistas de Bronston hicieron algunas concesiones a sus viejas manías. La caricatura negativa de Alfonso VI sale de él, no cabe duda; de su inquina contra este rey que tuvo el atrevimiento de desterrar a su idolatrado Rodrigo. Era una inquina un tanto infantil que no tiene base alguna en la documentación ni en el propio *Poema de Mio Cid*, donde no se habla mal del rey. También incluyeron la escena de la jura de Santa Gadea, tomada de uno de sus queridos romances, que él todavía creía entonces un hecho histórico (no lo era, como ya sabemos). Pero Pidal tuvo que ver con angustia cómo los guionistas, además de cometer numerosos errores de datación, dejaban a un lado, en líneas generales, el *Poema de Mio Cid*, al que tantos esfuerzos había dedicado, y se centraban en los melodramas de Guillén de Castro y, peor aún para Pidal, en el teatro del francés Corneille. El sentimiento del honor, las justas, las bofetadas con guante... Todo eso viene de estos escritores del siglo XVII, no de las leyendas cidianas. Sobre esta imagen ya fuertemente distorsionada del Cid construyeron los guionistas un *western*, que era a lo que estaban habituados. Rodrigo es el héroe americano de la frontera que lucha contra los indios (los árabes) pero los conoce y respeta, un héroe incomprendido al que el rey recrimina por pactar con personas de otra religión (como si esto fuese algo sorprendente en la época). El anacronismo se hace inevitable, como esas dentaduras perfectas que lucen los protagonistas, esas marcas de neumático que se ven en la playa de Valencia durante la carga de la caballería o ese coche rojo que se atisba en la lejanía en la escena en que Rodrigo se despide de Jimena. Mi favorito: el actor que hace de Bellido Dolfos, el asesino del rey Sancho al que el Cid había jurado proteger, vuelve a aparecer junto al lecho mortuorio de Rodrigo haciendo otro papel. Es una especie de reconciliación metafísica...[4]

El Cid de Anthony Mann, en su relativa humildad como simple película de entretenimiento, resume lo que es la historia, con sus límites y sus problemas. Como les sucede a los historiadores, las rutinas mentales de los guionistas son como una lente deformante a través de la cual contemplan la materia prima del pasado. Esto es muy evidente una vez que comparamos *El Cid* con sus otras obras. Podemos trazar, como si se tratase de un palimpsesto, la presencia subyacente de *Rey de reyes*, escrita por uno de los guionistas, Philip Yordan. La escena en la que sus seguidores van a la ermita a buscar al Cid o la entrada victoriosa del héroe en Valencia, incluso su muerte y resurrección en la batalla final, son repeticiones de escenas casi idénticas en *Rey de Reyes*. Suele entenderse como una especie de guiño irónico el que Anthony Mann dirigiese *El Cid* como un *western*. Pero no había ironía. Simplemente, ese era su lenguaje, el único marco en el que podía imaginar historias y contarlas. La emboscada de los moros o la escena en la que Rodrigo se presenta junto con sus amigos árabes «buenos» ante un rey horrorizado son dos clichés entre muchos tomados directamente de la ficción de las películas del Oeste (la censura franquista eliminó la frase «¿Por qué no hemos de convivir moros y cristianos en paz?»).[5] Incluso presenciamos, al comienzo del filme, un anacrónico linchamiento con soga con nudo corredizo (no se inventó hasta mediados del siglo XIX). Y lo que no es *western* es posguerra: las hijas del Cid duermen en camas individuales, como niñas americanas de clase media en la década de 1960. Sophia Loren, por mucho que lo intente, no puede evitar que su gestualidad la delate como una italiana meridional. Los soldados visten uniformes idénticos y se mueven al unísono como soldados del siglo XX (la instrucción militar no existió hasta el siglo XVII). Y lo que no es anacronismo es confusión: los torneos son del siglo XIV, la boda del Cid sigue las normas del muy posterior concilio de Trento, el texto que lee el rey Alfonso de un pergamino está escrito en castellano moderno... Etc., etc. El anacronismo no es una anomalía, es la manera que tenemos de relacionarnos con el pasado.

No, seguramente a Pidal no le gustó *El Cid* pero no dijo nada. Era consciente de la importancia de ponerle un rostro al héroe, de crear una imagen que lo difundiese por el mundo. Visualizar al Cid y su gesta era, para él, visualizar España. Y para lograr ese objetivo estaba dispuesto a sacrificar el rigor de sus estudios. Como había hecho, alguna vez, en sus propios estudios. Como todos. Otro de los errores famosos de la película: Charlton Heston, muerto sobre su caballo, parpadea visiblemente. ¿Era El Cid que le guiñaba un ojo a Pidal?

Hemos llegado al final. La pregunta es obvia: ¿para qué sirve entonces la historia? ¿Sirve para algo? Por supuesto que sí. Como tantas otras ramas del conocimiento, sirve para satisfacer nuestra curiosidad. Es más, no podría no existir, puesto que esa curiosidad es atávica, es algo con lo que nacemos. Como individuos necesitamos un pasado para percibir nuestro lugar en la escala del tiempo y para dar sentido a nuestra historia personal. Lo mismo nos sucede como colectivo humano. Por eso la historia ha existido siempre, aunque fuese en forma de leyendas imaginarias. Los pueblos necesitan un pasado. Lo necesitan tanto que cuando no saben cuál es se ven forzados a inventarlo. Esa pulsión por conocer el pasado existe en todo el mundo, pero es mucho más fuerte en unos individuos que en otros. Estos son los que se convierten en aficionados a la historia o incluso en profesionales, lo que llamamos historiadores. Siempre los habrá.

Pero hay cosas para las que la historia no sirve. Contrariamente a lo que dice la trillada frase de Santayana, la de que si no conocemos la historia nos veremos obligados a repetirla, no sirve para evitar errores en el futuro. Significativamente, la frase es en realidad una paráfrasis de Burke que además está sacada de contexto. Santayana estaba pensando en el conocimiento del individuo, no pretendía exhortar al estudio de la historia. Sea como sea, la historia es una pésima guía para un político. La propia historia nos presenta una lista mucho más larga de generales, reyes y presidentes que se equivocaron por seguir los supuestos consejos de la historia que de lo contrario. Y los profesionales no son mejores. «Los historiadores —como dice Chartier— han sido siempre los peores profetas».[6] El mismo Tucídides, que era ambas cosas, historiador y político, y que fue también uno de los primeros en anunciar el valor predictivo de la historia, no supo predecir el desastre de su propia carrera pública. La historia no es una *magistra vitae*, una maestra de la vida, como pretendía Cicerón, ni puede serlo. Margaret MacMillan ha detallado muchos ejemplos al respecto en un libro que se titula, apropiadamente, *Los usos y los abusos de la historia*.[7] El pasado no ofrece lecciones. Como los malos asesores, solo nos dice lo que queremos que nos diga en cada momento. A. J. P. Taylor, otro historiador, decía que de la historia se podían aprender «lugares comunes tales como que todos los hombres mueren algún día o que la disuasión [militar] no siempre disuade». La historia, como los refranes, ofrece ejemplos para cualquier cosa que queramos.

¿No nos sirve la historia, al menos, para «entender mejor nuestro presente»? Eso es lo que nos repiten una y otra vez desde los medios de comunicación, las cátedras, los libros de divulgación. ¿Se puede dudar que el conocimiento del pasado es útil para interpretar el mundo en el que vivimos, en el que tantas cosas adquirieron su sentido en el pasado? Estaría bien dudarlo. Es cierto que estudiar historia nos puede ayudar en algo a entender el presente; pero desde luego no tanto como estudiar el propio presente. Es más, la historia puede hacer que interpretemos mal ese presente, porque no solo es un conjunto de conocimientos, también lo es de prejuicios, de ideas preconcebidas. La obsesión por el pasado puede incluso convertirnos en inmovilistas, hacer que todo cambio nos parezca una pérdida. De hecho, ese es el efecto que tiene en muchos aficionados a la historia. Una hipótesis alternativa, o complementaria, es que la historia atrae a quienes tienen *ya* tendencia a lamentarse de los cambios y las transformaciones sociales. No es casualidad que los historiadores más conocidos tiendan a ser ideológicamente conservadores: el interés por el pasado es, lógicamente, una pasión conservadora.

Conservadora, pero también pasión. Y no siempre para bien. También esto se deja ver en muchos libros de historia: una cierta tendencia a la agresividad, al orgullo herido, a la actitud desafiante. De ahí sale esa obsesión por acusar a distintos colectivos de utilizar la historia «como arma arrojadiza». Es un simpático anacronismo este de que se piense, precisamente, en una tecnología militar tan obsoleta como es la lanza. Pero es apropiado: la historia es un arma dialéctica, qué duda cabe. Un arma de doble filo, «el producto químico más peligroso que haya creado el intelecto», escribió el historiador John H. Plumb. «Da a la vez sueños y ebriedad. Llena a la gente de recuerdos, exagera sus reacciones, exacerba los viejos sufrimientos y anima unas veces los delirios de grandeza, otras las manías persecutorias. Hace que naciones enteras se amarguen, se vuelvan arrogantes, insufribles o engreídas.»[8]

Pero el problema no está tanto en que la historia se utilice para alimentar conflictos, porque los conflictos son inherentes a la condición humana, sino que se convierte en un argumentario cerrado que obliga a cerrar filas, a dejar de pensar. Todavía podría ser útil si sirviese para poner en cuestión las ideas dominantes, pero la mayor parte de los que la consumen buscan en ella afianzar las que ya tienen. Es fácil lograrlo porque, como hemos dicho, en el arcón de la historia hay de todo. Para los kuba, una tribu africana, el pasado verdadero es lo que la mayoría piensa que vale la pena creer; para los trobianeses es cualquier cosa que los ancestros hayan declarado que es verdad, incluso cuando se trata de cosas que todos saben que no ocurrieron.[9] En nuestra sociedad moderna no estamos lejos de esta clase de supersticiones. La sociedad de la hiper-información es también la sociedad del hiper-rumor. Internet, con su vasto alcance planetario, y su carácter anárquico y aparentemente democrático, permite encontrar argumentos para defender cualquier teoría sobre el pasado, incluso la más inverosímil. Su estructura vírica, idéntica a la de la leyenda urbana, garantiza que las tesis más estrambóticas sean las que se propaguen a mayor velocidad. También las más convencionales, las más tradicionales, las más erróneas. La generación de contenidos por los usuarios y el culto del amateur hacen que se impongan no las ideas más rigurosas acerca del pasado sino las más populares, las que la gente quiere creer.

¿Es esto algo nuevo? Solo en cuanto a su escala. La historia, como hemos visto, siempre ha sido una realidad virtual; su difusión tiende invariablemente a parecerse a la de la leyenda urbana; su éxito nunca ha dejado de depender de su capacidad para halagar a un colectivo poderoso o numeroso. Wikipedia, quizá el vehículo más característico de la historia popular en la era de internet, no deja de ser un palimpsesto como los que sobreviven de la Edad Media: un texto sometido a una «democrática» sucesión de manipulaciones interesadas.

Hace años estaba de moda discutir si la historia era una ciencia o no. Quienes decían que no, alegaban los problemas de su metodología. Pero lo que hace que la historia no sea una ciencia es otra cosa más evidente: es un conocimiento no acumulativo, no mejora con el tiempo, simplemente cambia en función del presente. Es esto, y no sus métodos, lo que la hace radicalmente diferente de la ciencia experimental: en la historia, nada queda resuelto nunca. El trabajo del historiador siempre ha sido como el de Sísifo: consiste en revisar y reescribir lo que ya estaba escrito. Todo para dar sentido a un universo, el pasado, que ya no existe y que es, de hecho, irrecuperable. Como dice Lowenthal, «ningún informe histórico puede recuperar la totalidad de ningún acontecimiento pasado, porque su contenido es prácticamente infinito [...] Ningún informe puede recuperar el pasado tal como fue, porque el pasado no era un informe».[10] Otro historiador, Herbert Butterfield, lo llamó «la imposibilidad de la historia». «La memoria del mundo —decía— no es un cristal luminoso que brilla, sino un montón de fragmentos rotos, unos pocos destellos de luz que se abren paso a través de la oscuridad».[11]

Entonces, ¿por qué le damos tanta importancia a la historia? Posiblemente, porque nadie se lo piensa demasiado. Que la historia es importante, incluso esencial, es algo que se da por supuesto sin necesidad de más pruebas. Es importante *porque es* importante, y la manera en que se la presenta, tiende a reforzar este valor inexplicado. Es casi como una verdad revelada, puesto que, lógicamente, no está basada en una experiencia personal ni es comprobable en la práctica. Después de todo, los libros revelados (la Biblia, el Corán) *son* libros de historia.

Los libros de historia también son obras literarias. La historia, nos guste o no, pertenece al mundo de la fantasía. Nació en Grecia como un género literario, y se popularizó en los siglos XVI y XVII con el surgimiento del teatro de masas.[12] Incluso el nacimiento de la historia científica europea viene a coincidir con el auge de la novela romántica.[13] Todavía se daban premios Nobel de Literatura a historiadores en 1953 (a Winston Churchill), «pues el historiador y el poeta no difieren entre sí» escribió Aristóteles.[14] Quizá la historia no puede dejar de ser nunca del todo literatura. Quizá también tiene sentido que los aficionados a la historia tiendan a leer novelas históricas, o que cada vez más historiadores, cuando quieren relajarse, las escriban. Más de un tercio de los encuestados decían en 2010 que la última novela que había leído, si habían leído alguna, era una novela histórica, quince puntos por encima del género de misterio o del de aventuras.[15]

¿Es la historia *muy* importante? Comprensiblemente, la Real Academia de la Historia de España (RAH) piensa que sí. No solo importante, sino crucial para la buena marcha de la sociedad en el *presente*. En junio del año 2000 hizo público un informe que levantó una polvareda de comentarios. Los académicos que lo firmaban se mostraban preocupados por «las deficiencias y las omisiones en la enseñanza de la historia» en el sistema educativo, por la «ignorancia» de los alumnos y, sobre todo, por la «tergiversación» que padecían a manos de algunos profesores.

Por supuesto, las intenciones de la RAH en su informe del 2000 eran políticas. En medio de algunas consideraciones puramente metodológicas y pedagógicas, quedaba muy claro que la preocupación principal era la enseñanza, en algunas comunidades autónomas, de una historia que no concordaba con la visión conservadora y nacionalista de la historia de España, que es la que tiende a favorecer la propia RAH.[16] Significativamente, en la época en la que publicaba su informe, la RAH empezaba a preparar un gigantesco (y generosamente subvencionado) *Diccionario biográfico español*. Su publicación en 2011 desató un escándalo internacional, tanto por la pésima calidad de muchas de las voces como por su intento evidente de reescribir la historia de España reivindicando y normalizando en lo posible el franquismo.

Ni siquiera es cierto que la gente «no sepa historia». Más o menos todo el mundo tiene una idea del pasado y conoce los seis o siete chascarrillos y anécdotas asociados con cada período de la historia de España. Esa es la historia que conoce porque es la que le han enseñado, la que se construyó en tiempos de Lafuente y Pidal, y se vulgarizó para hacerla accesible y diseminable. Ya no se enseña así desde hace muchos años, pero no importa. Es un monstruo de Frankenstein que ha adquirido vida propia y ahora se transmite por tradición oral, a través de libros de divulgación de pésima calidad sobre «frases célebres» o «grandes momentos» de la historia de España. Con muy ligeros retoques, se repiten las leyendas románticas sin base histórica alguna: Isabel la Católica no se quitó la camisa hasta no conquistar Granada, José I Bonaparte era un borracho y por eso se le llamaba «Pepe Botella», Sancho de Navarra se consideraba «un rey español», los guerrilleros españoles derrotaron a los ejércitos de Napoleón, Aníbal juró «odio eterno a los romanos» de niño, los celtas y los iberos se unieron voluntariamente para crear el mundo «celtíbero». Ideas disparatadas, demostrablemente falsas pero imposibles de erradicar porque funcionan como leyendas urbanas que se expanden geométricamente mientras que los textos que las corrigen lo hacen aritméticamente. Para saber esta clase de historia, uno podría pensar que sería mejor no saber ninguna.

Podría ser. La realidad es que el prestigio de la historia no tiene nada que ver con ninguna evidencia empírica de la importancia o la utilidad de esta materia sino con la inercia que se originó a finales del siglo XIX, cuando los primeros manuales escolares y la instrucción pública obligatoria coincidieron con el apogeo del nacionalismo. En ese currículo escolar la historia ocupaba un lugar desproporcionado, como instrumento para formar al ciudadano patriota. Por eso el aprendizaje de la historia se consideraba más importante que los saberes científicos de cualquier clase. En la Edad Media no se estudiaba historia y la asignatura ni siquiera existía hasta 1776.[17] Nuestra imagen de la historia, de su lugar en la sociedad y en el conocimiento se formó en ese momento tan peculiar, un momento cultural en el que ya no estamos. No es extraño que la historia sirva para hacer los debates políticos más irracionales de lo que ya son. Nació para eso.

Puede parecer una paradoja que alguien escriba un libro de historia para acabar concluyendo que se debería dar menos importancia a la historia, pero no hay tal paradoja. Del ya mencionado Tucídides se suele decir que fue el primer historiador que se tomó en serio el pasado; lo que no se dice tanto es que también fue el primero en darse cuenta de que esa reconstrucción del pasado no era posible.[18] El escepticismo es también un conocimiento. Puesto que la historia es algo natural e instintivo, una carga que estamos obligados a llevar, queramos o no, es importante saber quitarle importancia para que no nos aplaste. Junto a la imaginación, ese escepticismo ha sido siempre una de las herramientas de los historiadores. Lo único que falta es que la utilicen también sus lectores.

Bibliografía

Abós, Á. L., *La historia que nos enseñaron (1937-1975)*, Madrid, Foca, 2003.

Agostini Banús, E., *Historia de Almodóvar del Campo y glosa de su antiguo archivo municipal*, Madrid, Calatrava, 1972.

Aguilar, M. A., «La Tizona: un 'falso histórico'», *El Siglo*, n.º 744, 2007.

Aillet, C.; Penelas, M. y Roisse, P. [eds.], *¿Existe una identidad mozárabe? Historia, lengua y cultura de los cristianos de al-Andalus (siglos IX-XII)*, Madrid, Casa de Velázquez, 2008.

Alares López, G., «La conmemoración del Milenario de Castilla en 1943. Historia y espectáculo en la España franquista», *Jerónimo Zurita*, n.º 86, 2011.

Allen, S. H., *Finding the Walls of Troy: Frank Calvert and Heinrich Schliemann at Hirsalik*, Berkeley, University of California Press, 1999.

Alonso Álvarez, R., «El obispo Pelayo de Oviedo (1101-1153): historiador y promotor de códices iluminados», *Semata, Ciencias sociais e Humanidades*, vol. 22, 2010.

— «El origen de las leyendas de la Cruz de los Ángeles y de la Cruz de la Victoria (Catedral de Oviedo): cruces *gematae* al servicio de la propaganda episcopal», *Territorio, Sociedad y Poder*, n.º 5, 2010.

— «*Patria uallata asperiate moncium*. Pelayo de Oviedo, el «archa» de las reliquias y la creación de una topografía regia», *Locus Amoenus*, n.º 9, 2007-2008.

Alvar, C. y Alvar, M., *Épica medieval española*, Madrid, Cátedra, 1997.

Álvarez Junco, J., *Mater dolorosa. La idea de España en el siglo* XIX, Madrid, Taurus, 2005.

Álvarez Lopera, J., «Don Guillermo J. Osma y el primer patronato de la Alhambra», *Cuadernos de Arte e Iconografía*, tomo 1-2, 1988.

Álvarez Rodríguez, M.V., «La revisión de los temas de la Antigüedad en la pintura de historia española del siglo XIX: entre la evocación del pasado y la legitimación del poder», *El Futuro del Pasado*, n.º 1, 2010.

Alvira Cabrer, M., *Las Navas de Tolosa 1212. Idea, liturgia y memoria de la batalla*, Madrid, Sílex, 2012.

Andrade, J. M., *Alfonso II el Casto*, Vigo, Nigra Trea, 2009.

Andrés-Gallego, J. [coord.], *Historia de la historiografía española*, Madrid, Ediciones Encuentro, 2003.

Appleby, J.; Hunt, L. y Jacob, M., *Telling the Truth About History*, Nueva York, WW Norton, 1995.

Aristóteles, *Poética*, Madrid, Alianza Editorial, 2004.

— *Política*, Madrid, Espasa, 2006.

Astrana Marín, L., *Vida ejemplar y heroica de Miguel de Cervantes Saavedra, con mil documentos hasta ahora inéditos y numerosas ilustraciones y grabados de época*, Madrid, Ins. Ed. Reus, 1948-1952.

Azorín, *La ruta del Quijote*, Madrid, Leonardo Williams Editor, 1905.

Baer, Y., *Historia de los judíos en la España cristiana*, Barcelona, Riopiedras Ediciones,1998.

Barrau-Dihigo, L., *Historia política del reino asturiano (718-910)*, Gijón, Biblioteca Histórica Asturiana, 1989.

Barrio, J. A., «El Cid de Anthony Mann, a través del cine histórico y la Edad Media», en Uroz, J. [ed.], *Historia y cine*, Alicante, Universidad de Alicante, 1999.

Barthes, R., «The Discourse of History», *Comparative Criticism*, n.° 3, 1981.

Ben-Yehuda, N., «Excavating Masada. The Politics-Archeology Connection at Work», en VV.AA., *Selective remembrances. Archaeology in the Construction, Commemoration, and Consecration of National Pasts*, Chicago, University of Chicago Press, 2007.

Bennassar, B., *La España del Siglo de Oro*, Barcelona, Crítica, 2004.

Bermejo Barrera, J. C., *Psicoanalise do coñecemento histórico*, Vigo, Edicións Xerais, 1982.

— «Los historiadores: sus textos, sus métodos y el problema del pensamiento», *Gallaecia*, n.° 24, 2005, pp. 265-279.

— *O final da Historia: Ensaio de Historia teórica*, Vigo, Edicións Xerais, 1986.

Bertelli, S., *Corsari del tempo*, Florencia, Ponte alle Grazie, 1994.

Bloch, M., *Introducción a la Historia*, Ciudad de México, Fondo de Cultura Económica, 2001.

Boyd, C. P., «Covadonga y el regionalismo asturiano», *Ayer*, n.° 64, 2006, pp. 149-178.

Brandi, K., *Carlos V: Vida y fortuna de una personalidad y un imperio mundial*, Ciudad de México, Fondo de Cultura Económica, 1943.

Burke, P., *Visto y no visto. El uso de la imagen como documento histórico*, Barcelona, Crítica, 2005.

Butterfield, H., *The Historical Novel. An Essay*, Cambridge, Cambridge University Press, 2012.

Caballero, F., *Pericia geográfica de Miguel de Cervantes: demostrado con la historia de D. Quijote (1840)*, Whitefish, Kessinger Publishing, 2010.

Caballero Zoreda, L., «¿Visigodo o asturiano?...», Madrid, *39 Corso di Cultura sull'Arte Ravennate e Bizantina*, Rávena, Edizioni del Grasole, 1992.

— «Sobre la llamada arquitectura 'visigoda'...» *Visigoti e Longobardi: Fisionomia della Cultura Romano-Barbarica in Spagna e in Italia* (Roma, 1997), en Arce, J. y Delogu, P, *Visigoti e Longobardi. Atti del Seminario*, Florencia, 2001, pp. 133-160.

— «La arquitectura denominada visigoda, ¿es realmente tardorromana o prerrománica?», Simposio Internacional Visigodos y Omeyas, All' Insegna del Giglio, *Anejos de Archivo Español de Arqueología*, vol. XXIII, CSIC, 2000, pp. 207-248.

Calder, W. M. y Traill, D. A., *Myth, Scandal and History: The Schliemann Controversy and a First Edition of the Mycenaean Diary*, Detroit, Wayne State University Press, 1986.

Calderón de la Barca, P., *El sitio de Breda*, Charleston, BiblioBaazar, 2008.

Cardelle de Hartman, C. [ed.], *Victoris Tunnunensis Chronicon* CCSL, Turnhout, Brepols, vol. CLXXIIIA, 2001.

Caro Baroja, J., *De arquetipos y leyendas*, Madrid, Akal, 1991.

Carr, E. H., *¿Qué es la Historia?*, Barcelona, Ariel, 2006.

Casado de Otaola, S., *Naturaleza patria. Ciencia y sentimiento de la naturaleza en la España del regeneracionismo*, Madrid, Marcial Pons, 2010.

Catoira, L. B., «Identificaciones trasatlánticas con el mito de El Cid: políticos, artistas y patriotas sureños», *Espéculo. Revista de estudios literarios*, Madrid, Universidad Complutense de Madrid, 2008.

Cervantes, M. de, *Don Quijote de la Mancha*, Barcelona, Planeta, 1987.

Chartier, R., *La historia o la lectura del tiempo*, Barcelona, Gedisa, 2007.

Citron, S., *Le Mythe National. L'histoire de France revisitée*, París, Les Editions De L'Atelier, 2008.

Cócola Gant, A., «El barrio gótico de Barcelona, de símbolo nacional a parque temático», *Scripta Nova. Revista Electrónica de Geografía y Ciencias Sociales*, vol. 15, 2011.

Collingwood, R. G., «The Limits of Historical Knowledge», *Journal of Philosophical Studies*, vol. 3, n.° 10, 1928, pp. 213-222.

Collis, J., *The Celts. Origins, Myths, Inventions*, Stroud, Tempus, 2006.

Collins, R., *La conquista árabe 710-797*, Barcelona, Crítica, 1991.
— *La España visigoda, 409-711*, Barcelona, Crítica, 2005.
Cook, M., *Muhammed*, Oxford, Oxford University Press, 1983.
Corbí, J. F. M., «El franquismo en la arqueología: el pasado prehistórico y antiguo para la España una, grande y libre», *Arqueoweb*, 2009.
Croce, B., *Teoria e storia della storiografia*, Milán, Adelphi, 2001.
Crone, P. y Cook, M., *Hagarism: The Making of the Islamic World*, Cambridge, Cambridge University Press, 1997.
Dacosta, A., «¡Pelayo Vive! Un arquetipo político en el horizonte ideológico el reino asturleonés», *Espacio, Tiempo y Forma*, serie III, H.ª Medieval, tomo 10, 1997.
— «Relato y discurso en los orígenes del reino asturleonés», *Stud. Hist., Hª mediev.*, 22, Salamanca, Universidad de Salamanca, 2004.
De Antonio Rubio, M. G., *Los judíos de Ribadavia. La judería de Ribadavia y sus personajes en los siglos {XIV-XV}*, Santiago, Lóstrego, 2004.
De la Torre Echávarri, J. I., «Numancia: Usos y abusos de la tradición historiográfica», *Complutum*, n.º 9, 1998.
De la Torre Echávarri, J. I. y Jimeno Martínez, A., *Numancia, símbolo e historia*, Madrid, Akal, 2005.
De Queirós, E., *Diccionario de milagros*, Madrid, Mondadori, 1990.
Demange, C., *El Dos de Mayo. Mito y fiesta nacional (1808-1958)*, Madrid, Marcial Pons, 2004.
Díaz y Díaz, M. C., «La historiografía hispana desde la invasión árabe hasta el año 1000», en *La Storiografia Altomedievale. XVII Settimane di studio del Centro Italiano di Studi sull' Alto Medioevo* Espoleto, Centro Italiano di Studi sull'alto Medioevo, vol. I., 1969, pp. 313-343.
Donner, F. M., *Narratives of Islamic Origins: The Beginnings of Islamic Hitorial Writing*, Princeton, Darwin Press,1998.
Donner, F. M. y Duri, A., *A. The Rise of the Historical Writing among the Arabs*, Princeton, Princeton University Press, 1983.
Dozy, R., *Recherches sur l'Histoire et la Littérature de l'Espagne pendant la Moyen Age*, E. J. Brill, 1860.
Ducasse, C. J., «C. I. Lewis Analysis of Knowledge and Valutation», *The Philosophical Review*, vol. 57, n.º 3, 1948.
Dufourcq, C. E., *La vida cotidiana de los árabes*, Madrid, Temas de Hoy, 1990.
Elcock, W. D., *The Romance Languages*, Londres, Faber & Faber, 1975.
Evans, R. J., *In Defence of History*, Londres, Granta Books, 1997.
Fanjul, S., «España perdida y recobrada», en *Anaquel de Estudios Árabes*, VIII, 1997.

— *La quimera de al-Andalus*, Madrid, Siglo XXI, 2006.

Faure, R.; García, A. y Ribes, M. A., *Diccionario de apellidos españoles*, Madrid, Espasa Calpe, 2002.

Feijóo, B. J., «Reflexiones sobre la Historia», en *Teatro crítico universal*, Madrid, Castalia, 1986.

Fernández Conde, J., «Espacio y tiempo en la construcción de Pelayo de Oviedo», en *Annexes des CLCHM*, vol. 15, 2003.

Fernández-Armesto, F., *1492 El nacimiento de la modernidad*, Barcelona, Debate, 2010.

Ferro, M., *Cómo se cuenta la historia a los niños en el mundo entero*, Ciudad de México, Fondo de Cultura Económica, 1995.

— *Les tabous the l'histoire. Porquoi et comment l'histoire nous a caché des faits*, París, Nil, 2002.

Finley, M. I., *El mundo de Odiseo*, Ciudad de México, Fondo de Cultura Económica, 1984.

— *The Use and Abuse of History*, Londres, Chatto and Windus, 1975.

Fox, I., *La invención de España. Nacionalismo liberal y identidad nacional*, Madrid, Cátedra, 1997.

Fraguas, R., «La Tizona del Cid sigue dando guerra», *El País*, 8-3-2011.

— «Se amplia la lista de los reyes godos. Investigaciones numismáticas permiten identificar a cuatro monarcas», *El País* 20-12-2006.

Franco Mata, M. A., «Falsificaciones de reliquias, copias antiguas y falsificaciones modernas de Arte Medieval», *Boletín de Anabad*, tomo 45, n.º 3, 1995.

Fraser, R., *La maldita guerra de España. Historia social de la Guerra de la Independencia. 1808-1814*, Barcelona, Crítica, 2006.

Frenzel, E., *Diccionario de argumentos de la literatura universal*, Madrid, Gredos, 1976.

Fuhrmann, H., «Die Falschungen im Mittlelalten», *Historisher Zeitshrift*, 1963.

García, A., «El Greco nunca vivió en "su" casa», *El País*, 24-3-2011.

García Cárcel, R., *El sueño de la nación indomable. Los mitos de la Guerra de Independencia*, Madrid, Temas de Hoy, 2008.

— *La herencia del pasado. Las memorias históricas de España*, Madrid, Galaxia Gutenberg, 2011.

— *La leyenda negra. Historia y opinión*, Madrid, Alianza Editorial, 1998.

— [coord.], *La construcción de las Historias de España*, Madrid, Marcial Pons, 2004.

García de Cortázar, F. y González Vesga, J. M., *Breve historia de España*, Madrid, Alianza Editorial, 2004.

García de Cortázar, J. A., *Manual de Historia Medieval*, Madrid, Alianza Editorial, 1983.

García Fitz, F., «La Reconquista: un estado de la cuestión», *Cío y Crimen*, n.° 6, 2009.

García Isasi, P., *La España metafísica*, Bilbao, Iker-16 Euskalzaldia, 2004.

García Pérez, G., «Covadonga, un mito nacionalista católico de origen griego», *El Basilisco*, 2.ª época, n.° 27, 1994.

García Sanjuán, A., «La traducción de fuentes árabes andalusíes al castellano: balance y valoración», *Medievalismo*, n.° 11, Sociedad Española de Estudios Medievales, 2001.

Gil Fernández, J.; Moralejo, J. L. y Ruiz de la Peña, J. I. [eds.], *Crónicas asturianas*, Oviedo, Universidad de Oviedo, 1985.

Gill, D., «A Natural Spur at Masada», *Nature*, n.° 364, 1993.

Gimeno Casalduero, J., «Las numeraciones de los reyes de Castilla en el *Laberinto* de Juan de Mena», *Nueva Revista de Filología Hispánica*, vol. 4, n.° 3-4, El Colegio de México, Centro de Estudios Linguíticos y Literarios, 1960, pp. 271-294.

— «Sobre las numeraciones de los reyes de Castilla», en *Estructura y diseño en la literatura castellana medieval*, Madrid, Porrúa, 1975.

González Fernández, R., «El mito gótico en la historiografía del siglo XV», *Los visigodos, historia y civilización Antigüedad y Cristianismo*, Murcia, Universidad de Murcia, 1983.

González Ferrín, E., *Historia general de al-Andalus. Europa entre Oriente y Occidente*, Córdoba, Almuzara, 2007.

González García, V. J., «El obispo Don Pelayo, clave para el estudio de la historia de Asturias», *El Basilisco*, n.° 8, 1979.

González Ollé, F., «El romance navarro», RFE, 53, 1970.

González Requena, J., «La verdad está en el cofre», *Trama y fondo*, Valladolid, Universidad de Valladolid, 2006.

Grant, M., *Greek and Roman Historians. Information and Misinformation*, Londres, Routledge, 1995.

Green, A. y Troup, K. [eds.], *The Houses of History. A Critical Reader in Twentieth-century History and Theory*, Manchester, Manchester University Press, 1999.

Guichard, P., «Los árabes sí que invadieron España. Las estructuras sociales de la España musulmana», *Estudios sobre historia medieval*, 1987.

Haase, D. [ed.], *The Greenwood Encyclopedia of Folktales and Fairy Tales*, Westport Greenwood Publishing Group, 2008.

Hackett Fisher, D., *Historian's Fallacies. Toward a Logic of Historical Thought*, Nueva York, Harper and Row, 1970.

Halbwachs, M. y Coser, L. A., *On Collective Memory*, Chicago, University of Chicago Press,1992.

Hamilton, E. J., *American Treasure and the Price Revolution in Spain, 1501-1650*, Cambridge, Harvard University Press, 1934.

Heers, J., *La invención de la Edad Media*, Barcelona, Crítica, 1995.

Henige, D., *In Search of Columbus: The Sources of the First Voyage*, Tucan, University of Arizona Press, 1991.

— *Oral Historiography*, Londres, Longman, 1982.

— *The Chronology of Oral Tradition: Quest for a Chimera*, Oxford, Clarendon Press, 1974.

Heródoto, *Historia*, Madrid, Alianza, 2001.

Hobsbawn, E. y Ranger, T. [eds.], Barcelona, *The invention of Tradition*, Cambridge, Canto Classics, 2012.

Holo, S. R. *Más allá del Prado. Museos e Identidad en la España democrática*, Madrid, Akal, 2002.

Hoz, J. de, «Notas sobre las fuentes para la historia antigua de Hispania». *Habis*, n.° 2, 1971.

Hugues, R., *Goya*, Barcelona, Galaxia Gutenberg, 2004.

Irwin, R., *The Alhambra*, Cambridge, Harvard University Press, 2004.

Kamen, H., *Imagining Spain. Historical Myth & National Identity*, New Haven, Yale University Press, 2008.

Krech III, S., *The Ecological Indian: Myth and History*, Nueva York, W. W. Norton, 1999.

Lacarra, J. M., *El juramento de los reyes de Navarra (1234-1329)*, Madrid, Real Academia de la Historia, 1972.

Ladero Quesada, M. A., *La España de los Reyes Católicos*, Madrid, Alianza Editorial, 1999.

— «Los mudéjares de Castilla cuarenta años después», *En la España medieval*, vol. 33, 2012.

Lafuente, M., *Historia General de España*, tomo XIV [copia digital], Michigan, Universidad de Michigan, 2007.

Laham Cohen, R., «Miradas cruzadas en torno a Masada: Pierre Vidal-Naquet y Arnaldo Momigliano», *Actas y comunicaciones del Instituto de Historia Antigua y Medieval*, vol. 4, Universidad de Buenos Aires, 2008.

Laliena Corbera, C., «La apropiación mítica del pasado. Poder real, legitimación y memorias de clase en Navarra y Aragón en el siglo XIII», en *Memoria, mito y realidad en la historia medieval*, Semana de Estudios Medievales de Nájera (La Rioja), 2002.

Langa Laorga, M. A., «La historiografía nacionalista del siglo XIX: Zamora y Caballero, protagonismo histórico de Isabel I de Castilla», *Cuadernos de Historia Contemporéna*, n.° 11, Universidad Complutense de Madrid, 1989.

Lapiedra, E., «Ulug, rum, muzarabes y mozárabes: imágenes encontradas de los cristianos de al-Ándalus», *Collectanea Christiana Oriental*, 3, 2006.

Leff, G., *History and Social Theory*, University, University of Alabama Press, 1969.

Lewis Gaddis, J., *El paisaje de la historia. Cómo los historiadores representan el pasado*, Barcelona, Anagrama, 2004.

Lewis, B., *I musulmani alla scoperta dell'Europa*, Roma, Laterza, 1991.

— *La historia recordada, rescatada, inventada*, Ciudad de México, Fondo de Cultura Económica, 1979.

Lewis, C. I., *Analysis of Knowledge and Valutation*, La Vegne, Lightning Source Incorporated, 2008.

Linares, A., «Entrevista con Enrique Alarcón», en VV. AA., *La dirección artística*, n.° 27, Madrid, Nickel Orteon, 2002.

Lomax, D. W., «Rodrigo Jiménez de Rada como historiador», AIH V [Actas], 1974.

López Carreira, A., *O reino medieval de Galicia*, Vigo, Edicións A Nosa Terra, 2005.

López García, B., «Arabismo y orientalismo en España: radiografía y diagnóstico de un gremio escaso y apartadizo», *Awraq*, anejo al vol. XI, 1990.

— «Treinta años de arabismo español: el fin de la almogavaría científica (1965-1997)», Universidad Autónoma de Madrid. [Consultado el 2-2-2012].

López Teixeira, X. A., *Arredor da conformación do Reino de Galicia (711-910)*, Noia, Toxos Outos, 2003.

Lord, A. B., *The Singer of Tales*, Cambridge, Harvard University Press, 1960.

Lowenthal, D., *El pasado es un país lejano*, Madrid, Akal, 1998.

— *The Heritage Crusade and the Spoils of History*, Cambridge, Cambridge University Press, 1998.

Luján, N., *Cuento de cuentos: origen y aventura de ciertas palabras y frases proverbiales*, vol. 1, Barcelona, Folio, 1993.

Lúkacs, J., *El futuro de la Historia*, Madrid, Turner, 2011.

Lynch, J. [ed.], *Monarquía e Imperio: El reinado de Carlos V*. El País, 2007.

Machiavelli, N., *Il principe*, Turía, Einaudi, 2005.

MacMillan, M., *The Uses and Abuses of History*, Londres, Profile Books, 2010.

Maíllo Salgado, F., *Acerca de la conquista árabe de Hispania. Imprecisiones, equívocos y patrañas*, Gijón, Trea, 2001.

Manzano Moreno, E., «Las fuentes árabes sobre la conquista de al-Andalus», *Hispania*, vol. LIX, n.° 202, 1999.

Marín Gelabert, M. A., «El aleteo del lepidóptero. La reincorporación de la historiografía española al entorno de la profesión en Europa en los años cincuenta», *Gerónimo de Uztáriz*, n.° 19, 2003.

Márquez, C. J., *Cómo se ha escrito la Guerra Civil española*, Madrid, Lengua de Trapo, 2006.

Márquez Villanueva, F., *Santiago: trayectoria de un mito*, Barcelona, Edicions Bellaterra, 2004.

Martin, G., «Después de Pidal: Medio siglo de renovación en el estudio de la historiografía hispánica medieval de los siglos XII y XIII», en VV. AA., *Literatura medieval y renacentista en España: Líneas y pautas*, Salamanca, Sociedad de Estudios Medievales y Renacentistas, 2001.

Martínez Díez, G., «Fernán González en la historia» en VV. AA., *Poema de Fernán González*, 1999.

Martínez-Risco Daviña, L., *O ensino da historia no bacharelato franquista (período 1936-1951)*, A Coruña, Edicións do Castro, 1994.

Mateos Cruz, P y Caballero Zoreda, L. [eds.], *Visigodos y omeyas. Un debate entre la Tardoantigüedad y la alta Edad Media*, Anejos de Archivo Español de Arqueología XXIII, Madrid, CSIC, 2000.

Mederos Martín, A., «Julio Martínez Santa-Olalla y la interpretación aria de la Prehistoria de España (1939-1945)», *Boletín del Seminario de Estudios de Arte y Arqueología*, n.° 69-70, Universidad de Valladolid, 2003-2004, pp. 13-55.

Menéndez Pidal, R. [ed.], *Primera crónica general*, Madrid, Gredos, 1955.

— *Idea imperial de Carlos V*, Valencia, CMC Editor, 2009.

— *La épica medieval española: desde sus orígenes hasta su disolución en el romancero*, Madrid, Espasa-Calpe, 1992.

— *La España del Cid*, Madrid, Espasa Calpe, 1967.

Mira Abad, A., «La imagen de la Monarquía o cómo hacerla presente entre sus súbditos: Amadeo y María Victoria», *Mélanges de la Casa de Velázquez*, 37-42, 2007.

Mitre Fernández, E., *Historiografía y mentalidades históricas en la Europa Medieval*, Madrid, Editorial de la Universidad Complutense, 1982.

Moffitt, J. F., *Art Forgery. The Case of the Lady of Elche*, Gainesville, University Press of Florida, 1995.

— «La Dama de Elche tras diez años polémicos», *Empiria: Revista de metodología de ciencias sociales*, n.º 10, 2005.

Montaner, A. y Rico, F. [eds.], *El poema de Mio Cid*. Real Academia Española, 2011. Disponible en: http://www.academia.edu/849656/Cantar_de_mio_Cid_edicion_critica_anotada_

Moralejo Laso, A., «Batallas de Covadonga y Delfos. Algunas coincidencias histórico-maravillosas», *Estudios en homenaje a don Claudio Sánchez Albornoz en sus 90 años. Anexos de Cuadernos de Historia de España*, vol. 1, 1983.

Morales Moya, A., «Formas narrativas e historiografía española», *Ayer*, n.º 14, 1994.

Morales Moya, A. y Esteban de la Vega, Mariano [eds.], *¿Alma de España? Castilla en las interpretaciones del pasado español*, Madrid, Marcial Pons, 2005.

Morelli, A. [ed.], *Le grands mythes de l'historire de Belgique, de Flandre et de Wallionie*, Bruselas, Editions Vie Ouvrière, 1995.

Moreno Arrastio, F. J., «El viaje fractal de Adolf Schulten», *Gerion*, vol. extra, 2007, pp. 143-172.

Moreno Cabrera, J. C., *El nacionalismo lingüístico. Una ideología destructiva*, Barcelona, Península, 2008.

Murray, O., «Herodotus and oral history», en Luraghi, N. [ed.], *The Historian's Craft in the Age of Herodotus*, Oxford, Oxford University Press, 2007.

Nabokov, V., *Lectures on Don Quixote*, San Diego, Harcourt Brace Jovanovich, 1983.

Neira, F., «La Tizona gana su última batalla», *El País*, 19-3-1989.

Nogueira, C., *A memoria da nación. O reino de Gallaecia*, Vigo, Xerais, 2001.

Novick, P., *That Noble Dream. The «Objectivity Question» and the American Historical Profession*, Cambridge, Cambridge University Press, 1988.

Olagüe, I., *La revolución islámica en Occidente* [copia digital], 2004. Disponible en: http://bibliotecanacionandaluzasevilla.files.wordpress.com/2008/09/ignacioolague-la-revolucion-islamica-en-occidente.pdf.

Onieva, A. J., *Escudo Imperial*, Burgos, Hijos de Santiago Rodríguez, 1939.

Ortega, J. y Sanmarín, R. [ed.], «Visitando la Edad Media: Representaciones del Medievo en la España del siglo XIX» [Catálogo de exposición], Teruel, 2007.

Pelettier, S., «Quand les artistes peignaient l'Histoire de l'Espagne». *Calanda*, n.º 7, 2012.

Pemán, J. M., *La historia de España contada con sencillez*, Madrid, Homolegens, 2011.

Peña Pérez, F., *El surgimiento de una nación: Castilla en su historia y en sus mitos*, Barcelona, Crítica, 2005.

Pérez Garzón, S. [ed.], *La gestión de la memoria. La historia de España al servicio del poder*, Barcelona, Crítica, 2000.

Pérez Vejo, T., «¿Se puede escribir historia a partir de imágenes? El historiador y las fuentes icónicas», *Memoria y sociedad*, vol. 16, n.° 32, pp. 11-25, 2012.

— *Pintura de historia e identidad nacional en España* [tesis doctoral], Madrid, Universidad Complutense de Madrid, 2002.

Pérez Villanueva, J., *Ramón Menéndez Pidal, su vida y su tiempo*, Madrid, Espasa Calpe, 1991.

Pérez, J., *La España del siglo XVI*, Madrid, Anaya, 1991.

Peris Sánchez, D., *La modificación de la ciudad. Restauración monumental en Toledo s. XIX y XX*, Toledo, Junta de Comunidades de Castilla La Mancha, 2009.

Plumb, J. H., *La muerte del pasado*, Barcelona, Barral, 1974.

Pognon, E., *La vida cotidiana en el año 1000*, Madrid, Temas de Hoy, 1991.

Polibio, *Historias*, Madrid, Gredos, 1995.

Prescott, W. H., *History of the Reign of Ferdinand and Isabella The Catholic*, Whitefish, Kessinger, 2005.

Pro, J. y Ribero, M., *Breve Atlas de Historia de España*, Madrid, Alianza Atlas, 2003.

Propp, V., *Morfología del cuento*, Madrid, Fundamentos, 2011.

Rego, P., «La Tizona libra otra batalla», *El País*, 3-6-2007.

Restall, M., *Seven Myths of the Spanish Spanish Conquest*, Oxford, Oxford University Press 2003.

Reyero, C., «El reconocimiento de la nación en la historia. El uso espacio-temporal de pinturas y monumentos en España», *Arbor*, n.° 740, 2009.

— «Iconografías representativas, verosímiles y verdaderas. Problemas de la recuperación visual del pasado en la pintura española del siglo XX», *Cuadernos de Arte e Iconografía*, tomo II-4, 1989.

— *Imagen histórica de España, 1850-1900*, Madrid, Espasa-Calpe, 1987.

— «La ambigüedad de Clío. Pintura e historia y cambios ideológicos en la España del siglo XIX», *Anales del Instituto de Investigaciones Estéticas*, n.° 87, Ciudad de México, Universidad Nacional Autónoma de México, 2005.

— *La pintura de historia en España. Esplendor de un género en el siglo* XIX, Madrid, Cátedra, 1989.

Ribagorda Esteban, Á., «La fractura de la historiografía española durante la postguerra franquista», *Cuadernos de Historia Contemporánea*, n.° 23, 2001, pp. 373-383.

Ridao, J. M., *Contra la Historia*, Barcelona, Seix Barral, 2000.

Ríos Saloma, R. F., «De la Restauración a la Reconquista. La creación de un mito nacional. Una revisión historiográfica. Siglos XVI-XIX», *En la España Medieval*, n.° 28, 2005.

Ríos, J., «Crueldades del "Quijote"», *El País*, 14-5-2005.

Rippin, A. y Fleming, P., «Brute force: Medieval foundation myths and three modern organization's quest for hegemony», *Management and Organizational History*, vol I (I), 2006, pp. 51-70.

Roberts, G., «J. H. Hexter: Narrative History and Common Sense». *Chronicon*, 2007.

Romaní, M., «El caso del *Poema de Mio Cid*: La honestidad intelectual es lo que cuenta», *Sota el cel del Puig*, n.° 29, 2008.

Ruiz, A.; Sánchez, A. y Bellón, J. P., «Aventuras y desventuras de los íberos durante el franquismo», en Wulff, F. y Álvarez Martí Aguilar, M. [eds.], *Antigüedad y Franquismo (1936-1975)*, Málaga, Diputación de Málaga, 2003, pp. 161-188.

— «The History of Iberian Archaeology: one archaeology for two Spains», *Antiquity*, vol. 76, n.° 291, 2002.

Saitta, A., *Guía crítica de la historia y de la historiografía*, Ciudad de México, Fondo de Cultura Económica, 1996.

Sánchez Albornoz, C., «El reino asturleonés (722-1037). Sociedad, economía, gobierno, cultura y vida», en Menéndez Pidal [dir.], *Historia de España*, tomo VII, vol. 1, Madrid, Espasa-Calpe, 1980.

Sánchez Moreno, E., «Numancia. Urbanismo y vivienda en la Meseta celtibérica», Madrid, *Museo Arqueológico Nacional*, 1998.

Sánchez Sánchez, J., «El ingenioso hidalgo por los caminos de La Mancha: La imprecisión geográfica en el Quijote», *Actas del VIII Congreso de Caminería Hispánica*, Madrid, Ministerio de Fomento, 2008.

Sánchez-Biosca, V., «Imagen, lugar de memoria y mito. En torno al Alcázar de Toledo», *Espacio, Tiempo y Forma*, serie V, Historia Contemporánea, tomo 21, Madrid, UNED, 2009.

Sancho Royo, A., «En torno al 'Bellum Numantinum' de Apiano», *Habis*, Sevilla, Universidad de Sevilla, 1973.

Sanmartín Bastida, R., *Imágenes de la Edad Media: La mirada del realismo*, Madrid, CSIC, 2003.

Santayana, G., *The Life of Reason; or the Phases of Human Progress*, Nueva York, Scribner's Sons, 1905.

Sauvy, A., *De la rumeur à l'Histoire*, París, Dunod, 2012.

Schacter, D. L., *Los siete pecados de la memoria. Cómo olvida y recuerda la mente*, Barcelona, Ariel, 2009.

Scholes, R. y Kellogg, R., *The Nature of Narrative*, Oxford, Oxford University Press, 1968.

Schulten, A., *Numantia. Die Ergebnisse der Ansgrabungen*, Berlín, Weidmann, 1912.

— *Numantia. Eine topografisch-historische Untersuchung*, Berlín, Weidmann, 1905.

Sempere, I., «La recreación de la biografía en el cine de Samuel Bronston. El caso de la preproducción de *El Cid*», *II Congreso Internacional de Historia y Cine: La Biografía Fílmica*, Madrid, 2011.

Serrano de Haro, A., *Guirnaldas de la Historia*, Madrid, Editorial Escuela Española, 1952.

Shakespeare, W., *Hamlet*, Londres, Penguin, 1992.

Shenkman, R., *Legends, Lies & Cherished Myths of American History*, Nueva York, Harper Collins, 1989.

Smith, C. [ed.], *Poema de Mio Cid*, Madrid, Cátedra, 2011.

Stobaeus, P., «Gotland and the Goths: The role of Gotland in medieval and renaissance». *Lychnos*, 2006.

Thiesse, A. M., *La création des identités nationales. Europe XVIII-XX siècle*, París, Seuil, 2001.

Thompson, T. L., *The Bible in History. How Writers Create a Past*, Nueva York, Random House, 1999.

Todorov, T., *Los abusos de la memoria*, Barcelona, Paidós, 2000.

Tovar, A., *El imperio de España*, Madrid, A. Aguado,1941.

Townson, N. [dir.], *¿Es España diferente? Una mirada comparativa. Siglos XIX y XX*, Madrid, Taurus, 2010.

Traill, D. A., *Schliemann of Troy. Treasure and Deceit*, Nueva York, St. Martins Griffin, 1997.

Trallero, M., «La famosa foto de los caballos estaba preparada», *El Mundo*, 29-12-2009.

Trompf, G. W., *The Idea of Historical Recurrence in Western Thought*, Berkeley, University of California Press, 1977.

Tyerman, Ch., *Las Cruzadas. Realidad y mito*, Barcelona, Crítica, 2005.

Ubieto Arteta, A. [ed.], *Crónica de Alfonso III*, Valencia, ANUBAR, 1960.

Ullmann, W., A *History of Political Thought: The Middle Ages*, Londres, Penguin, 1970.

Uroz, J. [ed.], *Historia y cine*, Alicante, Universidad de Alicante, 1999.

Utrilla Utrilla, J. F., «Historia y ficción en las crónicas aragoneses: cronistas y propaganda política en la Edad Media», en *Aragón en la Edad Media*, XVIII, 2005.

Vansina, J., *Oral Tradition: A Study in Historical Methodology*, Londres, Routledge, 1965.

Vicens Vives, J., *Aproximación a la historia de España*, Barcelona, Salvat, 1970.

Vich, S., *La historia en los cómics*, Barcelona, Ediciones Glénat, 1997.

Vidal-Naquet, P. y Ames Curtis, D., *The Jews: History, Memory and Present*, Nueva York, Columbia University Press, 1996.

Villalón, M. C., «El paso de la antigüedad a la Edad Media. La incierta identidad del arte visigodo», en Lacarra Ducay, M. C. [coord.], *Arte de épocas inciertas. De la Edad Media a la Edad Contemporánea*, Zagaroza, Institución Fernando el Católico, 2009.

Vincent, J., *An Intelligent Person's Guide to History*, Londres, Duckbacks, 1995.

Von der Walde Moheno, L., «Posiciones críticas con relación a la fecha de composición del *Poema de Mio Cid*», *Destiempos*, n.° 13, 2008.

Vosters, S. A., *La rendición de Bredá en la literatura y el arte de España*, Londres, Tamesis Books, 1973.

VV. AA., «Informe sobre los textos y cursos de Historia…», Madrid, RAH, 2000.

Wallace, M., *Mickey Mouse History and Other Essays on American Memory*, Filadelfia, Temple University Press, 1996.

West, M. L. [ed.], *Hesiod Theogony*, Oxford, Clarendon Press, 1966.

White, H., «Burden of history», *History and Theory*, vol. 5, n.° 2, 1966.

Woodward, Ch., *In Ruins*, Londres, Vintage, 2002.

Wulff, F., *Las esencias patrias. Historiografía e historia antigua en la construcción de la identidad española (siglos XVI-XX)*, Barcelona, Crítica, 2003.

Zeumer, K. [ed.], *Leges Visigothorum*, Barcelona, MGH, Legum sectio I, vol. I, 1902.

Zipes, J., *When Dreams Came True: Classical Fairy Tales and Their Tradition*, Nueva York, Routledge, 1998.

Notas

1. La espada de Pidal

1. Santayana, G., *The Life of Reason; or the Phases of Human Progress*, Nueva York, Scribner's Sons, 1905, p. 284.

2. Bloch, M., *Introducción a la historia*, Madrid, Fondo de Cultura Económica, 2001, p. 11.

2. Vestigios insuficientes

1. Collingwood, R. G., «The Limits of Historical Knowledge», *Journal of Philosophical Studies*, vol. 3, n.º 10, pp. 200-201.

2. Ducasse, «C. I. Lewis Analysis of Knowledge and Valutation», *The Philosophical Review*, vol. 57. n.º 3, 1948, p. 200.

3. Bloch, *Introducción a la historia*, p. 104.

4. Finley, M. I., *El mundo de Odiseo*, Ciudad de México, Fondo de Cultura Económica, 1984, p. 19.

5. Bloch, *Introducción a la historia*, p. 63.

6. Vincent, J., *An Intelligent Person's Guide to History*, Londres, Duckbacks, 1995, pp. 16-17.

7. Sobre los problemas de fiabilidad de la historiografía grecolatina, *véase*: Grant, M., *Greek and Roman Historians. Information and Misinformation*, Londres, Routledge, 1995. Aunque el autor termina con unas conclusiones en las que intenta evitar el pesimismo, esta resulta ser la parte menos convincente del libro. Sobre la «historia romana» de Hispania, *véase*: Cabo, A. y Vigil, M., *Condicionamientos geográficos. Edad Antigua*, Madrid, Alianza, 1973, pp. 242-243, 271-272.

8. Álvarez Junco, J., *Mater dolorosa. La idea de España en el siglo XIX*, Madrid, Taurus, 2005, p. 39.

9. Wulff, F., *Las esencias patrias. Historiografía e historia antigua en la construcción de la identidad española (siglos XVI-XX)*, Barcelona, Crítica, 2003, p. 67.

10. Con la parcial excepción de la de Diego Enríquez del Castillo. García Cárcel, R. [coord.], *La construcción de las Historias de España*, Barcelona, Marcial Pons, 2004, pp. 77-78.

11. Burke, P., *Visto y no visto. El uso de la imagen como documento histórico*, Barcelona, Crítica, 2005, p. 16.

12. Collins, R., *La España visigoda, 409-711*, Barcelona, Crítica, 2005, p. XV. La edición crítica a la que nos referimos es Zeumer, K. [ed.], *Leges Visigothorum*, MGH, Legum sectio I, vol. I, 1902.

13. Sobre al-Maqqari y sus problemas, *véase*: Collins, R., *La conquista árabe 710-797*, Barcelona, Crítica, 1991, pp. 162-163.

14. Feijóo, B. J., «Reflexiones sobre la historia» en *Teatro crítico universal*, Madrid, Castalia, 1986, p. 166.

15. Para los problemas que plantea el Cid, *véase*: Smith, C. [ed.], *Poema de Mío Cid*, Madrid, Cátedra, 2011, p. 29.

16. Para una discusión sobre estas fechas: Collins, *La conquista árabe*, pp. 34, 83-85.

17. Benassar, B., *La España*, pp. 278-279.

18. Collins da una cifra de unos diez mil. Collins, *La España visigoda*, p. 18.

19. Sobre los problemas de la documentación asturiana: Barrau-Dihigo, L., *Historia política del reino asturiano (718-910)*, Gijón, Biblioteca Histórica Asturiana, 1989; y el prólogo de la misma por Fernández Conde; López Carreira, A., *O reino medieval de Galicia*, Vigo, Edicións A Nosa Terra, 2005, p. 125; Andrade, J. M., *Alfonso II el Casto*, Vigo, Nigra Trea, 2009, p. 23: «De los seis documentos salidos de la cancillería de Alfonso, solo la mitad son genuinos. Los otros veinticinco que proceden de iglesias y catedrales presentan «problemas de fiabilidad». Sobre el obispo Pelayo, en concreto, *véase*: Alonso Álvarez, R., «El obispo Pelayo de Oviedo (1101-1153): historiador y promotor de códices iluminados», *Semata, Ciencias sociais e Humanidades*, vol. 22, 2010, pp. 331-350; Alonso Álvarez, R., «*Patria uallata asperiate moncium*. Pelayo de Oviedo, el *archa* de las reliquias y la creación de una topografía regia», *Locus Amoenus* 9, 2007-2008; Fernández Conde, J., «Espacio y tiempo en la construcción de Pelayo de Oviedo», *Annexes des CLCHM*, vol. 15, 2003, pp. 129-148; González García, V. J., «El obispo Don Pelayo, clave para el estudio de la historia de Asturias», *El Basilisco*, n.° 8, 1979.

20. Barrau-Dihigo, *Historia política del reino asturiano.*

21. Véase Nogueira, C., *A memoria da nación. O reino de Gallaecia*, Vigo, Xerais, 2001; Por ejemplo, el padre Flórez todavía llama a Alfonso II «rey de León». *Véase*: López Carreira, *O reino medieval...*, p. 125; López Teixeira, X. A., *Arredor da conformación do Reino de Galicia (711-910)*, Noia, Toxos Outos, 2003, p. 46 n.

22. Menéndez Pidal, R. [ed.], *Primera crónica general*, Madrid, Gredos, 1955, p. 321.

23. Sobre la falsedad de la carta, *véase*: Lowenthal, D., *The Heritage Crusade and the Spoils of History*, Cambridge, Cambridge University Press, 1998, pp. 150-151; sobre la relación entre los indios americanos y la naturaleza: Krech III, S., *The Ecological Indian: Myth and History*, Nueva York, W. W. Norton, 1999.

24. Para una discusión sobre el arabismo español y su fijación con la literatura: Ridao, J. M., *Contra la historia*, Barcelona, Seix Barral, 2000, pp. 86-87.

25. Pérez, J., *La España del siglo XVI*, Madrid, Anaya, 1991, p. 64.

26. Nabokov, V., *Lectures on Don Quixote*, Nueva York, Harcourt Brace Jovanovich, 1983; para una respuesta, poco convincente, a la tesis de Nabokov, véase Ríos, J., «Crueldades del "Quijote"», *El País*, 14-5-2005.

27. Vincent, *An Ingelligent Person's...*, pp. 28-29.

28. Citado en Bloch, *Introducción a la historia...*, p. 65.

29. Para una exposición del estado de la cuestión sobre la psicología de la memoria, *véase*, por ejemplo: Schacter, D. L., *Los siete pecados de la memoria. Cómo olvida y recuerda la mente*, Barcelona, Ariel, 2009, pp. 113-119.

30. Sobre Pidal y sus teorías en torno al Romancero, *véase*: García Isasti, P., *La España metafísica*, Bilbao, Iker-16, Euskalzaldia, 2004.

31. *Véase*: Vansina, J., *Oral Tradition: A Study in Historical Methodology*, Londres-Nueva York, Routledge, 1965, p. 40; Scholes y Kellogg, *The Nature of Narrative*, Oxford, Oxford University Press, 1968, pp. 21-3.

32. Finley, M. I., «Myth, Memory and History», en *The Use and Abuse of History*, Londres, Chatto and Windus, 1975, pp. 11-33; Henige, D., *The Chronology of Oral Tradition: Quest for a Chimera*, Oxford, Clarendon Press, 1974; *véase también*: Henige, D., *Oral Historiography*, Londres-Nueva York, Longman, 1982.

33. Zipes, J., *When Dreams Came True: Classical Fairy Tales and Their Tradition*, Nueva York, Routledge, 1998, pp. 68-71; Haase, D. [ed.], *The Greenwood Encyclopedia of Folktales and Fairy Tales*, Westport, Greenwood Publishing Group, 2008.

34. Estos y muchos otros ejemplos se encuentran en: Thiesse, A.-M., *La création des identités nationales. Europe* XVIII-XX *siècle*, París, Seuil, 2001, pp. 113-131.

3. Llenando los vacíos

1. Sobre la inexistencia de una fuente textual para las crónicas asturianas, *véase*: Collins, *La conquista árabe...*, p. 63. Aunque Collins otorga credibilidad a la *Crónica mozárabe de 754*, no deja de expresar su escepticismo por esta fuente, que es rechazada por muchos otros historiadores.

2. Olagüe, *La revolución islámica en Occidente*, Córdoba, Plurabella, 2004. Las tesis de Olagüe han sido reelaboradas y fundamentadas con argumentos nuevos en: González Ferrín, E., *Historia general de al-Andalus. Europa entre Oriente y Occidente*, Córdoba, Almuzara, 2007.

3. Para las críticas a Olagüe, puede verse Guichard, P., «Los árabes sí que invadieron España. Las estructuras sociales de la España musulmana», *Estudios sobre historia medieval*, 1987, pp. 27-71.

4. Citado en Evans, R. J., *In Defence of History*, Londres, Granta Books, 1997, p. 54.

5. Para una enumeración detallada de la mayor parte de las variantes y secuelas de la historia, *véase* Frenzel, E., *Diccionario de argumentos de la literatura universal*, Madrid, Gredos, 1976, pp. 409-411.

6. Para los paralelos, calcos y fuentes de las crónicas asturianas, pueden verse, por ejemplo: Moralejo Laso, A., «Batallas de Covadonga y Delfos. Algunas coincidencias histórico-maravillosas», en *Estudios en homenaje a don Claudio Sánchez Albornoz en sus 90 años*, Ávila, Anexos de Cuadernos de Historia de España, 1983; Dacosta, A., «Relato y discurso en los orígenes del reino asturleonés», *Stud. Hist., H.ª Mediev.*, 22, Salamanca, Universidad de Salamanca, 2004, p. 164; Dacosta, A., «¡Pelayo Vive! Un arquetipo político en el horizonte ideológico el reino asturleonés», *Espacio, Tiempo y Forma, Serie III, H.ª Medieval*, t. 10, 1997, pp. 89-135: Díaz y Díaz, M. C., «La historiografía hispana desde la invasión árabe hasta el año 1000», en *La Storiografia Altomedievale. XVII Settimane di studio del Centro Italiano di Studi sull' Alto Medioevo Espoleto*, Centro Italiano di Studi sull'alto Medioevo, vol. I, n.º 52, 1969, pp. 313-343; Gil Fernández, J. et al. (ed.), *Crónicas asturianas*, Oviedo, Universidad de Oviedo, pp. 123-125 n; García Pérez, G., «Covadonga, un mito nacionalista católico de origen griego», *El Basilisco*, 1994, pp. 81-94.

7. Gil Fernández et al. ([ed.]), *Crónicas asturianas*, 1985, p. 72 n.

8. Grant, *Greek and Roman Historians...*, p. 85.

9. Barrau-Dihigo, *Historia política del reino asturiano...*

10. González Ferrín, *Historia general...*, p. 197.

11. Collins, *La conquista árabe...*, p. 29.

12. Dacosta, «¡Pelayo vive!..., p. 105.

13. Sobre los paralelismos con la *Anábasis* de Jenofonte, *véase*: González Ferrín, *Historia general...*, pp. 200-211.

14. González Ferrín, *Historia general...*, p. 137.

15. Collins, *La conquista árabe...*, p. 8.

16. En general, sobre los problemas de datación y transmisión de las fuentes árabes, *véase*: Maíllo Salgado, F., *Acerca de la conquista árabe de Hispania. Imprecisiones, equívocos y patrañas*, Gijón, Trea, 2001, pp. 22-26.

17. Citado en García Pérez, G., «Covadonga, un mito nacionalista», 1994, p. 90.

18. Los mapas y ejemplos se encuentran en: Maíllo Salgado, F., *Acerca de la conquista árabe de Hispania...*, pp. 36-38.

19. Para una discusión sobre la transmisión del texto, *véase*: Collins, *La conquista árabe*, p. 106. La cita está en ibid., p. 38. Para la escasa fiabilidad de las fuentes históricas árabes, pueden verse, por ejemplo, la introducción de Donner, F. M. y Duri, A. A., *The Rise of the Historical Writing among the Arabs*, Princeton, Princeton University Press, 1983; del propio Donner, F. M., *Narratives of Islamic Origins: The Beginnings of Islamic Hitorial Writing*, Princeton, Darwin Press, 1998, pp. 266-271; Cook, M., *Muhammad*, Oxford, Oxford University Press, 1983, pp. 63-64; Maíllo Salgado, F., *Acerca de la conquista árabe de Hispania...*, pp. 21-35; Manzano Moreno, E., «Las fuentes árabes sobre la conquista de al-Andalus», *Hispania*, LIX, 1999; y Dozy, R., *Recherches sur l'Histoire et la Littérature de l'Espagne pendant la Moyen Age*, Leyden, E. J. Brill, 1860. Aunque más que discutible en su tesis principal, es útil la crítica de las fuentes islámicas tempranas que se encuentra en: Crone, P. y Cook, M., *Hagarism: The Making of the Islamic World*, Cambridge-Nueva York, Cambridge University Press, 1997.

20. Caro Baroja, J., *De arquetipos y leyendas*, Madrid, Akal, 1991, p. 41.

4. Repeticiones, analogías, paralelismos

1. Fanjul, S., «España perdida y recobrada», *Anaquel de Estudios Árabes*, VIII, 1997, p. 4.

2. Heródoto, *Historia*, Madrid, Alianza, 2001, p. 92; Aristóteles, *Política*, Madrid, Espasa, 2006; Carlos y Manuel Alvar han indagado sobre la transformación de la fuente clásica en mito medieval (Alvar, C. y Alvar M., *Épica medieval española*, Madrid, Cátedra, 1997) e identifican un romance aragonés como el vehículo. Federico Balaguer y Antonio Ubieto Arteta, en cambio, tratan de preservar la verosimilitud del mito con ejemplos ingeniosos pero poco convincentes.

3. Fernández Armesto, *1492. El nacimiento de la modernidad*, Barcelona, Debate, 2010, p. 43.

4. Gil Fernández et al. (eds.), «Introducción», *Crónicas asturianas...*, p. 73.

5. Queirós, E. de, *Diccionario de milagros*, Madrid, Mondadori, 1990.

6. Sobre la revisión de la historia de Masada, *véase*: Ben-Yehuda, N., «Excavating Masada. The Politics-Archeology Connection at Work», en VV.AA., *Selective remembrances. Archaeology in the Construction, Commemoration, and Consecration of National Pasts*, Chicago, University of Chicago Press, 2007, pp. 247-276; sobre la rampa: Gill, D., «A Natural Spur at Masada», *Nature*, 364, 1993, pp. 569-570; también: Vidal-Naquet, P. y Ames Curtis, D., *The Jews: History, Memory and Present*, Nueva York, Columbia University Press, 1996, y Laham Cohen, R. «Miradas cruzadas en torno a Masada: Pierre Vidal-Naquet y Arnaldo Momigliano», *Actas y comunicaciones del Instituto de Historia Antigua y Medieval*, vol. 4, Buenos Aires, Universidad de Buenos Aires, 2008.

7. Sánchez Moreno, E., «Numancia. Urbanismo y vivienda en la Meseta celtibérica», Madrid, Museo Arqueológico Nacional, 1998: «Conviene tomar con cautela la idea de la "devastación total de Numancia" de la que hablan las fuentes».

8. Wulff, *Las esencias patrias...*, p. 199.

9. Sobre los fraudes de Schliemann, *véase*: Calder, W. M. y Traill, D. A., *Myth, Scandal and History: The Schliemann Controversy and a First Edition of the Mycenaean Diary*, Detroit, Wayne State University Press, 1986; también Traill, D. A., *Schliemann of Troy. Treasure and Deceit*, Nueva York, St. Martins Griffin, 1997; sobre las dudas en torno al descubrimiento de Troya en sí, *véase*: Allen, S. H., *Finding the Walls of Troy: Frank Calvert and Heinrich Schliemann at Hirsalik*, Berkeley, University of California Press, 1999.

10. Grant, *Greek and Roman Historians...*, p. 74.

11. La argumentación de Schulten se encuentra en: Schulten, A., *Numantia. Eine topografisch-historische Untersuchung*, Berlín, Weidmann, 1905, y *Numantia. Die Ergebnisse der Ansgrabungen*, Berlín, Weidmann, 1912. Para la

crítica de sus tesis, *véase*: Sancho Royo, A., «En torno al "Bellum Numantinum" de Apiano». *Habis*. Universidad de Sevilla, 1973; y Díaz Tejera, «Introducción», en Polibio, *Historias*, 1972; para las mistificaciones de Schulten: Moreno Arrastio, F. J., «El viaje fractal de Adolf Schulten», *Gerion*, vol. Extra, 2007 pp. 143-172.

12. Para la cuestión de los testimonios sobre la «quema de las naves», *véase*: Restall, M., *Seven Myths of the Spanish Spanish Conquest*, Oxford, Oxford University Press, 2003, pp. 15-19.

13. Pérez Vejo, T., *Pintura de historia e identidad nacional en España*, [tesis doctoral], Madrid, Universidad Complutense de Madrid, 2002, p. 897.

14. Sobre los problemas de credibilidad en Heródoto, *véase*: Murray, O., «Herodotus and oral history», en Luraghi, N. [ed.], *The Historian's Craft in the Age of Herodotus*, Oxford, Oxford University Press, 2007.

15. Luján, N., *Cuento de cuentos: origen y aventura de ciertas palabras y frases proverbiales*, vol. 1, Barcelona, Folio, 1993, p. 167.

16. Lafuente, M., *Historia General de España*, tomo XIV [copia digital], Michigan, Universidad de Michigan, 2007, p. 247.

5. Estructurando el discurso

1. Propp, V., *Morfología del cuento*, Madrid, Fundamentos, 2011.

2. Lowenthal, D., *El pasado es un país lejano*, Madrid, Akal, 1998, pp. 302, 320; Halbwachs, M. y Coser, L. A., *On Collective Memory*, Chicago, University of Chicago Press,1992, pp. 25-33, 47-61, 75-8.

3. Una buena explicación de los problemas historiográficos de las Cruzadas puede encontrarse en: Tyerman, Ch., *Las Cruzadas. Realidad y mito*, Barcelona, Crítica, 2005, pp. 42-45.

4. Lowenthal, *El pasado es un país…*, p. 318.

5. Peña Pérez, F., *El surgimiento de una nación: Castilla en su historia y en sus mitos*, Barcelona, Crítica, 2005, p. 44.

6. Sobre la historia del término «Reconquista», *véase*, por ejemplo: Ríos Saloma, R. F., «De la Restauración a la Reconquista. La creación de un mito nacional. Una revisión historiográfica. Siglos XVI-XIX», *En la España Medieval*, n.° 28, 2005. Para un estado de la cuestión, puede consultarse: García Fitz, F., «La Reconquista: un estado de la cuestión», *Cío y Crimen*, n.° 6, 2009.

7. Lynch, *El imperio español…*, pp. 163-4, 386.

8. La teoría clásica sobre la inflación del oro americano apareció por primera vez en Hamilton, E. J., *American Treasure and the Price Revolution in Spain, 1501-1650*, Cambridge, Harvard University Press, 1934.

9. Para la cuestión de la «decadencia», *véase*: Kamen, «The Myth of Perpetual Decline», en *Imagining Spain…*, pp. 172-206.

10. Para un estudio detallado de la batalla, y varias hipótesis sobre su importancia o no, *véase*: Alvira Cabrer, M., *Las Navas de Tolosa 1212. Idea, liturgia y memoria de la batalla*, Madrid, Sílex, 2012.

11. Cit. en Barthes, R., «The Discourse of History», *Comparative Criticism*, n.º 3, 1981, pp. 7-20.

12. Barthes, «The Discourse of History», pp. 7-20.

13. Cit. en Barthes, «The Discourse of History»…, pp. 7-20.

14. Leff, G., *History and Social Theory*, University, University of Alabama Press, 1969, p. 105.

15. Ferro, M., *Cómo se cuenta la historia a los niños en el mundo entero*, Ciudad de México, Fondo de Cultura Económica, 1995.

6. Construyendo el pasado

1. Es dudoso que Sancho III, su antecesor en un breve reinado, tuviese el mismo tipo de autoridad que sí es evidente en Alfonso VIII.

2. García Cárcel, *La herencia del pasado…*, p. 126.

3. Morales Moya, A. y Esteban de la Vega, Mariano [eds.], *¿Alma de España? Castilla en las interpretaciones del pasado español*, Madrid, Marcial Pons, 2005, p. 12.

4. Menéndez Pidal, R., *La épica medieval española: desde sus orígenes hasta su disolución en el romancero*, Madrid, Espasa-Calpe, 1992, p. 409.

5. Para la historiografía de los jueces y Fernán González, *véase*: Peña Pérez, *El surgimiento de una nación…*

6. Lomax, D. W., «Rodrigo Jiménez de Rada como historiador», AIH, V [Actas], 1974, pp. 587-592.

7. Utrilla Utrilla, J. F., «Historia y ficción en las crónicas aragonesas: cronistas y propaganda política en la Edad Media», en *Aragón en la Edad Media*, XVIII, 2005, pp. 83-113.

8. Laliena Corbera, C., «La apropiación mítica del pasado. Poder real, legitimación y memorias de clase en Navarra y Aragón en el siglo XIII», en *Memoria, mito y realidad de la historia medieval*, Semana de Estudios Medievales de Nájera (La Rioja), 2002, pp. 62, 70-75; *véase* también: Lacarra, J. M.,

El juramento de los reyes de Navarra (1234-1329), Madrid, Real Academia de la Historia, 1972.

9. Sobre la falsificación en la Edad Media, *véase*, por ejemplo: Fuhrmann, H. «Die Falschungen im Mittlelalten», *Historisher Zeitshrift*, 1963, o Ullmann, W., *A History of Political Thought: The Middle Ages*, Londres, Penguin, 1970.

10. Gimeno Casalduero, J., «Sobre las numeraciones de los reyes de Castilla», en *Estructura y diseño en la literatura castellana medieval*, Madrid, Porrúa, 1975, p. 5.

11. *Íbid.*, p. 6 n; la que se cree la copia más antigua del texto alfonsino da el mismo numeral a Alfonso VIII y a Alfonso IX, pero hemos preferido ceñirnos a la numeración más habitualmente asociada con la crónica. *Íbid.*, p. 7.

12. *Íbid.*, «Sobre las numeraciones...», pp. 8-15.

13. *Íbid.*, «Sobre las numeraciones...», p. 21.

14. Morales et al., [eds.], *¿Alma de España?...*, p. 14.

15. Wulf, *Las esencias...*, p. 67.

16. Morales et al., *¿Alma de España?...*, pp. 92-93.

17. *Íbid.*, p. 99.

18. *Íbid.*, pp. 89-93.

19. García Cárcel [ed.], *La construcción de las historias...*, p. 201.

20. *Íbid.*, p. 199.

21. Morales et al., *¿Alma de España?...*, pp. 175-176.

22. Fox, I., *La invención de España. Nacionalismo liberal y identidad nacional*, Madrid, Cátedra, 1997.

23. González Ollé, F., «El romance navarro», RFE 53, 1970, p. 55; Elcock, W. D., *The Romance Languages*, Londres, Faber & Faber, 1975; Moreno Cabrera, J. C., *El nacionalismo lingüístico. Una ideología destructiva*, Barcelona, Península, 2008, pp. 166-167.

24. Smith, «Introducción...», p. 28. Para el «envejecimiento artificial» de la literatura oral, *véase*: Lord, A. B., *The Singer of Tales*, Cambridge, Harvard University Press, 1960.

25. García Isasti, *La España metafísica...*, p. 45; Smith, «Introducción...», p. 101.

26. Para la actitud de Pidal respecto al valor literario del *Poema de Mio Cid*, *véase*: Smith, «Introducción...».

27. La cuestión de la autoría de Per Abbat sigue siendo muy discutida, y el consenso tiende a considerar que fue únicamente un copista. Esos argumentos, sin embargo, no nos parecen suficientes y, ante la duda, pensamos que lo mejor es atender a la literalidad del texto.

28. Aun así, la tesis de Pidal sigue siendo la repetida en muchos manuales y otros textos. Por ejemplo, es lo que dice la página de la Wikipedia dedicada al *Poema de Mio Cid*.

29. Para la controversia pidaliana sobre el Cid, *véase*: Smith, «Introducción...»; Von der Walde Moheno, L., «Posiciones críticas con relación a la fecha de composición del *Poema de Mio Cid*», *Destiempos*, n.° 13, 2008; y Romaní, Mercé, «El caso del *Poema de Mio Cid*: La honestidad intelectual es lo que cuenta», *Sota el cel del Puig*, n.° 29, 2008. Es interesante también la edición crítica de Montaner, A. Rico, F. [eds.], *El poema de Mio Cid*, Real Academia Española, 2011, disponible en: http://www.academia.edu/849656/Cantar_de_mio_Cid_edicion_critica_anotada_, donde, pretendiendo dar la razón a Pidal y criticando a Smith sin mencionarle, se confirman en realidad las teorías del segundo en cuanto a un autor culto y una fecha de composición en el siglo XIII. Para las mistificaciones pidalianas en general, se puede consultar el detallado y abundante: García Isasti, *La España metafísica...*, 2004.

30. Smith, «Introducción...» p. 116.

7. Miradas retrospectivas

1. La tesis de Croce puede verse en su clásico: Croce, B., *Teoria e storia della storiografia*, Milán, Adelphi, 2001.

2. Collis considera que los «celtíberos», tal y como aparecen descritos en las fuentes clásicas, podrían ser un «mito fundacional». Collis, J., *The Celts. Origins, Myths, Inventions*, Stroud, Tempus, 2006, pp. 177-180.

3. Corbí, J. F. M., «El franquismo en la arqueología: el pasado prehistórico y antiguo para la España una, grande y libre», *Arqueoweb*, 2009, p. 46; Ruiz, A.; Sánchez, A. y Bellón, P., «The History of Iberian Archaeology: one archaeology for two Spains», *Antiquity*, vol. 76, n.° 291, 2002: Collis, *The Celts...*, pp. 201-3.

4. García Cárcel, R., *La herencia del pasado...*, p. 148.

5. Wulff, *Las esencias patrias...*, p. 214.

6. Sobre las irregularidades encontradas recientemente en la lista de los reyes godos, *véase*, por ejemplo: Fraguas, R., «Se amplía la lista de los reyes godos. Investigaciones numismáticas permiten identificar a cuatro monarcas», *El País*, 20-12-2006.

7. Sobre la figura de Santa-Olalla, *véase*, por ejemplo: Mederos Martín, A., «Julio Martínez Santa-Olalla y la interpretación aria de la Prehisto-

ria de España (1939-1945)», *Boletín del Seminario de Estudios de Arte y Arqueología*, n.º 69-70, Universidad de Valladolid, 2003-2004, pp. 13-55; sobre Schlunk y su influencia en el estudio del arte visigodo, *véase*: Villalón, M. C., «El paso de la antigüedad a la Edad Media. La incierta identidad del arte visigodo», en Lacarra Ducay, M. C. [Coord.], *Arte de épocas inciertas. De la Edad Media a la Edad Contemporánea*, Zaragoza, Institución Fernando el Católico, 2009, pp. 9-10.

8. Stobaeus, P., «Gotland and the Goths: The role of Gotland in medieval and renaissance», *Lychnos*, 2006, pp. 9-29; sobre la adopción de esta tesis por la arqueología alemana del Siedlungsarchäelogie de Gustaf Kossinna, *véase* Collis, *The Celts…*, p. 145.

9. Sobre las nuevas teorías acerca de los godos, *véase*: Collins, *La España visigoda…*, pp. 13-19.

10. *Véase*, sobre todo: Baer, Y., *Historia de los judíos en la España cristiana*, Barcelona, Riopiedras Ediciones, 1998, pp. 154-157; y también: Dufourcq, Ch. E., *La vida cotidiana de los árabes*, Madrid, Temas de Hoy, 1990, p. 204; Fernández-Armesto, F., *1492 El nacimiento de la modernidad*, Barcelona, Debate, 2010, pp. 99-127; Lynch, J. [ed.], *Monarquía e Imperio: El reinado de Carlos V*, Madrid, El País, 2007, p. 64; sobre Ribadavia, en concreto, *véase*: De Antonio Rubio, M. G., *Los judíos de Ribadavia. La judería de Ribadavia y sus personajes en los siglos XIV-XV*, Santiago, Lóstrego, 2004.

11. Ladero Quesada, M. A., *La España de los Reyes Católicos*, Madrid, Alianza Editorial, 1999, p. 337; ídem, «Los mudéjares de Castilla cuarenta años después», *En la España medieval*, vol. 33, 2012, pp. 383-424.

12. Curiosamente, Pascual de Gayangos también tuvo en su posesión el manuscrito del *Poema de Mio Cid*, antes de que lo comprase Pedro José Pidal.

13. Lewis, B. *La historia recordada, rescatada, inventada*, Ciudad de México, Fondo de Cultura Económica, 1979, pp. 90-94.

14. López García, B., «Treinta años de arabismo español: el fin de la almogavaría científica (1965-1997)», Madrid, Universidad Autónoma de Madrid [Consultado el 2-2-2012], p. 4 n.

15. López García, B., «Arabismo y orientalismo en España: radiografía y diagnóstico de un gremio escaso y apartadizo», *Awraq*, Anejo al vol. XI, 1990, pp. 35-69.

16. Para el estado de la cuestión y las carencias en las traducciones de fuentes árabes, *véase*: García Sanjuán, A., «La traducción de fuentes árabes andalusíes al castellano: balance y valoración», *Medievalismo*, n.º 11, Sociedad Española de Estudios Medievales, 2001.

17. Sobre la cuestión de los «falsos apellidos judíos» *véase* la «Introducción» en Faure, R.; García, A. y Ribes, M. A., *Diccionario de apellidos españoles*, Madrid, Espasa Calpe, 2002.

18. Langa Laorga, «La historiografía nacionalista del siglo XIX...», 1989.

19. Kamen, *Imagining Spain...*, pp. 42-51.

20. Pérez Vejo, *Pintura de historia...*, p. 621.

21. Prescott, W. H., *History of the Reign of Ferdinand and Isabella The Catholic*, Whitefish, Kessinger, 2005.

22. Kamen, *Imagining Spain...*, pp. 6, 46-47.

23. Lynch, J. [ed.], *Monarquía e Imperio...*, 2007, pp. 34-35, 144.

24. Ridao, *Contra la historia...*, p. 112.

25. Machiavelli, N., *Il principe*, Turín, Einaudi, 2005. Maquiavelo tampoco se priva de criticar a Fernando, al que trata de «avaro». Curiosamente, él desaconseja la unión dinástica entre Castilla y Aragón.

26. García Cárcel, R., *La leyenda negra. Historia y opinión*, Madrid, Alianza Editorial, 1998.

27. Kamen, *Imagining Spain...*, p. 101.

28. Brandi, K., *Carlos V: Vida y fortuna de una personalidad y un imperio mundial*, Ciudad de México, Fondo de Cultura Económica, 1943.

29. Catoira, L. B., «Identificaciones trasatlánticas con el mito de El Cid: políticos, artistas y patriotas sureños», *Espéculo. Revista de estudios literarios*, Madrid, Universidad Complutense de Madrid, 2008.

30. Kamen, *Imagining Spain...*, pp. 101-102, 105; Tovar, A., *El imperio de España*, Madrid, A. Aguado,1941.

31. Menéndez Pidal, R., *Idea imperial de Carlos V*, Valencia, CMC Editor, 2009, p. 51.

32. Kamen, *Imagining, Spain...*, p. 109.

33. Lynch, *Monarquía e Imperio...*, p. 149.

34. Bennassar, B., *La España del Siglo de Oro*, Barcelona, Crítica, 2004, p. 13.

35. Lynch, *Monarquía e Imperio...*, p. 234.

36. Todavía más tarde, a Felipe II se le tenía por «altivo y descortés» en el extranjero cuando se expresaba en español. Ridao, *Contra la historia...*, p. 136.

37. *Íbid.*, p. 137.

38. Benassar, *La España del Siglo de Oro...*, p. 65.

39. Lynch, *Monarquía e Imperio...*, p. 196.

40. «La RAE rompe con Menéndez Pidal», *Público*, 11-02-2011.

8. Visualizar el relato

1. Por cierto que ese diario de Colón plantea, como era de esperar, muchos problemas. Para las dudas que existen en torno a este texto, *véase*: Henige, D., *In Search of Columbus: The Sources of the First Voyage*, Tucson, University of Arizona Press, 1991.

2. Pérez Vejo, *Pintura de historia…*, p. 880.

3. *Íbid.*, pp. 400-404.

4. Pelettier, S., «Quand les artistes peignaient l'Histoire de l'Espagne», *Calanda*, n.º 7, 2012, pp. 16 y ss.

5. Pérez Vejo, *Pintura de historia…*, pp. 387, 393, 401.

6. *Íbid.*, p. 431; Álvarez Junco, *Mater dolorosa…*, pp. 249-258.

7. *Véase*, sobre todo: Reyero, C., *Imagen histórica de España, 1850-1900*, Madrid, Espasa-Calpe, 1987; y Reyero, C., *La pintura de historia en España, Esplendor de un género en el siglo XIX*, Madrid, Cátedra, 1989.

8. Reyero, C., «El reconocimiento de la nación en la historia. El uso espacio-temporal de pinturas y monumentos en España», *Arbor*, n.º 740, 2009.

9. Pérez Vejo, *Pintura de historia…*, p. 538.

10. *Íbid.*, pp. 563-564.

11. *Íbid.*, pp. 427, 445.

12. Restall, *Seven Myths…*, pp. 7-11.

13. Reyero, C., «Iconografías representativas, verosímiles y verdaderas. Problemas de la recuperación visual del pasado en la pintura española del siglo XX», *Cuadernos de Arte e Iconografía*, tomo II-4, 1989.

14. Pérez Vejo, *Pintura de historia…*, p. 621.

15. Reyero, C., «La ambigüedad de Clío. Pintura e historia y cambios ideológicos en la España del siglo XIX», Anales del Instituto de Investigaciones Estéticas, n.º 87, Ciudad de México, Universidad Nacional Autónoma de México, 2005, pp. 37-63.

16. Pérez Vejo, *Pintura de historia…*, p. 110.

17. *Íbid.*, pp. 956-957.

18. García Cárcel, *La herencia del pasado…*, pp. 507-508.

19. El ejemplo se encuentra en Abós, *La historia que nos…*, pp. 97-98. Los manuales escolares son: Onieva, *Escudo Imperial*, Burgos, Hijos de Santiago Rodríguez, 1939; Serrano de Haro, A., *Guirnaldas de la Historia*, Madrid, Editorial Escuela Española, 1952.

20. Pérez Vejo, *Pintura de historia…*, pp. 500-501.

9. Alegoráis y malentendidos

1. Burke, *Visto y no visto*..., pp. 27-28.

2. Bertelli, S., *Corsari del tempo*, Florencia, Ponte alle Grazie, 1994, p. 17.

3. Trallero, M., «La famosa foto de los caballos estaba preparada», *El Mundo*, 29-12-2009.

4. Vincent, *An Intelligent person's*..., p. 20.

5. Pérez Vejo, *Pintura de historia*..., pp. 253-255.

6. *Íbid.*, pp. 260-261.

7. Calderón de la Barca, P., *El sitio de Breda*, Charleston, BiblioBaazar, 2008.

8. Un estudio detallado de todos los aspectos relacionados con el tema de la rendición de Breda en el arte español se encuentra en: Vosters, S. A., *La rendición de Bredá en la literatura y el arte de España*, Londres, Tamesis Books, 1973.

9. Hugues, R., *Goya*, Barcelona, Galaxia Gutenberg, 2004, pp. 307, 310 y 347.

10. *Íbid.*, pp. 367, 377.

11. «La cara oculta de las "pinturas negras", *Público*, 29-XII-2010.

12. Burke, *Visto y no visto*..., pp. 231-232.

13. Bertelli, *Corsari del tempo*..., pp. 42-43, 40, 41, 48, 87.

14. Burke, *Visto y no visto*..., p. 104.

15. Restall, *Seven Myths*..., pp. 28-31.

16. Pelletier, *Quand les artistes*..., p. 38; Reyero, «Iconografías representativas, verosímiles y verdadera...», 2011.

17. *Íbid.*

18. Burke, *Visto y no visto*..., p. 126.

19. *Íbid.*, pp. 132-133.

10. Ver para creer

1. Holo, S. R., *Más allá del Prado. Museos e Identidad en la España democrática*, Madrid, Akal, 2002, pp. 32-34.

2. Para las dudas sobre la autenticidad de la Dama de Elche, *véase*: Moffitt, J. F., *Art Forgery. The Case of the Lady of Elche*, Gainerville, University Press of Florida, 1995. Una actualización de sus tesis se puede encontrar en: Moffitt, J. F., «La Dama de Elche tras diez años polémicos», *Empiria:*

Revista de Metodología de Ciencias Sociales, n.º 10, 2005, pp. 185-209. También el español García Bellido se mostraba escéptico respecto al hallazgo.

3. Franco Mata, M. A., «Falsificaciones de reliquias, copias antiguas y falsificaciones modernas de Arte Medieval», en *Boletín de Anabad*, tomo 45, n.º 3, 1995, pp. 119-130.

4. Fraguas, R., «La Tizona del Cid sigue dando guerra», *El País*, 8-3-2011.

5. El reportaje fotográfico apareció en *El País* en 1987. *Véase*: Catoira, «Identificaciones trasatlánticas...».

6. Neira, F., «La Tizona gana su última batalla», *El País*, 19-3-1989.

7. Aguilar, M. A., «La Tizona: un "falso histórico"», *El Siglo*, n.º 744, 2007.

8. Rego, P., «La Tizona libra otra batalla», *El País*, 3-6-2007.

9. González Requena, J., «La verdad está en el cofre», *Trama y Fondo*, Valladolid, Universidad de Valladolid, 2006. Es interesante el hecho de que en el *Poema de Mio Cid* no se habla de un cofre sino de dos. ¿Por qué no se exhibe el otro, ya que es tan fácil inventar una tradición? La respuesta es, posiblemente, que el valor de los objetos históricos se acrecienta con su escasez. Un solo cofre resulta más impresionante que dos.

10. Lowenthal, *The Heritage Crusade...*, pp. xvi-xvii.

11. Shenkman, R., *Legends, Lies & Cherished Myths of American History*, Nueva York, Harper Collins, 1989, pp. 142-143.

12. Citron, S., *Le Mythe National. L'histoire de France revisitée*, París, Les Editions De L'Atelier, 2008, p. 146.

13. Alonso Álvarez, R., «El origen de las leyendas de la Cruz de los Ángeles y de la Cruz de la Victoria (Catedral de Oviedo): cruces *gematae* al servicio de la propaganda episcopal», *Territorio, Sociedad y Poder*, n.º 5, 2010, pp. 23-33.

14. Abós, *La historia que nos...*, p. 116: «A no ser por las noticias escritas, los restos arqueológicos visigodos en la península son tan escasos que nada haría pensar en la existencia de un Estado godo».

15. Díaz y Díaz, «La historiografía hispana...», p. 8; López Carreira, *O reino medieval...*, p. 121.

11. Lugares de la memoria

1. García, A., «El Greco nunca vivió en "su" casa», *El País*, 24-3-2011.

2. Street, «Report to S. P. A. B.», 1880-6. Citado en Lowenthal, *El pasado es un país...*

3. *Íbid...*, p. 397.

4. Álvarez Lopera, J., «Don Guillermo J. Osma y el primer patronato de la Alhambra», *Cuadernos de Arte e Iconografía*, tomo 1-2, 1988.

5. *Íbid.* Sobre la restauración de la Alhambra y sus problemas, *véase*: Irwin, R., *The Alhambra*, Cambridge, Harvard University Press, 2004.

6. Irvin, R., «Misterios de la Alhambra», 2011.

7. Cócola Gant, A., «El barrio gótico de Barcelona, de símbolo nacional a parque temático», *Scripta Nova. Revista Electrónica de Geografía y Ciencias Sociales*, vol. 15, 2011.

8. Burke, *Visto y no visto...*, p. 107.

9. Sánchez-Biosca, V., «Imagen, lugar de memoria y mito. En torno al Alcázar de Toledo», *Espacio, Tiempo y Forma*, serie V, Historia Contemporánea, tomo 21, Madrid, UNED, 2009.

10. *Véase*, por ejemplo: Peris Sánchez, D., *La modificación de la ciudad. Restauración monumental en Toledo s. XIX y XX*, Toledo, Junta de Comunidades de Castilla La Mancha, 2009.

11. Thiesse, *La création des identités...*, pp. 146-147.

12. *Íbid.*, p. 155.

13. Lowenthal, *El pasado es un país...*, pp. 400, 410.

14. López Carreira, *O reino medieval...*, pp. 207-210 y 289-298.

15. Serrano de Haro, *España es así*, p. 76.

16. Collins, *La España visigoda...*, pp. 149-225.

17. Villalón, «El paso de la antigüedad a la Edad Media. La incierta identidad del arte visigodo...», p. 16.

18. Collins, *La España visigoda...*, p. 202. Sobre esta cuestión, pueden consultarse los artículos que él mismo cita: Caballero Zoreda, L., «¿Visigodo o asturiano?...», *39 Corso di Cultura sull'Arte Ravennate e Bizantina*. Rávena, Edizioni del Girasole, 1992, pp. 139-190; ídem «Sobre la llamada arquitectura "visigoda"...», *Visigoti e Longobardi: Fisionomia della Cultura Romano-Barbarica in Spagna e in Italia* (Roma 1997), en Arce, J. y Delogu, P., *Visigoti e Longobardi. Atti del Seminario*, Florencia, All'Insegona del Guglio, 2001, pp. 133-160, así como Mateos Cruz, P. y Caballero Zoreda, L. [eds.], *Visigodos y omeyas. Un debate entre la Tardoantigüedad y la alta Edad Media. Anejos de Archivo Español de Arqueología*, XXIII, Madrid, CSIC, 2000, pp. 207-247.

19. Boyd, C. P., «Covadonga y el regionalismo asturiano», *Ayer*, n.º 64, 2006, pp. 1-15.

20. *Íbid.* y Casado de Otaola, S., *Naturaleza patria. Ciencia y sentimiento de la naturaleza en la España del regenacionismo*, Madrid, Marcial Pons, 2010, pp. 219-252.

21. Boyd, «Covadonga y el regionalismo asturiano»..., p. 23.

22. Wulff, *Las esencias patrias...*, p. 15.

23. De la Torre Echávarri, J. I. y Jimeno Martínez, A., *Numancia, símbolo e historia*, Madrid, Akal, 2005; De la Torre Echávarri, J. I., «Numancia: Usos y abusos de la tradición historiográfica», *Complutum*, n.° 9, 1998, pp. 193-211.

24. Azorín, *La ruta del Quijote*, Madrid, Leonardo Williams Editor, 1905, p. 17.

25. Sánchez Sánchez, J., «El ingenioso hidalgo por los caminos de La Mancha: La imprecisión geográfica en el Quijote», *Actas del VIII Congreso de Caminería Hispánica*, Madrid, Ministerio de Fomento, 2008.

26. Caballero, F., *Pericia geográfica de Miguel de Cervantes: demostrado con la historia de D. Quijote (1840)*, Whitefish, Kessinger Publishing, 2010, p. 82.

27. Astrana Marín, L., *Vida ejemplar y heroica de Miguel de Cervantes Saavedra, con mil documentos hasta ahora inéditos y numerosas ilustraciones y grabados de época*, Madrid, Ins. Ed. Reus, 1948-1952, p. 247.

28. Agostini Banús, E., *Historia de Almodóvar del Campo y glosa de su antiguo archivo municipal*, Madrid, Calatrava, 1972, pp. 17-19.

12. Recordar y conmemorar

1. Álvarez Junco, *Mater dolorosa...*, p. 562.

2. Shenkman, *I love Paul Reveere, whether...*, pp. 6-8; Lewis, *La historia recobrada...*, p. 65.

3. Alares López, G., «La conmemoración del Milenario de Castilla en 1943. Historia y espectáculo en la España franquista», *Jerónimo Zurita*, n.° 86, 2011, pp. 146-180.

4. *Véase* García Cárcel, R., *El sueño de la nación indomable. Los mitos de la Guerra de Independencia*, Madrid, Temas de Hoy, 2008; Fraser, R., *La maldita guerra de España. Historia social de la Guerra de la Independencia. 1808-1814*, Barcelona, Crítica, 2006.

5. Demange, C., *El Dos de Mayo. Mito y fiesta nacional (1808-1958)*, Madrid, Marcial Pons, 2004.

6. Restall, *Seven Myths...*, pp. 4-11.

7. Kamen, *Imagining Spain...*, pp. 122-125.

8. Sobre la lengua y la religión en América, *véase*: Kamen, «The Myth of Christian Spain», pp. 74-96, y «The Myth of a Universal Language», pp. 150-172, en *Imagining Spain...*

13. ¿Sirve para algo la historia?

1. Catoira, «Identificaciones trasatlánticas...».

2. Para los conflictos en la preproducción de la película, *véase*: Sempere, I., «La recreación de la biografía en el cine de Samuel Bronston. El caso de la preproducción de *El Cid*», *II Congreso Internacional de Historia y Cine: La Biografía Fílmica*, Madrid, 2011.

3. Barrio, J. A., «El Cid de Anthony Mann, a través del cine histórico y la Edad Media», en Uroz, J. [ed.], *Historia y cine*, Alicante, Universidad de Alicante, 1999.

4. Sobre las reticencias de Pidal respecto a la película, *véase*: Linares, A., «Entrevista con Enrique Alarcón», en VV. AA., *La dirección artística*, n.º 27, Madrid, Nickel Odeon, 2002, p. 95.

5. Sempere, «La recreación de la biografía...».

6. Chartier, R., *La historia o la lectura del tiempo*, Barcelona, Gedisa, 2007, p. 16.

7. MacMillan, M., *The Uses and Abuses of History*, Londres, Profile Books, 2010.

8. Plumb, «On History», p. 114, citado en Lowenthal, *El pasado es un país lejano...*

9. Vansina, *Oral Tradition...*, pp. 102-103.

10. Lowenthal, *El pasado es un país lejano...*, p. 313.

11. Butterfield, H., *The Historical Novel. An Essay*, Cambridge, Cambridge University Press, 2012, pp. 14-15.

12. Chartier, R., *La historia o la lectura...*, p. 41.

13. Lúkacs, J., *El futuro de la Historia*, Madrid, Turner, 2011, p. 104.

14. Aristóteles, *Poética*, Madrid, Alianza Editorial, 2004, IX p. 7.

15. VV. AA., «Encuesta sobre hábitos de lectura, 2010».

16. «Informe sobre los textos y cursos de Historia...», Madrid, RAH 2000.

17. Lúkacs, J., *El futuro de la historia...*, pp. 14-15.

18. Plumb, J. H., *La muerte del pasado*, Barcelona, Barral, 1974, p. 18.

Créditos de las ilustraciones

Pág. 38: Tumba de Don Pelayo en Asturias © Index Fototeca.

Pág. 50: Mapas de las expediciones de Tariq y Muza, en *Acerca de la conquista árabe de Hispania*, de Felipe Maíllo Salgado, Ediciones Trea, Gijón, 2011.

Pág. 58: *El último día de Numancia*, de Alejo Vera, 1880, Diputación provincial de Soria © Index Fototeca.

Pág. 86: Mapa del condado de Castilla (en *Breve atlas de historia de España*, de Juan Pro y Manuel Rivero. Alianza Editorial), Madrid, 1999.

Pág. 88: Cubierta del libro *Historia de España Alfaguara II. La época medieval*, de J. A. García de Cortázar, Alianza Editorial, Madrid, 2003.

Pág. 103: Himmer inspeccionando las ruinas del Alcázar de Toledo © Archivo ABC.

Pág. 106: Salón Árabe, Ayuntamiento de Bilbao. © Iñigo Sierra.

Pág. 108: «Tanto monta», paño de los Reyes Católicos, Catedral de Toledo © Album.

Pág. 120: *Primer desembarco de Cristóbal Colón*, de Dióscoro de la Puebla, 1862, Diputación Provincial de A Coruña. © Album.

Pág. 125: *Isabel la Católica visita a un hospital*, de Eusebio Valldeperas, 1860 © Index Fototeca.

Pág. 127: *La rendición de Bailén* el 19 de julio de 1808, de José Casado del Alisal, Casón del Buen Retiro, Madrid © Album.

Pág. 129: *Arriba, La rendición de Granada*, de Francisco Pradilla, 1889, Museo del Prado © Album, *en el centro y abajo*: estampas publicadas en el manual *Escudo Imperial* y en *Guirnaldas de la Historia*, en *La historia que nos enseñaron (1937-1975)* de Ángel Luis Abós, Santabárbara, Ediciones Foca, 2003.

Pág. 134: © Agustí Centelles, Archivo Salamanca. Centro Documental de la Memoria Histórica.

Pág. 136: *La rendición de Breda* o *Las Lanzas*, de Diego Velázquez, 1635. Museo del Prado, Madrid. © Album.

Pág. 137: *Arriba*: *Los fusilamientos de patriotas madrileños, 1813-1814*, de Francisco de Goya. Museo del Prado, Madrid. © Album. *Derecha*: Estampa *Fusilamientos del Tres de mayo en el paseo del Prado de Madrid*, de Juan Carrafa. © Ayuntamiento de Madrid. Museo de Historia.

Pág. 141: Conquistador español © Index Fototeca.

Pág. 145: *Arriba*: Falla de la Plaza de Mariano Benlliure de Valencia, titulada *Juego de Dama*, de 1929. © Archivo Luis Vidal *Abajo*: Efigie de la Dama en un billete de peseta de 1949 © Index Fototeca.

Pág. 148: *Izquierda*: Vitrina enmarcada en la que se guardan las cadenas de las Navas que forman la letra inicial de Navarra. En *El Palacio de Navarra*, editado por el departamento de Presidencia del Gobierno de Navarra, Pamplona, 1985. *Derecha*: Tizona de el Cid (Museo de Burgos) © Album.

Pág. 149: Cruz de los Ángeles, Catedral de Oviedo © Album.

Pág. 158: *Izquierda*: casa natal de Cervantes, Alcalá de Henares © Album. *Centro*: casa de Colón © Album. *Derecha*: casa de El Greco. © Index Fototeca.

Pág. 166: *Izquierda*: Iglesia de san Juan Bautista, Baños de Cerrato © Album/Miguel Raurich. *Derecha*: Iglesia de San Pedro de la Nave, Zamora © Album.

Pág. 172: Pidal y su mujer © Archivo ABC.

Pág. 179: Publicación de poemas dedicados al Dos de Mayo en *El dos de mayo*, de Christian Demange, Marcial Pons, Madrid, 2004.

Pág. 181: *Defensa del Parque de Artillería de Monteleón*, de Joaquín Sorolla, Museo Balaguera, Vilanova i la Geltrú, 1884 © Index Fototeca.

Pág. 184: Placa del juramento de Alfonso VI, iglesia de Santa Gadea, Burgos © Album.